国家自然科学基金重点项目：
"新阶段我国城市化发展道路的选择及管理研究"（项目号：71133003）
天津市哲学社会科学规划重点项目：
"有序推进农业转移人口市民化研究"（项目号：TJSR13-002）

安居乐业　和合能谐

——有序推进农业转移人口市民化研究

陈志光　著

中国财经出版传媒集团

经济科学出版社

图书在版编目（CIP）数据

安居乐业　和合能谐：有序推进农业转移人口市民化
研究／陈志光著．—北京：经济科学出版社，2016.5
ISBN 978 - 7 - 5141 - 7321 - 5

Ⅰ.①安… Ⅱ.①陈… Ⅲ.①农业人口 - 城市化 -
研究 - 中国 Ⅳ.①C924.24②F299.21

中国版本图书馆 CIP 数据核字（2016）第 240442 号

责任编辑：王东萍
责任校对：刘　昕
责任印制：李　鹏

安居乐业　和合能谐
——有序推进农业转移人口市民化研究
陈志光　著

经济科学出版社出版、发行　新华书店经销
社址：北京市海淀区阜成路甲 28 号　邮编：100142
总编部电话：010 - 88191217　发行部电话：010 - 88191522
网址：www.esp.com.cn
电子邮件：esp@esp.com.cn
天猫网店：经济科学出版社旗舰店
网址：http://jjkxcbs.tmall.com
北京密兴印刷有限公司印装
710×1000　16 开　13.75 印张　250000 字
2016 年 9 月第 1 版　2016 年 9 月第 1 次印刷
ISBN 978 - 7 - 5141 - 7321 - 5　定价：42.00 元
（图书出现印装问题，本社负责调换。电话：010 - 88191502）
（版权所有　侵权必究　举报电话：010 - 88191586
电子邮箱：dbts@esp.com.cn）

序　言

中华民族在 20 世纪发生了两件影响中国、影响世界的惊天动地的大事，一是中国共产党领导中国人民推翻了帝国主义、封建主义和官僚资本主义三座大山，建立了中华人民共和国，中国人民从此当家做主，站立起来，自立于世界民族之林了。二是坚决实行了改革开放的正确方针，发展经济，改善人民生活，使中国迅速跨进世界强国之列。这两个伟大的历史事件，都将中国的农民推到了中国社会舞台的中心。在夺取政权的斗争中，中国共产党人创造了以农民为主力军，农村包围城市的道路，取得了完全的胜利。在改革开放的实践中，中国共产党人又以实行农村农民家庭联产承包责任制为开端，揭开了改革序幕，取得了举世瞩目的巨大成就。

在改革开放中，由于农村实行农民家庭联产承包责任制，变革了生产关系，解放了生产力，也产生了大量农村富余劳动力。顺应城市的发展需要，农民工如潮水般涌向城市，从而加速了中国的城市化进程。这一顺应中国社会发展前行潮流的自然历史进程早就引起了社会各方面，特别是学界的关注，并产出过许多相关的研究著作、论文、调查报告等成果。陈志光博士的《安居乐业　和合能谐——有序推进农业转移人口市民化研究》一书的公开出版，为这些研究成果增加了新的章节，掀开了新的一页。

陈志光博士是中国人民大学人口学专业出身，来到天津社会科学院社会学研究所从事社会学研究，特别是城市社会学研究工作。他很快适应并融入了相关工作，表现出很好的专业素质。他有较好的理论功底，理解并运用了城市社会学研究所需要的综合学科知识和理论，如社会融入理论、社会排斥理论、社会保障理论、劳动力分割理论、供给需求理论、教育公平理论、住房供给需求理论等。与此同时，他还发挥了本专业的优势，关注了和人口学相关的莱文斯坦的人口迁移法则，推力—拉力理论、Lee 对人口迁移流动理论的系统研究等，从移民关系网络、迁移积累效果到流迁人口社会融入理论等，理论层面十分宽泛厚重，值得充分肯定。

陈志光博士将本书的书名命名为《安居乐业　和合能谐——有序推进农业转移人口市民化研究》是深思熟虑、颇具匠心的。"有序"二字是本书题目中的关键词。它指出了在当前大规模的城市化进程中，要科学地思考和推进农业转移人口市民化。它包含了作者在书中议论和建言的两个主要的方面。一是要"建立健全动态信息系统"，充分利用计生、统计、公安、劳动保障、农业等部门的信息资源和数据基础，建立起完善的流动转移人口生产、生活信息管理系统，实现转移人口信息跨部门、跨系统、跨地区共享，提高转移人口的服务管理效能。二是分类、有序推进农业转移人口市民化。指出农业转移人口之间是千差万别，各不相同，因此，农业转移人口市民化措施不可能采取简单的"一刀切"，要从农业转移人口的现实情况和各自的心理意愿等方面综合考量，对不同类型的农业转移人口采取不同的、有所侧重的市民化促进措施，分类有序提高农业转移人口市民化程度。

本书采用了比较研究的方法，特点鲜明。比较的方法是科学研究的重要方法。事物在比较中得到鉴别，是科学研究的普遍规律。作者为了研究农业转移人口市民化问题，选取了天津、北京、上海、广州、深圳等五个城市进行比较。这五个城市都是我国东部发达地区的特大城市，也是流动人口数量大，历史长，实现农业转移人口市民化的垂范城市。这些城市的地理位置不同，历史文化不同，经济和社会发展状况不同，民风民俗不同，农业转移人口市民化的情况也会有所不同。该书作为陈志光承担天津市哲学社会科学规划重点课题的最终成果，在将天津和其他四个城市的比较中发现了天津在经济、社会发展和农业转移人口市民化中的一些情况和问题，对推进天津经济与社会的发展，促进农业转移人口市民化进程有重要的参考价值。

使用定量分析的方法研究农业转移人口市民化是本书的又一个特

征。作者以全国 2014 年流动人口动态检测调查、2014 年天津市民生调查等数据为支撑，以 OLS 模型、多层模型、一般化序次 Logistics 模型等方法为工具，分析了北京、上海、广州、深圳、天津五大城市农业转移人口市民化的基本现状与主要特征。农业转移人口市民化是件复杂的事物，其影响因素是多元的、交织的、相互牵连的。作者使用回归统计方法分析相关数据，在控制其他因素的同时，分析影响农业转移人口市民化的各种原因和现象，是科学的、有效的，发现了一些和我们的经验判断、假设不尽一致的结论，如农业转移人口市民化的进程确实会因代际差异有显著不同；虽然女性农业转移人口每月的收入比男性要低，但她们的农业转移人口市民化意愿要强于男性等，是可以引发新思考的创新式研究。

　　本书在比较研究和定量分析研究的基础上，还关注了各地的相关法律法规、政策措施、新闻访谈资料以及国际上农业转移人口市民化的一些做法，如墨西哥移民的行业分布，新加坡、德国、英国等国家解决低收入群体、转移人口住房问题的经验，美国流动儿童教育的经验与借鉴等，资料丰富，视野开阔，增加了分析力和说服力。

　　无论如何，我们要祝贺《安居乐业　和合能谐——有序推进农业转移人口市民化研究》一书出版问世。但愿它的出版能够推动中国城市社会学研究和学科建设再上台阶，为正在蓬勃发展的中国城市化进程、为农业转移人口市民化的科学推进，从理论和实践的结合上做出更多的贡献。

中国社会学会学术委员会委员

中国社会学会城市社会学专业委员会会长

潘允康

目　录

第一章 导 论

规模史无前例的人口转移流动是改革开放以来中国社会最突出的变化之一，也是引发社会变革的主要驱动力之一。"十三五"时期，中国农业转移人口规模将保持在2亿以上。同时，我国正进入工业化的第二阶段和城镇化的加快阶段，工业化和城镇化的快速发展对流动劳动力将继续产生较大的需求。所以，中国农业转移人口的数量还将继续增加、规模还将进一步扩大，转移人口作为一个特殊的人口群体将长期存在于我国现代化事业的发展进程之中。而有序推进农业转移人口的市民化，也成为我国工业化发展、城市化提高、现代化实现的关键环节。

一、研究背景

中国是一个典型的二元国家。一方面，我国农村地区人口多，人均耕地少，耕地后备资源不足，一直存在人多地少的矛盾。而且，随着土地资源不断减少，农业技术迅速进步，农村劳动生产率的日益提高，农业劳动力需求数量大量减少，从农村释放出来数量庞大的剩余劳动力。农村剩余劳动力不能充分就业、收入水平低、发展机会少，这些不利因素都迫使他们寻找新的就业机会，改善生存状况，提高生活水平。因此，农业中大批潜在剩余劳动力的存在成为流动人口的源泉和巨大推力。另外，城市进入现代化的发展阶段以来，在资本、技术、创新、人力等因素的不断创造和循环中，带动了产业的持续优化、经济的高速增长、社会的不断进步、基本公共服务资源齐备、卫生医疗教育养老便利。在中国城乡二元社会经济结构中，农村地区存在大量剩余劳动力，而城市地区需求大量产业工人和服务人员。正是这种一方供给、一方需求，一方贫困、一方发展，一方推力、一方拉力的差异、互补格局形成了中国史无前例、波澜壮阔、长久存在的农业转移人口大军。而大规模农业转移人口的存在和发展，也为我国社会经济发展做出了巨大的贡献，促进了现代化发展，带动了城市化提高，推动了社会繁荣。

大规模人口流动迁移是我国经济平稳高效增长的动力源泉。农业转移人口为流入地提供了廉价的劳动力、丰富的人力资源，使企业充分发挥劳动力资源比较优势，降低了生产成本、提高了生产利润，推动了经济快速增长。同时，大量农业转移人口在城市地区生产生活，促进了产业、人口双集聚，带来了巨额的消费资源，促使流入地社会经济迅速发展。而且，农业转移人口也为流出地带回了大量的资本和先进的技术，推动流出地扩大生产资本，提高生产技术，加快了流出地经济的高速发展。

人口流动迁移是我国社会发展繁荣昌盛的重要力量。农业转移人口对于缓解流入地人口老龄化、劳动力大龄化具有重要作用；而且，转移人口的流入对于流入地焕发生活活力、提高生活水平、推动社会进步具有重要作用。同时，农业转移人口为流出地带来了先进的文化观念，有效的信息传播，文明的消费方式，有利于农村地区的生活发展和社会进步。

农业人口转移有利于亿万家庭的发展和进步。农业转移人口不仅为自身带来了人力资本的积累和人口素质的全面提高，而且，农业人口转移为亿万农村家庭成员带来了发展和进步，促进了家庭成员经济水平的提高，物质生活的改善，提高了物质文化水平。农业人口转移流动也为随迁子女带来了新的发展机遇和接触新观念、新事物的基础，从而推动他们更好地发展，带动整个流动家庭的进步和提高。

综上所述，中国大规模的农业转移人口是城乡二元、经济转轨、社会转型时期特有的人口现象。农业转移人口的出现带动了城乡之间劳动力资源和生产力布局的优化配置，创造性地把解决"三农"问题和工业化、城镇化、现代化有机地联系在一起，为工业增强了竞争力，为城市增加了活力，为改革开放增添了动力，为社会增加了财力，对中国深化改革、扩大开放、加快工业化和城镇化进程以及政府职能和管理服务方式的转变做出了突出的重要贡献。因此，农业转移人口不再只是一个关于转移人口群体自身的问题，农业转移人口问题将对我国社会经济的可持续发展产生重大而深远的影响，应该把农业转移人口问题放在全局性、战略性和长期性的角度加以重视。

二、研究问题

亿万农业转移人口的劳动与付出为中国城乡经济的快速发展做出了难以估量的巨大的贡献，但转移人口自身的生存发展状况、社会融入程度却不容乐观，农业转移人口在城市还属于"半市民化"状态。因此，了解农业转移人口的基本情况，分析影响市民化的因素和机制，找到有效的推进方案和市民化措施成为当前的重点与焦点。具体来说，本书重点关注以下几个问题：

其一，厘清农业转移人口市民化的基本情况与主要特征。农业转移人口在城市，特别是集聚区域的生存与发展状况一直处于现状不清、特征不明的尴尬境地中。当今政府、组织、学者、民众虽然对农业转移人口的城市生活情况逐渐关注和正在重视，但由于人口现象的复杂性和多样性、市民化进程的动态性和多变性，目前社会各界对于转移人口的生存发展状况、社会融入程度还了解不全面、不具体。农业转移人口个体基本特征、就业基本状况、职业类型分布、每月工资多少等方面都刻画不准确；农业转移人口住房来源、住房支出的绝对水平、住房支出的相对水平等都描述不清楚；农业转移人口社会保障水平、社会保险参保率、参保的群体差异性等不甚了了；农业转移人口随迁子女受教育状况、在学校的学习状况、在班级的学习表现等没有准确掌握；农业转移人口市民化意愿、长期居留意愿、最终养老意愿等层面都解释不详细；本地人口对农业转移人口的社会排斥程度、社会距离大小、群体和合过程等都不清不楚。现状不清、特征不明阻碍了我们对农业转移人口市民化问题的深入了解和深度把握，不利于转移人口快速、有效地适应城市生活，不利于新型城镇化的顺利推进。本书在大样本数据的支撑下，以天津市作为一个重要基点，以北京、上海、广州、深圳四个城市为比较对象，从就业与收入、住房与居住、社会保障、子女教育、社会距离、心理意愿等方面对农业转移人口的社会经济状态进行考察和测量，重点回答上述不清晰的多个问题，厘清当前农业转移人口市民化的基本程度、所处水平和主要特征。

其二，辨析影响农业转移人口市民化的多层多元因素。虽然目前学界对影响农业转移人口市民化的因素分析也有很多，但存在几个不足：首先，描述性分析方法较多，计量模型分析方法较少。描述性分析方法能够很好地探索事物的水平、程度、现状、特征等因素，但描述性分析方法不能深刻揭示多元复杂因素对因变量的影响和路径。而计量模型分析方法有利于在控制了多项因素以后，探讨各因素的真正影响方向和影响程度。其次，单层因素分析较多，多层多元因素分析较少。由于农业转移人口市民化问题不仅涉及政治、经济、社会、历史、文化等多元因素，也涉及国家、城市、单位、个体等多层因素。因此，仅仅单层单元的分析难以揭示影响过程的全貌和整体进程，必须依靠多层多元因素分析。再次，对个体特征关注较多，对单位因素关注较少。农业转移人口年龄、性别、受教育程度等个体特征是影响他们市民化程度的重要因素这已经无所质疑，但很多研究忽视了中观层面上的职业类型、单位性质、就业身份等对就业与工作特征的影响与作用。本书在统计分析和政策研究的基础上，辨识农业转移人口城市融入的多层多元影响因素，揭示这些因素促进或阻碍农业转移人口城市融入的显性和潜在机制。

其三，探讨有针对性的、具体的政策与措施，有序推进农业转移人口的市民化进程。目前各地政府都认识到"科学化管理、均等化服务"对于农业转移人口市民化的重要性和紧迫性，但对于怎样真正提高转移人口的经济收入状况、如何逐步改善转移人口的居住恶劣情况，如何有序提高农业转移人口的社保参保率，如何改善农业转移人口随迁子女教育与发展状况，如何加强转移人口的心理认同意愿和社会融入意愿等方面还缺乏、缺少、缺失有效的、可推广的对策与措施。一些规章与制度往往出发点很好、设想也很好，但常常实际效果不理想；还有一些政策和措施更重视短期效果和眼前利益，而忽视了长远效果和长期利益；更有部分地区采取的一些办法和活动，更像是"政绩工程"、"面子工程"，不能真正促进转移家庭与城镇家庭的社会融合。本书将针对现存研究的局限，在劳动力市场分割理论、住房供给需求理论、社会保障理论、教育公平公正理论、社会融入理论等的基础上，参考国内外相关研究成果和文献资料，提出消除农业转移人口市民化障碍、促进其市民化步伐、加速其市民化进程的对策与建议。

三、研究方法

其一，文献研究。人类有史以来一直不断迁移流动，具有流动迁移倾向是人类的显著特征之一。同时，人口迁移流动产生的原因复杂多变，带来的后果也是重大深远。因而，人口迁移流动受到国内外学者的极大关注，特别是有关农业转移人口的研究和分析更是层出不穷，积累了大量的文献和资料。本书研究通过检索国内外各种文献，收集与研究有关的资料、论文、最新研究成果以及相关的专著、书籍等，对资料进行筛选、分类、比较、总结和分析，采用内容分析、二次分析等方法进行规范的文献研究，熟悉和把握国内外关于农业转移人口研究的方法、过程与结果，为本书分析提供研究视角、理论参考和方法基础。

其二，理论指导。理论是进行科学研究的基础和前提，特别是社会科学中普遍使用的中层理论，更是对我们的实证研究具有非常重要的指导意义。研究农业转移人口的中层理论非常多，从莱文斯坦开创人口迁移法则，到推力—拉力理论的提出，再到Lee对人口迁移流动理论的系统研究；从个人收益最大化到家庭风险最小化，从移民关系网络、迁移累积效果到流迁人口社会融入理论。而农业转移人口的市民化进程也涉及劳动力市场分割理论、住房供给需求理论、社会保障保险理论、教育公平公正理论、社会排斥社会融入理论等。过去几十年内，国内外学者的研究形成了无数的、经典的与农业转移人口市民化相关的、有联系的理论与模式，本书以这些人口迁移流动理论为基础，构建适合中国农业转移人口市民化特征的理论研究背景和理论分析框架，从而更好地指导和解释实证研究内容。

其三，数据实证。数据来源包括（1）2014 年国家卫计委流动人口动态监测调查数据；（2）2014 年天津市民生民情专项调查数据；（3）2016 年天津市农业转移人口专项调查数据；（4）宏观统计数据等。实证分析包括描述性分析和推断性统计分析。第一步，在描述了数据的基本特征以后，本书就社会经济因素与农业转移人口市民化之间的关系进行一系列的二元相关分析。数据分析的第二步是使用多元分析方法，探讨农业转移人口市民化的多种影响因素及其作用程度。基于因变量的性质和特征不同，主要使用 OLS 模型、序次 Logistic 模型、多元 Logistic 模型、多层模型（Multilevel Model）等计量分析方法。

其四，定性分析。为了在更宏观的背景和更长的逻辑链条中理解经济社会因素对农业转移人口市民化的影响，本书还将针对农业转移人口的就业收入、住房居住、社会保障、教育发展、市民意愿、社会接纳等方面，研究和分析相关的法律法规、政策措施、新闻报道、企业资料、人物访谈等。使用定性分析方法对这些材料进行话语和文本分析，以弥补定量分析深度不足的缺陷，增强研究的解释力和说服力。

四、研究意义

有序推进农业转移人口市民化已经成为我国建设新型城镇化、构建和谐社会过程中无法回避的问题：

其一，涉及亿万农业转移人口的生存与生活、安居与乐业。农业转移人口能否在城市顺利融入关系到他们的生存与生活，如果农业转移人口不能顺利工作、没有稳定的收入、生活水平与城镇居民差距很大、没有可以依赖的社会资本，他们就不能够过上"体面"的生活，不能取得与户籍居民同等的权益。亿万农业转移人口只有在城市中取得经济层面的实惠、社会层面的交流、心理层面的认同，实现城市生活的顺利融入，他们才能像城市居民一样安居与乐业，为城市发展贡献更多的力量。

其二，事关城镇化规划与建设、现代化统筹与发展。农业转移人口规模巨大，是城市建设和社会发展的重要支撑力量。农业转移人口在城市的工作生活、就业收入、开支消费、居住租房等方面都对城市规划与建设产生重要影响。如果城市不合理考虑、统筹安排农业转移人口家庭及其个体成员的生产、生活顺利开展与逐步前进，必然将对一个城市的发展产生不良影响，影响到工业化和城镇化的顺利推进，以及城乡的协调统筹发展。

其三，促进社会的公平与正义、和谐与稳定。当今时期是促进社会和谐稳定建设的关键时期，高度重视、认真研究和妥善解决农业转移人口市民化过程中存在的问题，切实保障他们在经济、政治和社会等方面权益，为农业转移人口创造一个公平、良好的工作和生活环境，对于促进社会公平正义，形成充满活力、有序安定的局面具有十分重要的作用。

五、全书结构

本书共分十章，具体结构如下：

第一章导论。提出当前农业转移人口城市生活的宏观背景，阐述关注的研究问题和研究对象，介绍使用的研究方法和研究手段，论述研究的理论价值和实践意义，为全书的分析和论证提供纲目和方向。

第二章理论基础和理论框架。阐述农业转移人口、市民化等概念，介绍劳动力市场理论、供给需求理论、社会保障理论、社会融入理论等相关内容，在此基础上提出全书的理论分析框架，并在理论框架的指导下提出可经实践检验的理论假设。理论框架的构建和理论假设的提出，指导、指引全书的实践证明过程和数据分析步骤。

第三章数据与方法。详细阐述所用数据的来源、优势与局限，数据用来验证农业转移人口市民化的契合性和可行性。并根据理论框架和研究假设的需要，定义各种研究变量、介绍变量量化的措施。最后介绍所用的模型方法及其原理，为后面章节的回归分析提供方法支撑和理论支持。

第四章农业转移人口就业与收入。经济收入是农业转移人口进城打工的最主要目的，农业转移人口在城市的就业状况和收入水平也是他们生存发展的基础和前提。本章使用描述性分析方法介绍农业转移人口在城市就业的基本情况，包括所在行业、职业类型、单位性质、就业身份等，并重点分析影响农业转移人口收入水平的因素和机制，提出改善农业转移人口就业状态，提高农业转移人口收入水平的政策与措施。

第五章农业转移人口住房与居住。在农业转移人口市民化的过程中，最重要且难度最大的是农业转移人口在城市的住房与居住问题。换言之，住房与居住问题是农业转移人口市民化的核心和关键。本章重点关注农业转移人口的住房类型和住房支出，探讨年龄差异、教育程度、职业类型、收入水平等因素对住房类型和住房支出的作用机制和影响机理，并在这些研究的基础上，提出"租购并举"的建议与措施，改善农业转移家庭的居住环境和住房条件。

第六章农业转移人口社会保障。社会保障是民生之安，关系着每一个人、每一个家庭的福祉。社会保障是劳动力再生产的保护器。农业转移人口的社会保障建设，不管是对于发展社会保障事业还是对农业转移人口自身都具有十分重要的意义。本章重点关注农业转移人口参加社会保险的基本情况和主要特征，探讨年龄差异、教育程度、职业类型、收入水平等因素对保险类型和是否参保的作用机制和影响机理，并在这些研究的基础上，提出有效的建议与措施，改善农业转移家庭的社会保障情况。

第七章随迁子女教育与发展。在中国社会，所有的家长对子女的教育都有十分强烈的要求，父母将自己全部的希望都寄托在下一代的身上，希望子女能通过学习与受教育来改变他们未来的命运，提高他们的社会经济地位。本章重点关注农业转移人口随迁子女的教育问题。在文献研究、政策研究和资料分析的基础上，探讨影响随迁子女学习成绩、学校表现、同学关系、心理认同的学校、老师、家庭、自身因素，提出有效的建议与措施，以改善随迁子女的受教育状况，提高他们的学习成绩，树立他们的发展信心。

第八章农业转移人口市民化意愿。描述和阐述转移人口市民意愿、居留意愿、迁户意愿以及养老意愿的现状与特征，使用多层 Logistic 回归模型，探析和验证个体差异、职业类型、城市特征等多层多元因素对农业转移人口心理意愿的直接或间接影响，提出促进市民化意愿、提高心理融入水平的建议与措施。

第九章户籍居民与农业转移人口的社会距离。农业转移人口的市民化，不仅取决于他们自身的经济社会文化发展，也与原有居民的态度和行为息息相关。本章研究户籍人口与农业转移人口之间社会距离的大小与特征，并使用一般化定序 Logit 模型分析代际差异、性别差别、教育程度、收入水平、住房状况等因素对社会距离的影响与作用机制。

第十章总结讨论与建议措施。总结全书的主要发现和重要结论，讨论理论分析和数据分析的主要内容，在影响因素和作用机制的基础上，提出有效的、有针对性的对策措施与政策建议，有序推进农业转移人口的市民化进程。

第二章 理论基础与研究框架

> 当人们从事于发现什么事物时，他首先要了解别人以前就此事物发表过的一切说法，然后自己再开始思考……
>
> ——［英］弗朗西斯·培根

本章阐述全书研究的主要概念、理论基础、研究框架以及研究假设。概念界定有助于厘清研究问题、确定研究范围和明确研究意义。理论依据和理论框架是一项研究的基础和前提，理论依据为研究提供特定的着眼视野和具体的分析思路，只有在理论依据的指导和指引下，在理论框架的构架和构建上，才能对研究问题进行全面、系统、深入的分析和应对。而理论假设是一种有关变量间关系的尝试性陈述，是一种可用经验事实检验的命题（风笑天，2005）。理论假设的构建和论证，有利于研究思想的可测化、研究方法的操作化、研究内容的具体化，是理论与实证研究必不可少的一部分。

一、概念界定

（一）农业转移人口的概念与内涵

从历史发展来看，农业转移人口的称谓历经了盲流、流民、民工、农民工、农业转移人口的变化。使用最多的是"农民工"概念，从"农民工"称谓本身来看，就带有矛盾性和不一致性，身份定位究竟应该是农民还是工人，或者是兼有双重身份。农民工既非传统意义上的城镇居民，亦非传统意义的农村居民，是一个与农民和市民均存在异质性的群体。1999年8月30日《中华人民共和国招标投标法》第一次在法律层面上使用"农民工"这个词，此后国务院及各部委在有关农业转移人口问题和农业转移人口权益保护文件中，直接使用了"农民工"这个概念，如2004年6月劳动和社会保障部发出《关于农民工参加工伤保险有关问题的通知》、同年11月发布的《关于为解决建设领域拖欠工程款和农民工工资问题提供法律服务和法律援助的通知》以及后续发布的一些政策法规，均使用了农民工的概念。但是，很多学者认为这一称谓某种意义上带有歧视意味，用其指称中国城镇化进程中由农村向城市转移的人口是不恰当的。2012 年党的十八大报告中指出要"加快改革户籍制度，有序推进农业转移人口市民化"，这是首次用"农业转移人口"的概念替代了"农民工"概念。

（二）农业转移人口市民化的概念与内涵

农业转移人口市民化主要是一种社会学术语（郑杭生，2005），是指在我国现代化建设过程中，借助于工业化和城市化的推动，使现有的传统农民在身份、地位、价值观、社会权利以及生产生活方式等各方面全面向城市市民的转化（文军，2004）。在这个过程中，农民将实现自身在生活方式、思维方式、生存方式和身份认同等方面的现代性转变（郑杭生，2005）。农业转移人口的市民化进程，实际上是转移人口适应城市生活的社会化过程（田凯，1995），也是城市居民接受转移人口的过程，是转移人口与城市社会、与市民双向互动和接受的过程（王桂新，2007）。市民化是一个多维度、多阶段的系统工程（张文宏、雷开春，2008；Waters and Jiménez，2005；Hirschman，1983；Gordon，1964），应当满足几个层面的基本条件：（1）职业分布与职业地位提升。就业和收入问题是农业转移人口市民化的首要问题，它是流入者立足目的地的基础（朱力，2002）。只有流动者拥有了一份稳定的工作、一定的经济实力，获得了像样的经济地位，他们才会更有信心、更有能力与流入地居民进行深层次交往，也才能更好地为当地人接纳，从而促进其他方面的融入（杨菊华，2009）。（2）居住与住房。安居才能乐业，住宅于人，如同阳光、空气和水，须臾不可或缺，涉及每一个居民和家庭。而且，住宅和安居，对于实现人的基本权利，提高生活质量，保障社会秩序和安全，促进社会经济发展，都有十分重要的作用。（3）社会保障。社会保障是民生之安，关系着每一个人、每一个家庭的福祉。老有所养，病有所医是人们最关心、最直接、最现实的利益问题，也是政府孜孜以求的目标。（4）子女教育。随迁子女能否在城市就学是农业转移人口最关注的问题之一，有一半以上的农业转移人口把孩子入托和上学的问题列为最需要城市政府提供的服务。（5）市民化意愿。是指农业转移人口融入本地的意愿、在城市长期居留的意愿、迁入户口的意愿以及在城市养老的意愿等。只有当转移人口在流入地有很强的融入和市民化意愿时，只有当转移人口对流入地有很强的认同感和归属感时，他们才真正融入了流入地的主流社会（杨菊华，2009）。（6）社会距离。农业转移人口的市民化进程，不仅取决于转移人口自身，也取决于本地居民的态度和意愿，取决于本地人口与转移人口的社会交往程度、社会融入程度。

二、理论背景与理论基础

社会理论的诞生与发展就在于理解与分析社会正在经历的显著变化，包括城市化、工业化，信息化等（Waters and Jimenez，2005）。而人口的流迁给流入地人口结构特征、社会经济发展都带来了巨大的影响和明显的改变，由此产生了研究流迁人口及其市民化的众多社会理论和分析模式。

（一）人口迁移流动理论

人类有史以来一直不断迁移流动，具有迁移倾向是人类的显著特征之一。同时，人口迁移流动产生的原因复杂多变，带来的后果也是重大深远。因而，人口迁移流动受到国内外学者的极大关注，有关人口迁移的理论和方法层出不穷，极大地丰富和扩展了人口迁移流动研究的理论视野和实证范围。研究人口迁移流动的学者一般都认为，人口迁移理论的开创始于莱文斯坦对人口迁移流动法则（law of migration）的研究。在莱文斯坦之前，人们往往认为人口迁移流动是没有规律可循的。1885 年莱文斯坦在《皇家统计学杂志》上发表了论文《论迁移的规律》，对人口的迁移流动规律进行了系统归纳，形成了著名的"迁移七大规律"，主要包括：人口迁移流动以经济动机为主；随着技术进步，人口迁移流动呈现不断增长的趋势；人口迁移流动呈分级递进的特征；城乡间人口的迁移流动倾向存在差异，农村人口比城市人口更易于发生迁移流动；性别之间也存在迁移流向的差异性，女性比男性更具有迁移性；人口迁移流动受距离的影响；每一个人口迁移的迁移流都具有一个相反方向的反迁移流，二者同时并存（Ravenstain，1985；1989）。尽管莱文斯坦的研究还比较粗放，也有不尽准确的方面，但这并没有抹杀其理论的开创性意义，它对后世的人口迁移流动理论研究具有重要的启发作用。这一理论经历了 100 多年的考验，直到今天为止，有关人口迁移的理论也没有超过莱文斯坦人口迁移法则的基本框架。

推力—拉力理论是最知名的人口迁移流动理论，几乎所有研究人口迁移流动的学者们都在直接或间接地使用其分析方法。人口迁移流动推拉理论的起源可以追溯到莱文斯坦的人口迁移法则，众多学者都对传统的人口迁移推力—拉力理论进行了论述，而系统的推力—拉力理论则是 Bogue（1959）明确提出的。其主要观点为，迁移流动行为发生的原因是迁出地与迁入地的推力（push factors）和拉力（pull factors）共同作用的结果。推力是指促使迁移者离开某地的影响因素，拉力是指吸引迁移者流向某地的影响因素。原住地的失业率上升、耕地不足、缺乏基本的生活设施、社会经济及政治关系的紧张和自然灾害等都构成了原住地的推力，这些因素促使人们向其他地区迁移流动；当然，在流出地也存在拉力因素，如家庭团聚、熟悉的环境、长期形成的社交网络等。与此同时，迁移目的地更好的就业机会、更好的发展前程、更高的工资、更好的教育和卫生设施等构成了目的地的拉力，这些拉力吸引人们由其他地区迁往这一地区；流入地也存在一些不利于人口迁移流动的推力因素，如迁移流动可能带来家庭的分离、陌生的环境、激烈的竞争、生态环境质量的下降等。推力—拉力理论模式之所以被广泛接受和应用，主要在于它揭示出了迁移流动过程的本质力量。人口之所以发生迁移流动，根本原因就在于迁出地与迁入地多种力量的相互作用、相互碰撞和相互抵消，最终形成合力使人口发生迁移或者不发生迁移。

影响人口迁移流动的因素很多，自然环境、社会环境、经济环境和迁移者的心理状态都是影响人口迁移的因素，其中，经济是最重要的因素，追求经济效益最大化始终都是导致人口自主迁移流动的最根本因素。从托马斯、刘易斯、托达罗，到乔根森、舒尔茨、斯达克，无数著名的经济学家、社会学家、人口学家对人口迁移流动的经济动机进行了深入地分析和系统地研究，形成了众多的人口迁移流动经济模型。早在 20 世纪 50 年代，发展经济学的代表人物刘易斯（W. A. Lewis）就提出了二元结构的发展模型，或称"无限过剩劳动力"发展模型，对农业剩余劳动力向城市转移，农村人口向城市迁移流动的问题进行了深入的探讨。刘易斯把发展中国家经济划分为资本主义部门和非资本主义部门，形成一个二元经济结构。二元经济中的非资本主义部门以传统农业部门为代表，农业部门的生产方式落后，劳动生产率低下，人口过度膨胀，失业十分严重；二元经济中的资本主义部门以现代工业部门为代表，经济发展依赖现代化部门的扩张，而现代工业部门的扩张需要农业部门提供丰富的廉价劳动力。传统农业和现代工业两个部门经济结构上的差异和经济收入上的差异导致两部门之间劳动力的转移，从而引起农业人口向城市的迁移流动（高洪，2003）。

经济因素是影响人口迁移流动的最为关键因素，但经济条件并不是影响人们迁移流动决策的唯一因素，其他社会发展、文化传承、人口特征、生存环境等众多因素都对人口迁移流动过程施加作用和影响。西方学者对这些方面也进行了系统地研究，形成了多种理论与模式，最典型的是移民网络理论。

移民网络理论认为，移民网络是迁移流动者、以前的移民和在原籍地的家庭和朋友，与流入地移民基于亲属关系、友情关系所建立起来的一系列特殊联系。这一系列联系被认为可以降低迁移流动成本，增加迁移流动收益和减少迁移流动风险，从而加大迁移的可能性。移民网络成为一种社会资本，人们依据这种社会资本来获得在流入地就业和高收入的有效途径（赵敏，1997）。移民网络形成后，一方面，移民信息可能更准确、更广泛地传播，移民成本因此而降低，从而不断推动流出地人口进行迁移流动；另一方面，随着时间推移，向外地甚至向国外特定地区定向迁移流动可能已经成为某地的乡俗民风，从而人口流动不再与经济政治条件直接相关。Massey（1987）就移民网络的动态形式与个人的迁移流动决定之间的关系进行了分析，他发现如果其父母有移民美国经历的，则他们迁移的可能性会大大提高；对于那些有过第一次迁移经历的人，他们以后迁移的可能性则完全依赖于个人以前的迁移经历和与其他移民之间的社会联系。他们以后迁移不再由原来社区的社会经济状况所决定，而更多的是由与以往的移民网络的联系程度、他们自身的人力资本存量和在以往移民网络中积累的社会资本等因素所决定的。家庭中有海外关系或与曾经去过海外的人有着某种社会关系的人，会极大地增加他们国际迁移的可能性（赵敏，1997）。此外，移民网络对外来劳动人口的收益增长也具有重要的潜在作用。如果与移民网络具有密切的联系，不仅会增加移民本身的小时工资，而且可以获得更多的工作机会，从而使其收入大大提高（赵敏，1997）。社会网络对移民的重要性怎么估计都不过分，社会网络概念的确立，有助于预测未来的移民动向，有可能通过移民网络解释何以环境相类似而移民方向不同。而且，社会网络作为一种人际结构，介于个人决策的微观层面与社会结构的宏观层面之间，因此这一理论有助于弥补移民研究中的一个中间层面上的空白（高洪，2003）。

综上所述，迁移流动理论从人口、社会、经济、文化、心理等多学科、多角度对人口迁移流动的特点、趋势、原因、机制、影响、后果等方面进行了系统、全面、深入、详细地分析和研究，形成了许多经典的理论模型和实证框架。总体来讲，不论是人口迁移流动的规律性研究，还是经济学研究、社会学研究，人口迁移流动理论存在几点共性之处：第一，主要是解释完全市场经济条件下自发性的迁移和流动。虽然人口迁移流动理论也涉及中间阻碍因素的研究，但更多的是从微观个体角度进行的思考，人口理论的宏观背景还都是在市场经济条件下的人口自由迁移流动；第二，强调二元结构。无论是刘易斯的农村剩余劳动力转移的模型，还是托达罗的城乡人口迁移经济行为模型，抑或是推拉理论、移民网络理论等，事实上都是把城乡二元经济结构作为人口迁移流动的前提与基础；第三，迁移流动理论都把工业化进程、城市化发展同迁移流动现象互相对照研究，并且认为几者之间存在着内在的、必然的联系和机制。这种把人口现象与社会、经济发展相结合的研究方法大大促进了迁移流动理论的发展和完善；第四，理论与实践的相互印证。人口迁移流动理论虽然存在许多假设、假说、抽象概念等内容，但人口迁移流动理论大多非常注重理论对实践的指导作用，每一方面的理论都要求与人口迁移流动的现实相吻合、与人口迁移流动的进程相适应。

（二）劳动力市场分割理论

20 世纪 60 年代以来美国社会深受贫困、收入不平等、经济歧视等问题的困扰和迷惑，而当时的边际生产力理论、人力资本理论等主张都无法对这些难题提供有说服力的解释和有针对性的措施。于是，一些学者放弃了劳动力市场的竞争性假设，转而强调劳动力市场的分割属性，强调制度及劳动力市场的结构性因素对收入和就业的影响。这些学者被称为劳动力市场分割学派，他们所构建的理论被称为劳动力市场分割理论（巨文辉，2005）。劳动力市场分割理论认为，由于种族、身份、制度、文化等的阻碍和限制，劳动力市场被分割为主要劳动力市场与次要劳动力市场两个互相排斥的部分。主要劳动力市场中制度严格、管理规范、等级明显、就业稳定、工作条件好、收入水平高，具有更多的培训、教育和升迁机遇；而次要劳动力市场中制度疏漏、管理松散、等级模糊、工作不稳定、就业环境恶劣、工作水平低，缺乏培训和升迁机会；主要劳动力市场和次要劳动力市场之间存在坚固的壁垒和巨大的鸿沟，难以沟通和跨越（Doeringer & Piore，1971）。

在劳动力市场分割理论提出之后，许多研究者通过计量方法的分析，对各国劳动力市场分割的状况进行了实证检验。Bosanquet 和 Doeringer（1973）通过对比英国和美国的劳动力市场状况，Zidemran（1986）使用以色列数据，都验证了主要劳动力市场和次要劳动力市场的分割状况；在主要劳动力市场，受教育年限和工作年限对提高收入具有积极的作用；但在次要劳动力市场，受教育年限与劳动者的收入没有显著性关系（郭丛斌，2004）。劳动力市场分割是一个全球性现象，各国劳动力市场上广泛存在的失业、贫困、歧视、同工不同酬等社会经济现象都对劳动力市场分割问题的研究具有重要的理论与现实意义（晋利珍，2011）。20 世纪 80 年代以后，随着信息经济学、交易成本经济学、计量经济学等学科的发展和进步，劳动力市场分割理论得到越来越多的验证和补充完善，在更多的领域中发挥了重要的作用（Baron and Bielby，1984）。而劳动力市场分割理论也是解释农业转移人口城市就业的最为合适的理论之一。农业转移人口进入城市以后，由于制度、身份、区域、文化、语言等的限制和分割，绝大多数只能进入次级劳动力市场就业，从事劳动时间长、工作环境差、收入待遇低、缺少晋升机会的工作，没有或者是很少有机会能够进入主要劳动力市场就业。

（三）住房供给需求理论

住房和居住是农业转移人口来到城市以后最先要考虑的问题，而城市住房的供给，主要有两种理论方式：市场方式和保障方式。

1. 房地产市场的供求理论。房地产市场是指房地产商品一切交换和流通关系的总和。既包括土地、房产及相关的劳务服务的交易行为，又包括土地所有权和使用权的有偿转让、房地产买卖交易以及租赁、典当、抵押等各类经济活动，房地产市场是所有这些交换和流通关系的综合，体现了市场中的当事人之间错综复杂的经济利益关系。房地产市场同生产资料市场、生活资料市场、金融市场、劳动力市场、技术市场和信息市场一样，也是社会主义市场体系中一个不可缺少的重要组成部分。特别是对于农业转移人口来说，无论是购房还是租房，无论是住房支出还是住房设施，都依赖于房地产市场的运作和发挥作用。而房地产市场从本质上来看就是需求和供给两方面。房地产需求类型主要包括：生产性需求，指物质生产部门和服务部门为满足生产经营需要而形成的对房地产商品的需求，其需求的主体是各类企事业单位和个体工商业者；消费性需求，由人们的居住需要而形成的房地产需求，主要是住宅房地产需求，其需求的主体是居民家庭；投资性需求，指人们购置房地产不是为了直接生产和消费，而是作为一种价值形式储存，在合适的时候再出售或出租，以达到保值增值的目的（覃肖响、李智、颜涛，2007；马启升、吴奇，2013）。房地产供给一般分为三个层次，现实供给层次、储备供给层次和潜在供给层次，这三个供给层次是动态变化的；现实供给层次是指房地产产品已经进入流通领域，可以随时出售和出租的房地产；储备供给层次是指房地产生产者出于一定的考虑将一部分可以进入市场的房地产商品暂时储备起来不上市；潜在供给层次是指已经开工和正在建造，以及竣工但未交付使用等尚未上市的房地产产品，还包括一部分过去属于非商品房地产，但在未来可能改变其属性而进入房地产市场的房地产产品（王刚，2011）。供给与需求之间常常出现不均衡甚至失衡的情况，主要包括：其一，总量性供不应求状态，这种状态是指房地产市场中商品房供给总量小于需求总量的一种房地产供求格局，通常把这种处于总量性供不应求状态的房地产市场称为卖方市场。其二，总量性供过于求状态，这种状态通常出现在市场经济体制下，微观经济层次盲目扩大投资，宏观经济层次缺乏有力调节的时期和地区。其三，结构性供求失衡的状态，结构性供求失衡有供给结构失衡和需求结构失衡两种情况，而主要是商品房供给结构与需求结构变化趋势不相适应（互联网文档资源，2013）。

2. 保障性住房。保障性住房是专门针对中低收入家庭建设的具有社会保障性质的特殊住房，目前包括廉租住房、公共租赁住房、经济适用住房和限价商品住房等（人民网，2012）。在我国商品住房建设快速发展的同时，保障性住房建设相对滞后，还不能满足困难群众的住房保障需求。要加快保障性住房建设速度，坚持从我国国情出发，满足基本住房需要；坚持政府主导、政策扶持，引导社会参与；坚持加大公共财政的投入，同时发挥市场机制的作用。要建立健全分配和运营监管机制，规范准入审核，根据当地经济社会发展水平、居民收入、住房状况，合理确定保障对象住房困难、家庭收入（财产）的具体标准，定期调整并向社会公布；严格租售管理，经审核符合条件的家庭，应当在合理的轮候期内安排保障性住房。加强使用管理，建立住房保障管理信息系统，完善保障性住房和保障对象档案，动态监测住房保障对象家庭人口、住房和经济状况变化情况，充分发挥社会监督作用；健全退出机制，廉租住房、公共租赁住房承租人经济状况改善后，或通过购置、继承、受赠等方式取得其他住房，不再符合相应的住房保障条件的，应当在规定期限内腾退（人民网，2012）。

（四）社会保障理论

社会保障是民生之安，关系着每一个人、每一个家庭的福祉。社会保障（social security）一词最早出自美国 1935 年颁布的《社会保障法》。1944 年，以第 26 届国际劳工大会发表《费城宣言》为标志，国际社会开始正式使用"社会保障"这一概念。社会保障体系主要有三个层面：（1）社会保险，是指国家通过立法建立的一种社会保障制度，目的是使劳动者因年老、失业、患病、工伤、生育而减少或丧失劳动收入时，能从社会获得经济补偿和物质帮助，保障基本生活。按照我国劳动法的规定，社会保险项目分为养老保险、失业保险、医疗保险、工伤保险和生育保险等。由于社会保险的对象是全体社会成员，因而社会保险成为社会保障体系的主干。一个国家和地区的社会保障体系是否健全，关键取决于社会保险的发展状况。（2）社会救助，它是国家和各种社会团体通过一定的机构和专职人员，运用资金、实物、服务手段，向无收入、无生活来源、无家庭依靠并失去工作能力者，以及向生活在贫困线或最低生活标准以下的个人和家庭，向一时遭受严重自然灾害和不幸事故遇难者实施的一种社会保障措施，使这些社会成员基本生活权利受到保护。（3）社会福利，它是保障全体社会成员在享受基本生存权利的基础上，通过国家以及各种社会团体举办的多样化的公共福利设施、津贴补助、社会服务以及各类公共福利事业，提高社会成员的保障和福利水平。国家之外的福利供给主体的福利供给功能得到展现，用人单位在政府政策引导下或单独为其员工举办福利项目，如补充养老保险、补充医疗保险、员工福利服务等非强制性福利项目；市场主体也会提供相应的商业保险，如人寿保险、健康保险、人身意外伤害险等福利项目（EMBA 百科，2015）。

社会保障通过对人们基本生活的保障，向社会成员提供一种安全保护，缓解、缓冲社会运行所造成的冲突和不适，从而促进社会的有序、稳定和协调发展。社会保障具有多种多样的功能，概括而言，其主要功能表现为以下几个方面：首先，保障基本生活。保障公民的基本生活，是社会稳定和经济发展的前提，也是社会保障最核心的功能。国家建立社会保障体系，保障公民的基本生活，免除劳动者的后顾之忧，不仅是经济发展和社会稳定的需要，也是人权保障的重要内容，是社会进步的体现。其次，维护社会稳定。社会经济的发展进步，在任何时代都需要稳定的社会秩序和社会环境。而各种特定事件的客观存在往往给社会成员造成群体性的生存危机，如人口老龄化、疾病、工业事故与职业病、失业问题等，都会导致一部分社会成员丧失收入和有效的生活保障。在社会大生产的背景下，个体所遭受的风险并非完全因为个人原因所致，更多的是由于社会变迁强加给社会成员的结果。如果国家不能妥善解决因社会原因所导致的社会成员的危机状态，部分社会成员可能会因生存危机而铤而走险，构成社会的不稳定因素；社会秩序可能因此失去控制，并进而破坏整个经济、社会的正常发展。第三，促进经济发展。在市场经济社会中，由于人们在劳动能力、社会机会和家庭赡养负担上不相同，必然会产生个人收入和家庭生活富裕程度上的差别和不平等。如果遇上各种风险发生，就会使生活陷入困难，社会分配差距会进一步扩大。现代社会保障作为国家实施社会政策的一种手段，通过征收社会保险税费和支付各种社会保障金，实现国民收入的再分配，从而能在一定程度上调节社会收入分配状况，缩小社会成员的贫富差距（EMBA 百科，2015）。

（五）教育公平理论

在人类社会的发展进程中，社会公平历来都是崇尚民主的人们的理想和追求。教育公平作为社会公平的一个重要的组成部分，不仅是社会公平在教育领域的延伸和适用，也是实现社会公平的一种重要的手段和途径（韩继红，2003；王锐英，2006）。美国著名教育学家科尔曼的著作《教育机会均等的观念》认为教育平等应该包括：一是教育的机会均等，其标准是指不同社会出身的组别，有相同比例的人数，得到同样的教育机会，他们无论在数量上和质量上都得到相等的教育参与。二是教育结果均等，其标准是指每一性别每一社会阶层都有一定比例的人，从每学年的教育进程和整体的教育经验中得到相似的教育成效。三是教育对生活前景的影响均等。这是一个更为理想的观念，指通过教育克服人的出身、性别等本来的天然差别，取得同样的社会成就（韩继红，2004；王锐英，2006）。瑞典教育家胡森认为所谓"平等"，首先是指每个人都有不受任何歧视地开始其学习生涯的机会，至少是在政府所创办的学校教育中应该如此；其次，是指平等地对待每一个人，不管他的种族和社会出身如何；最后，在制定和实施教育政策时，应确保入学机会和学业成就的机会平等（易红郡，2010）。

马克思在 1866 年提出一个基本观点，即教育是"人类发展的正常条件"和每个公民的"真正利益"，教育是每个公民都应拥有的一项平等权利。他说："儿童和少年的权利应当得到保护，他们没有能力保护自己。因此社会有责任保护他们……只有通过国家政权施行的普遍法律才能办到。"恩格斯更是明确地提出："国家出资对一切儿童毫无例外地实行普遍教育，这种教育对任何人都是一样，一直进行到能够作为社会的独立成员的年龄为止。这个措施对我们的穷兄弟来说，只是一件公平的事情，因为每一个人都无可争辩地有权全面发展自己的才能"。显然，马克思、恩格斯论述的"教育的公平性"包含两层深刻的含义：其一，教育是每个公民都应该拥有的一项平等的权利；其二，这种平等表现为每个人智力和能力的发展的平等（朱磊，2007）。

（六）社会排斥理论

近年来，"社会排斥"成为一个经常使用的概念，社会学家、政策研究者、政府部门都越来越倾向于从社会排斥的角度来探讨一些社会问题的深层根源（景晓芬，2004）。社会排斥理论的出现和发展经历了一个较长的过程，早在 20 世纪 60 年代，排斥问题开始成为法国人经常讨论的一个重要话题；1974 年，法国学者 Rene Lenoir 首先明确提出了社会排斥这一概念，用以阐述被排斥在就业岗位正式来源和收入保障制度之外的特定社会边缘群体的状态（熊光清，2008）。不久，社会排斥这个概念逐渐在欧洲其他国家流行开来，英国政府还专门成立了"社会排斥办公室"；到了 90 年代，社会排斥概念逐渐被欧盟所采纳，成为欧盟社会政策的焦点；除欧洲之外，社会排斥概念也在北美一些发展中国家以及中国引起了关注（冯倩，2010）。

从社会排斥成因方面来分析，可以分为结构性的社会排斥与功能性的社会排斥，功能性的社会排斥就是指被排斥的个体、群体或组织因为自身功能上的欠缺而处于一种被排斥状态，而结构性的社会排斥则是因为社会结构的不合理而造成的一些社会排斥；从人类生活的不同领域出发，可以分为经济层面的社会排斥、政治层面的社会排斥以及文化层面的社会排斥三个方面，经济层面的社会排斥是指人们在获取劳动生活资料的过程中所遭遇到的不公正对待，政治层面的社会排斥是指人们参与政治时权利的不足或被剥夺，文化层面的社会排斥是以自己或本群体的文化为标准或中心来衡量其他人群；从主导形式上来看，社会排斥可以分为客观的社会排斥与主观的社会排斥，客观的社会排斥是指按照一定的标准或量化来判断是否受到社会排斥，主观的社会排斥是指某些社会成员根据自己的主观判断认定自己处于被排斥状态；从外在表现来看，社会排斥可以分为显性的社会排斥与隐性的社会排斥，显性的社会排斥是通过明确的制度、政策、法律、习俗的规定将一部分人排除于享受正常的社会权利之外，隐性的排斥是在一些看似平等的规则之下，因为文化上、偏见上、习惯上或游戏执行过程中裁判者的原因而造成实际上的不公正；从群体态度上来看，社会排斥可以分为被动的社会排斥与主动的社会排斥，被排斥者既有被迫接受社会排斥的，也有主动脱离主流社会者，他们的主动疏离使其处于一种被社会排斥状态（景晓芬，2004）。社会排斥所造成的不良后果是方方面面的，社会排斥使得一部分社会成员在经济上、政治上、文化上都处于一种不利状态，造成被排斥者巨大的社会焦虑和心理压力，削弱了他们对社会的认同和凝聚力（景晓芬，2004）。

（七）社会融入理论

1. 社会融合理论。社会融合概念的科学起源可以追溯到 20 世纪早期的芝加哥学派，特别是 Robert E. Park 和 W. I. Thomas 以及他们的同事和学生所做的工作。从此以后，社会融合理论成为研究和解释流迁人口生存发展状况、社会融合程度的重要理论框架和分析体系。1921 年，Park 和 Burgess 明确定义了社会融合的含义：个体或群体通过共享自身经验和历史信息，相互认同对方的记忆、情感、态度，互相渗透和融入，最终结合于一个共同的文化生活中。Park 等人的社会融合理论认为，流迁人口与当地居民在经过接触、竞争、适应、融合四个阶段以后，最后形成统一的、完整的社会共同体（Park，1950）。1964 年，Milton Gordon 发表了 *Assimilation in American Life：the role of race，religion，and national origins* 一书，进一步推进和发展了 Park 等人的社会融合感念，使其成为一个更为完整和系统的理论体系。Gordon 等人认为美国是一个移民的"大熔炉"，通过文化的碰撞与交流，最后都会形成统一、标准的社会模式，而这种模式的核心就是白种盎格鲁撒克逊新教文化。Gordon 将社会融合划分为 7 个维度：文化认可与行为适应、领域扩展与结构同化、婚姻同化与家庭结合、族群意识与身份认同、歧视消除与态度转变、社会交往与行为接纳、市民同化与社会融合。这七个维度的内容主要包括移民对流入地衣食住行、语言习俗、价值观念的学习和接纳、对学校、政府、组织等次级领域的进入和渗透，对人均交往、恋爱结婚、家庭构成等的同化与融入；也包括流入地主流群体对外来移民从歧视性偏见、刻板印象到逐渐接触和相互交流，再到态度上的认同和行为上的接纳。Gordon 最重要的贡献在于对社会融合概念复杂构成的多个重要维度进行了清晰的阐述和准确的定义，从而使社会融合可以划分为不同的阶段和标准，研究者可以更为准确地去判断流迁人口的社会融合程度（Barkan，1995）。

2. 多元文化理论。在流迁人口的社会融入理论研究中，20 世纪前期都是融合理论占据毫无疑问的统治地位。文化多元论在 50 年代才开始显现（Gleason，1980），直到 60 年代和 70 年代随着社会运动的兴起而影响整个社会（Berbrier，2004），成为研究迁移人口社会融入的最重要概念之一（Kivisto and Rundblad，2000；Willett，1998；Goldberg，1994）。社会融合理论和多元文化论之间的争论受到社会学家的广泛关注（Parekh，2000；Joppke and Lukes，1999）。学者们或者支持一方或支持另外一方，最近多元文化论尤其受到关注（Hollinger，1995）。

1915 年，犹太裔美国籍哲学教授 Horace Kallen 明确提出了文化多元论（Cultural pluralism）的观点，强调人们可以选择或改变自己的政治教派、宗教信仰、饮食服饰等，但无法改变自身的历史传承和文化传统。因此，不同的文化群体应互相尊重并相互认可。到 20 世纪 50 年代和 60 年代，随着移民涌入、民主权利、人权运动的蓬勃发展和迅速展开，文化多元理论得到了进一步的形成和完善，群体意识、群体差异、群体权利成为社会融入理论的核心思想和关键概念（王希，2000）。进入八九十年代，多元文化理论（Multiculturalism）成为包容性更强、含义更丰富、内容更充实的社会融入理论与模式。与社会融合理论或"熔炉"理论不同，多元文化论认为，当流入地文化具有更大的接纳能力之时，流迁人口具有保持自身独特的政治、经济、社会、文化传统的倾向性，同时他们也会在新的居住地重塑、发展其新的身份认同、价值观念和行为方式。而多民族、多价值、多信仰共同存在于流入地社会中，将更有助于多元经济社会体系的发展和进步（周敏，1995）。多元文化主义的提出和发展，为研究流迁群体在流入地的社会经济文化生活提供了良好的研究框架和理论基础。

3. 区隔融入理论。区隔融入理论是由许多社会学家发展而来的，包括 Gibson（1988），Zhou 和 Bankston（1998）等人，特别是 Portes 和 Rumbauts（2001）的经典名著 *The Story of the Immigrant Second Generation*，表明美国流迁人口的社会融入有多样化的结果。其中，流迁人口的社会融入主要表现为三种形式：第一，顺利融入流入地社会。某些流迁群体拥有较丰富的人力资本，文化习俗也比较接近，故而可能较快地融入流入地经济发展和社会建设中。第二，进入流入地生活底层。一些流动人口拥有的资本较少，难以获得稳定的收入，成为流入地的贫困群体。第三，经济的迅速融入但保留来源地的价值体系。流动人口在就业收入方面努力向当地居民靠拢，甚至反超，但他们更认同自身的文化传承和原有的生活方式（杨菊华，2011）。

理论总结：农业转移人口市民化是涉及政治、经济、社会、文化、教育等多方面内容的复杂、艰巨工程。而劳动力分割理论、供给需求理论、社会保障理论、教育公平理论、社会排斥理论、社会融入理论等多种理论从不同学科、不同体系、不同视角为市民化研究提供了理论基础和方法指导。第一，提供了研究方向和研究视角。农业转移人口在一线城市的市民化进程面临职业类型差、收入水平低、社会交往窄、融入意愿弱等难题，而带来这些问题的原因是什么，各种理论为解释和解决这些问题提供了制度分割、供求矛盾、社会碎片、教育不公等研究方向和研究范围。第二，提供了研究思路和研究方法。理论是指导实证研究的基础，在多元理论的指导下，我们才能厘清研究路线，构建研究框架，开展实证研究。同时，在理论分析的基础上，我们才能找到适合不同研究内容的、"恰到好处"的研究方法和研究方式。第三，提供了研究因素和研究变量。农业转移人口市民化是一个多维度适应的过程，包括经济、社会、文化、态度、价值、行为等多个方面和多个阶段，而哪些因素会影响市民化的多个层次，是政府政策、经济水平还是社会结构、职业特征、个体差异等，这些都需要从理论源泉中找到根据和论证。

三、研究框架与研究假设

（一）研究框架和研究思路

综合现有的理论研究基础，结合众多学者的实证研究成果，基于分析数据的可及性和可行性，本书构建了一个有序推进农业转移人口市民化研究的分析框架，表明整体研究的分析思路和分析目的。如图 2-1 所示：在前文所述劳动力市场分割理论、房地产市场供给需求理论、社会保障理论、教育公平公正理论、社会排斥理论、社会融入理论等多学科、多体系的理论指导下，采用文献研究、定量分析、深度访谈等工具和方法，探讨影响农业转移人口的市民化收入水平、住房状况、社会保险、子女教育、心理意愿等多方面的作用机制和作用模式，并在理论基础和实践验证的基础上，提出针对性的建议与措施，分类、有序推进农业转移人口的市民化，实现农业转移人口的安居乐业、后顾无忧、教育发展、和合能谐，实现城乡统筹发展和社会稳定和谐。

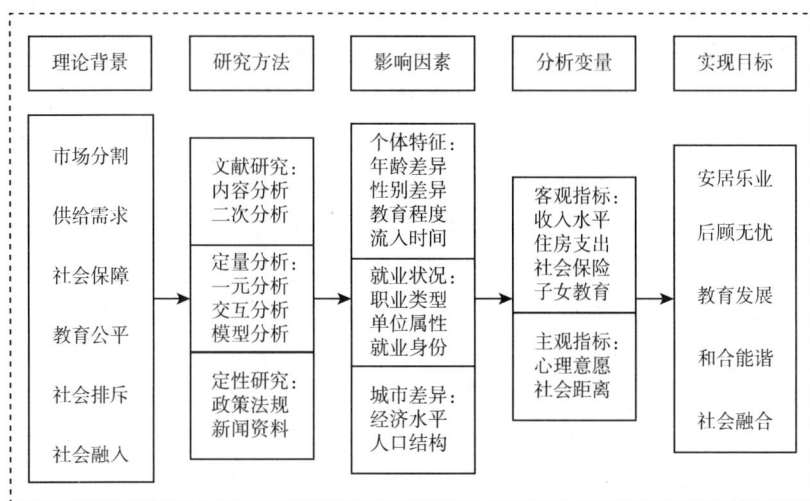

图 2 - 1　有序推进农业转移人口市民化的理论分析框架

注：由于篇幅限制，也为了简明、扼要，分析框架并没有包括本书所用全部变量和因素，详细内容将在后文研究中阐述。

图 2 - 1 展示的是一个概括性的、多路径的研究分析框架。虽然现实情况可能远远比这里描述的元素和路径要复杂得多，但我们希望通过一个简明的框架，对本书的研究思路和研究主线进行一定的阐述和梳理，从而有助于研究方法的把握和研究内容的开展。

（二）理论假设

理论是指导实证研究的基础和前提，本书在前期文献研究的基础上和已有理论框架的指导下，提出有关各种影响因素与农业转移人口市民化之间关系的假定。

1. 微观个体因素。对于社会研究来说，也许没有哪一种分析单位的类型比个人这种分析单位类型用得更多（风笑天，2005：76），农业转移人口市民化问题的研究与分析，也毫不例外的以个体研究为最多。过往的研究主要以个人为分析单位的原因有三点：其一，人类的生育、死亡和转移等行为毫无疑问都是以个人为主体开展的，以个人为单位的转移人口市民化研究和主流人口研究相匹配，能够更便捷地加以利用和更方便地加以分析。其二，人口普查、抽样调查、统计年鉴以及其他人口数据，首先和最主要的计算和分类都是以个人为单位的，以个人为单位对比转移人口和当地居民是最有效的分析方法（Ellis and Wright,

2005)。其三，人口的意愿、态度、价值、观点等主观因素和心理变量以个体衡量为最优，难以进行合并和整合；而心理的认同感和主观的归属感是转移人口市民化的一个非常重要的维度，这也促使市民化研究多以个体或个人角度开展。农业转移人口自身特征因素对其生存发展状况具有重要影响，这些个体因素主要包括年龄、性别、受教育程度、流入时间等。

(1)代际差异。生命历程和代际差异是影响转移人口市民化进程的重要因素，由于所处生命阶段和所经历的经济社会背景不同，农业转移人口可能发生明显的融入差异和市民化差异。特别是对新生代农业转移人口和"80后"、"90后"农业转移人口等的研究，更是政府、社会、学界关注的重点与焦点。王春光（2001）最早提出新生代流动人口的社会认同和城市融入问题，此后有众多学者对新生代流动人口的社会经济状况进行了专门的研究和分析，这些文章普遍认为新生代流动人口具有收入消费较高、社会交往更广、融入意愿更强等特点。从收入来源看，新生代流动人口无论在农业收入、务工经商收入、转移性收入还是财产收入方面，均值都明显高于第一代流动人口（刘传江，2010）。而且新生代流动人口物质和精神享受要求高，家庭消费和人均支出都比较多，社会保险参与率也更高（李培林、田丰，2011；韩振方，2006）。同时，新生代流动人口对城市生活方式和行为习惯也更为适应（叶鹏飞，2011），市民化意愿更强烈也更易融入城市的群体（董延芳等，2011），有更高的城市居留比例（侣传振、崔琳琳，2010；蔡禾、王进，2007）。

但也有研究认为，不管是从其绝对状况判断，还是与其他人群相比较的相对水平，新生代流动人口在诸多方面的基本特点与父辈流动人口的模式几乎完全一致，看不出明显的差别，甚至在收入水平、身份认同等方面还差于老一代流动人口（杨菊华，2010）。新生代流动人口虽然与其他流动人口在出生年代、年龄大小方面存在差异，在成长经历、生命历程中有所不同，但这只是出生队列的一个自然发展过程，也是所有不同生存时期都会产生的问题，不论新生代流动人口，还是老一代流动人口，他们现在都生存、生活在同一社会背景下，都面临、面对一样的经济体制，都具有、具备相似的文化传统。所以，新生代流动人口与老一代流动人口在社会融入的诸多维度上也应呈现相近的水平和程度，而不是存在十分巨大的、非常明显的差异和差距。总之，代际差别是否显著存在还争论不休，我们初步假定：

假设1：代际差异是影响农业转移人口市民化程度的显性因素。

(2)性别差异。有许多的研究表明迁移流动不利于妇女的工作机会（Taylor, 2006; Shauman and Noonan, 2007），社会交往（Sandell, 1977; Cooke and

Speirs，2005），身份认同（Lichter，1983；Cooke，2008）。特别是我国，由于二元经济体制、城乡差异巨大，从农村到城市的流动更是使妇女的生活、就业艰难。流动带来的不利因素极大地影响到了流动妇女在流入地的就业状况，她们只能找到不合适的工作、工资少的工作或者是不够充足生活费用的工作（苏群、刘华，2003），甚至是由于在流入地工作难度的增大而放弃工作（Morrison and Lichter，1988）。而且，流动妇女进入城市后普遍存在语言障碍、观念落后和自卑心理；特别是女性农业转移人口，她们在城市生活中，唯恐说错了话，做错了事遭到他人的耻笑（顾栋、羌怡芳，2005）。因此，流动女性的经济融入程度、社保参加比例、人际交往水平、心理认同意愿都要显著低于流动男性。

假设2：男性农业转移人口的市民化程度要高于女性农业转移人口。

（3）教育程度。教育向来都是影响迁移流动的重要因素。在人力资本理论的观点中，劳动力所具有的知识、技能和教育水平都显著影响他们的工资收入水平（田丰，2010；Bloom and Gunderson，1990；Borjas，1993），而教育程度差异是造成城镇职工与流动人口收入差距的最重要原因之一（任远、陈春林，2010；赵延东、王奋宇，2002）。邓曲恒（2007）的研究表明，城镇居民和流动人口之间收入差异的33%可以由他们受教育水平之间的高低来解释。具体解释包括：其一，受教育程度越高，转移人口视野越开阔、搜集信息能力越强，更能把握住好的就业机会；而且，良好的受教育程度提高转移人口的劳动生产率、促进他们的技术进步和能力发展，因而受教育程度越高，转移人口的经济收入越高。其二，受教育越高，转移人口的家庭消费也就更为接近城镇居民。受教育程度较高的人群，在家庭支出中往往更加舍得投入和消费，例如在食品消费中更注重营养价值和食物均衡、在住房居住中更关注舒适与宽敞，等等。其三，父母的教育程度是影响子女受教育状况的显著因素。父母受教育程度越高，对子女的教育期望也越高，同时，他们也有能力和知识为子女辅导功课、答疑解惑，从而提高子女的教育成绩。其四，由于受教育程度高的转移人口往往领悟能力更强，接受新事物速度更快，因此，他们的日常行为、社区参与等方面也就适应得越快；经济状况较好、行为适应较快进一步带来了他们的心理接纳和身份认同（李楠，2010；黄乾，2008；熊波、石人炳，2007）。

假设3：教育程度越高，农业转移人口的市民化程度越高。

（4）流入时间。时间是最好的"润滑剂"，随着在流入地生活、居住时间的不断增长，转移人口的生存发展状况得到明显改善。其一，随着农业转移人口在流入地生产、工作时间越来越长，他们的人力资本在不断增长，其劳动生产率较之新来时有大幅提高，从而带来他们工资收入的显著提升。其二，随着生活居住时间的增长，转移人口在流入地参加社会保险的比例也不断增大。其三，随着生活居住时间的延长，转移人口的社交网络逐渐扩展和延伸，由最初的以血缘、亲缘、地缘为主的初级社会网络逐渐向友缘、业缘等次级社会网络转变，交往能力的增强有利于转移人口为随迁子女找到更好的学校、接受更好的教育。其四，随着转移人口在流入地居住、生活时间越来越长，他们对当地的生活方式、风俗习惯越来越适应，价值观念、言行举止都逐渐在向当地居民转变，而流出地的传统观念、文化传承离他们越来越远、越来越陌生，其在流入地的居留和养老意愿也就越强，回到流出地生活和居住的意愿越来越弱（吴兴陆，2005）。

假设4：流入时间越长，农业转移人口的市民化程度越高。

2. 中观就业特征。就业是农业转移人口进入城市的最重要目的之一。而农业转移人口所在的单位性质、职业类型、就业身份也成为影响他们收入水平、社会行为以及心理意愿的主要因素。

（1）职业类型。职业是农业转移人口在城市生活的立身之本，养家之源，职业层次的高低，显著影响到转移人口的经济收入与住房支出。首先，职业是转移人口工资收入的最直接决定因素，生产制造业、运输行业、商业、服务业、管理技术等不同职业之间工资收入存在显著的差别；其次，职业也是影响流动人口经济收入的间接因素，不同职业之间，由于工作时间不同、劳动强度不同、计酬方式不同，都间接带来转移人口的收入差别；再次，职业层次不同带来流动家庭的消费差异，即使在同等的收入条件下，职业类型的差异也会影响到流动家庭在食品支出、日用品支出、居住支出、娱乐支出等多个方面的不同消费。而且，职业类型也是影响社会保险参与比例的显性因素。最后，职业的不同会影响转移人口的行为适应和市民化意愿，所从事职业的层次和声望越高，转移人口行为适应越好、市民化意愿越强；从事职业的层次和声望越低，转移人口行为适应越困难、居留意愿也越弱（孟兆敏，2009；黄乾，2008；李春玲，2007）。

假设5：职业类型是影响农业转移人口收入水平、住房支出、社会保障、子女教育、社会距离以及心理意愿的显著因素。

（2）单位性质。市场分割理论认为，不同单位性质之间会产生显著的差异和分割。国营企业、外资企业中工资较高、工作条件优越、就业稳定、安全性好、管理规范、具有较多的培训及升迁机会；而私营企业、个体企业中的就业条件则大为逊色，工资低、工作条件差、就业不稳定、缺乏培训与晋升的机会（巨文辉，2005）。因此，转移人口的经济收入状况会因单位性质而有显著不同，进而影响到转移家庭的居住状况、社会保障、子女教育等各项市民化内容。同时，由于单位不同，转移人口在单位接触到的同事、朋友也会有显著差异，他们的心理意愿和社会交往也会有所变化。

假设6：单位性质是影响农业转移人口市民化的显著因素。

（3）就业身份。王美艳（2005）认为，歧视使很多外来劳动力不得不选择自雇用、接受较低且不稳定的收入；但Meng（2001）的研究结论是，自雇用部门吸引了具有更高人力资本的农业转移人口，自雇用部门的收入高于其他部门，是农业转移人口的长期工作选择；Giulietti等（2011）的研究支持了这一结论，发现更高的收入是农业转移人口选择自雇用的主要决定因素（叶静怡、王琼，2013）。尽管农业转移人口的雇主身份，大多仅是小商贩、小买卖和小老板，在创业过程中面临着很多的困难和困境，包括户籍限制、资金短缺、行政烦琐等问题，但受雇于制造业、服务业、建筑业的雇员可能面临更多的不如意。因此，我们认为：

假设7：雇主的市民化进程显著快于雇员和其他就业身份。

3. 宏观城市因素。城市是农业转移人口生存与发展的载体，也是他们经济社会生活的具体环境。不同城市之间，由于经济、社会、政治、历史、文化、人口等众多方面的差异和不同，其间农业转移人口的市民化进程和市民化状态也肯定有所不同。本书选取经济发展水平、人口组成结构两个最基本的维度标度不同城市之间的差异性特征。

（1）经济发展水平。经济发展水平是一个城市最基本的发展特征，它既表示着城市经济物质水平，也深刻影响着城市内农业转移人口的经济融入、住房类型、社会保障、子女教育和心理意愿等方面。首先，经济发展水平较高的城市，其工资薪金水平也相对较高，农业转移人口的工资收入也会上涨；当然，同样升高的还会有住房的价格和租房的租金。第二，经济发展水平越高的城市，政府、社会、企业、个人等主体都会更有条件缴纳各种保险金，农业转移人口的社会保障水平可能有所提高。第三，经济发展水平越高的城市，公共资源更为丰富、基础设施更为健全，更有利于随迁子女的教育与发展。因此，我们认为：

假设8：经济发展水平越高的城市，农业转移人口的市民化程度越高。

（2）人口组成结构。人口构成是一个城市最基本的发展特征，它既表示着城市劳动力资源的丰富程度，也深刻影响着城市内农业转移人口的经济融入、社会行为和心理意愿等方面。特别是外来人口的所占比重，是当前经济新常态、社会大转型中的关键因素。第一，流入人口较多的城市，就业可能受到影响，工作不好找，农业转移人口的工资收入有降低趋势。但由于进入人口过多，住房价格和租房价格反而呈现上升状态。第二，流入人口越多的城市，政府、社会、企业、个人等主体缴纳各种保险金的压力越大，农业转移人口的社会保障水平可能有所降低。第三，外来人口越多的城市，公共资源、基础设施都更为紧张和稀缺，随迁子女入学更为困难和艰辛，户籍居民与外来人口之间的关系就更为紧张，农业转移人口的社会认同程度也较低。

假设9：流动人口所占比重越大的城市，农业转移人口的市民化程度越低。

理论一般是普遍的、抽象的，研究假设虽然比较具体，但也是用抽象概念表述的，因此，假设必须转化为操作化术语表述的命题。操作化是指对假设中概念做出具体的定量，说明如何测量概念、如何检验假设等（袁方、王汉生，1997）。换言之，上面的理论假设是基于现存的其他相关研究成果以及我们的理论思考而提出的，他们能否成立还有待于数据的检验和实证。

本章小结：本章首先界定了农民工、农业转移人口等概念的内涵和外延，概念的辨析和厘清有利于研究范围的确定和研究内容的表述，是研究的前提和关键。之后，论述了与农业转移人口市民化密切相关的多种理论，包括劳动力市场分割理论、住房供给需求理论、社会保障理论、教育公平理论、社会排斥理论、社会融入理论等。不同学科的理论研究为全书的分析提供了宽阔的研究视角和不同的研究路径。在理论背景的基础上，提出了农业转移人口市民化的研究框架和理论假设，通过理论框架的构架和构建，才能对研究问题进行全面、系统、深入的分析和应对；而理论假设的构建和论证，有利于研究思想的明确、研究内容的展开。

第三章　数据与方法

没有理论，经验性社会研究工具的使用就是经验主义；而缺少经验性的检验，关于社会的理论就是一种不负责任的或轻率的意识形态。

—— ［德］ 阿特斯兰德

前一章论述了与农业转移人口市民化相关的理论背景和理论模式，并结合国内外相关研究成果和当前转移人口研究的具体情况，提出了指导和设计全书实证研究的多层多元理论分析框架，并设置了众多关键的、可经数据证明的理论假设。本章在这些理论分析和理论假设的基础上，介绍检验上述假定的数据来源，解释变量的定义及其量化，并详细介绍所用的研究方法和分析模型。在本章的最后，我们对农业转移人口的基本特征进行描述，为后文的分析提供基础和方向。

一、数据介绍

需要指出的是，到目前为止，几乎没有任何一个数据包含完整、系统、全面、具有代表性、相容的有关农业转移人口市民化的数据。虽然与农业转移人口相关的调查数据并不少见，但现存的调查或访谈数据多是区域性的，样本量小，缺乏代表性，提供的信息不全面，数据之间也不相容，从而造成分析结果的相悖。要真正了解农业转移人口多方面的状况，必须有高质量、权威性、具有多层次特征的数据。当然，良好数据的缺失或不足并不意味着我们将一筹莫展、束手无策。通过对现存数据的分析，我们依然可以对农业转移人口某些方面的现状、特征及影响因素有一定的了解。基于这样的思路，本书利用现存可得数据，辅之以政策法规、新闻公报、个人访谈等资料，分析农业转移人口市民化情况。其中，调查数据用以检验第二章提出的理论假设，回答"是什么"和"怎么样"的问题；定性研究资料用来解释背后的潜在机制，回答"为什么"的问题，并为"怎么办"的问题提供参考意见和建议。

（一）2014 年全国流动人口卫生计生动态监测调查数据

本书主要所用数据来自 2014 年国家卫生计生委员会流动人口司开展的全国流动人口卫生计生动态监测调查。调查包括个人问卷（A）、村/居问卷（B）、社会融合与心理健康个人问卷（C）、社会融合与心理健康户籍人口问卷（D）四个问卷，本书主要使用个人 A 卷。A 卷调查对象是在流入地居住一个月以上，非本区（县、市）户口的 15～59 周岁流入人口。主要包括五项内容：（1）家庭与人口基本情况；（2）流动与就业特征；（3）基本公共卫生服务；（4）基本医疗服务；（5）婚育情况与计划生育服务管理。调查方法是以 31 个省（区、市）和新疆生产建设兵团 2013 年全员流动人口年报数据为基本抽样框，采取分层、多阶段、与规模成比例的 PPS 方法进行抽样。将主要调查指标控制在 95% 的信度条件下，相对误差限控制在 3% 以内；各省相关指标相对误差限控制在 5%～15%。根据这一设计目标，全国流动人口卫生计生动态监测调查样本量全国约为 20 万人。

使用动态监测调查数据进行农业转移人口市民化研究，具有以下优势：其一，数据的典型性与代表性。人口流入重点、热点地区的调查能深刻反映转移人口生存发展状况与市民化情况。调查城市分属首都、直辖市、省会城市、计划单列市、中等城市、小城市等不同区划，流入人口规模大、数量多、持续时间长，分析这些地区转移人口的社会经济状况可充分体现转移人口生产生活的地区差异、人群差异和身份差异，从而有助于转移人口市民化研究的广泛开展和深入进行。其二，数据的全面性和丰富性。如前文所言，转移人口的市民化是一个多维度、多层面的复杂工程，包含经济整合、社会交往、主观意愿等众多方面，也涉及个体、家庭、群体等多个视角，而本次的动态监测调查，访谈了转移人口的个人特征、家庭状况、收入住房、社会保障、居留意愿等全面、详细的信息，为分析转移人口的社会经济心理状况提供了十分丰富的资料。其三，数据的及时性和有效性。农业转移人口是一个变化较快、更替迅速的群体。其变化不仅是地理位置的变化、群体内部结构的变化，更包含了经济特征、思想观念、生活方式的改变。因此，针对转移人口的分析和研究，必须能够及时、有效地反映转移人口群体的最新状况和最近特征。动态监测调查是目前最新最全面的关于农业转移人口的对比调查数据，其时效性显得尤为重要。

本书选取北京、上海、广州、深圳、天津五个特大城市作为重点研究对象。五城市农业转移人口共计有样本 20077 个，其中，北京市 5496 个，占 27.37%；天津市 5180 个，占 25.80%；上海市 6132 个，占 30.54%；广州市 1691 个，占

8.42%；深圳市 1578 个，占 7.86%。五城市虽然总面积不到全国陆地面积的 0.5%，但经济总量占全国的 15% 以上，常住人口占全国的 20% 以上，更是全国的政治、经济、社会、文化中心，在全国占有举足轻重的地位。同时，北、上、广、深等城市也是最受关注的一线城市，外来人口是"涌入北上广"还是"逃离北上广"成为政府、媒体、学界持久的议论焦点。五城市的基本情况是：

1. 北京，中华人民共和国的首都、直辖市和国家中心城市，是中国的政治、文化中心，中国经济的决策和管理中心，是中华人民共和国中央人民政府和全国人民代表大会的办公所在地。北京总面积 16410.54 平方千米，位于华北平原北部，毗邻渤海湾，上靠辽东半岛，下临山东半岛；与天津相邻，并与天津一起被河北省环绕。2014 年末北京市常住人口 2151.6 万人，比上年末增加 36.8 万人。其中，常住外来人口 818.7 万人，占常住人口的比重为 38.1%。2014 年北京实现地区生产总值 21330.8 亿元，同比增长 7.3%。其中，第一产业 124.26 亿元，第二产业 8167.71 亿元，第三产业 15275.72 亿元。人均地区生产总值达到 99995 元，比上年增加 5.2%。

图 3-1　北京故宫

2. 天津，简称津，是中华人民共和国直辖市、中国国家中心城市、中国北方经济中心、环渤海地区经济中心、中国北方国际航运中心、中国北方国际物流中心、国际港口城市和生态城市、国际航运融资中心、中国中医药研发中心、亚太区域海洋仪器检测评价中心。截至 2014 年末，全市常住人口达到 1516.81 万人，比上年末增加 44.60 万人。其中，外来常住人口 476.18 万人，比上年末增加 35.27 万人，占全市常住人口增量的 79.1%。2014 年全市生产总值 15722.47

亿元，按可比价格计算，比上年增长 10.0%。分三次产业看，第一产业增加值201.53 亿元，增长 2.8%；第二产业增加值 7765.91 亿元，增长 9.9%，其中工业增加值 7083.39 亿元，增长 10.0%；第三产业增加值 7755.03 亿元，增长10.2%，占全市生产总值的比重达到 49.3%，比上年提高 1.2 个百分点。三次产业结构为 1.3：49.4：49.3。2014 年底人均国内生产总值 105231 元，比上年增加 6.2%。

图 3-2 天津海河

3. 上海，简称沪，中华人民共和国直辖市之一，中国国家中心城市，中国的经济、交通、科技、工业、金融、贸易、会展和航运中心，首批沿海开放城市。地处长江入海口，隔东中国海与日本九州岛相望，上海港货物吞吐量和集装箱吞吐量均居世界第一，是一个良好的滨江滨海国际性港口。上海与江苏、浙江、安徽共同构成的长江三角洲城市群已成为国际 6 大世界级城市群之一。截至2014 年末，全市常住人口达到 2425.68 万人，其中，户籍常住人口 1429.26 万人；外来常住人口 996.42 万人。2014 年地区生产总值 23567.7 亿元，比上年增长 7.0%，GDP 总量居中国城市之首。其中，第一产业 124.26 亿元，第二产业8167.71 亿元，第三产业 15275.72 亿元。2014 年底人均国内生产总值 97370 元，比上年增加 6%。特别突出的是，上海是中国金融中心，几乎囊括了全中国所有的金融市场要素：上海证券交易所、期货交易所、中国金融交易所、中国外汇交易中心等。

图 3 - 3　上海陆家嘴

4. 广州，简称穗，别称羊城、花城，是广东省省会。广州地处中国南部、广东省中南部、珠江三角洲中北缘，是西江、北江、东江三江汇合处，濒临中国南海，东连博罗、龙门两县，西邻三水、南海和顺德，北靠清远市区和佛冈县及新丰县，南接东莞市和中山市，隔海与香港、澳门相望，是海上丝绸之路的起点之一，中国的"南大门"。2014 年末，广州市常住人口 1308.05 万人，城镇人口比重为 85.43%，年末户籍人口 842.42 万人。2014 年，广州地区生产总值

图 3 - 4　广州电视塔

16706.87 亿元，居中国城市第三位，次于上海、北京。其中，第一产业增加值 237.52 亿元，增长 1.8%；第二产业增加值 5606.41 亿元，增长 7.4%；第三产业增加值 10862.94 亿元，增长 9.4%。第一、二、三次产业增加值的比例为 1.42：33.56：65.02。三次产业对经济增长的贡献率分别为 0.3%、30.9% 和 68.8%。

5. 深圳，别称鹏城，广东省辖市，地处广东省南部，珠江三角洲东岸，与香港地区一水之隔，东临大亚湾和大鹏湾，西濒珠江口和伶仃洋，南隔深圳河与香港地区相连，北部与东莞、惠州接壤。2014 年全市年末常住人口 1077.89 万人，比上年末增加 15.00 万人，增长 1.4%。其中户籍人口 332.21 万人，占常住人口比重 30.8%；非户籍人口 745.68 万人，占比重 69.2%。深圳是中国经济中心城市，经济总量长期位列中国大陆城市第四位，是中国大陆经济效益最好的城市之一。深圳地处珠江三角洲前沿，是连接香港地区和中国内地的纽带和桥梁，是华南沿海重要的交通枢纽，在中国高新技术产业、金融服务、外贸出口、海洋运输、创意文化等多方面占有重要地位。深圳在中国的制度创新、扩大开放等方面承担着试验和示范的重要使命。2014 年全年本地生产总值 16001.98 亿元，比上年增长 8.8%。其中，第一产业增加值 5.29 亿元，下降 19.4%；第二产业增加值 6823.05 亿元，增长 7.7%；第三产业增加值 9173.64 亿元，增长 9.8%。第一产业增加值占全市生产总值的比重不到 0.1%；第二和第三产业增加值占全市生产总值的比重分别为 42.7% 和 57.3%。人均生产总值 149497 元/人，增长 7.7%。

图 3-5 深圳罗湖

（二）2014年天津市民生民情调查数据

本书使用天津社会科学院社会学研究所开展的"天津市民生民情调查"数据来分析本地居民的社会距离和外来人口的市民化意愿等内容。数据调查时间为2014年4月14日~27日，共计14天。为了保证调查样本的多样性和覆盖性，调查设定了9个调查地点，覆盖天津市内六区。每个区域设置一个调查组，每组8名工作人员，包括1名执行督导、1名助理督导、2名拦截员、4名访问员。问卷经过整理、复核、编码、录入（双录纠错）等程序，共收集有效样本1028份。其中，822份本地户籍人口，206份外地转移人口。

（三）2016年天津市农业转移人口调查数据

本书还使用天津社会科学院社会学研究所开展的"天津市农业转移人口调查"数据进行研究补充和建议完善。调查时间为2016年5~6月；调查对象为15~59岁的农业转移人口；调查范围涉及河西区、南开区、滨海新区、津南区等多个转移人口集中的区域。调查内容包括农业转移人口的个体特征、就业收入、住房居住、社会保障、子女教育、社会交往、心理意愿等多个方面的内容以及深度访谈资料。

（四）宏观统计数据

统计资料是统计工作活动过程中所取得的反映国民经济和社会现象的数字资料以及与之相联系的其他资料的总称。统计数据是表示某一地理区域自然经济要素特征、规模，结构、水平等指标的数据。是定性、定位和定量统计分析的基础数据（王雪峰，2012）。如我们通常所说的统计年鉴。统计年鉴是指以统计图表和分析说明为主，通过高度密集的统计数据来全面、系统、连续地记录年度经济、社会等各方面发展情况的大型工具书（顾海兵、翟敏，2012）。获取统计数据资料，是进行各项经济、社会研究的必要前提；而借助于统计年鉴，则是研究者常用的途径（顾海兵、翟敏，2012）。本书主要使用的统计年鉴是《中国统计年鉴》、《中国城市统计年鉴》和各省（市）统计年鉴，包括《北京统计年鉴》、《天津统计年鉴》、《上海统计年鉴》、《广东统计年鉴》、《广州统计年鉴》、《深圳统计年鉴》等。

（五）法律法规、政策措施和新闻报道等

法律法规，是指中华人民共和国现行有效的法律、行政法规、司法解释、地

方法规、地方规章、部门规章及其他规范性文件以及对于这些法律法规的不时修改和补充。其中，法律有广义、狭义两种理解。广义上讲，法律泛指一切规范性文件；狭义上讲，仅指全国人大及其常委会制定的规范性文件。在与法规等一起谈时，法律是指狭义上的法律。法规则主要指行政法规、地方性法规、民族自治法规及经济特区法规等。

政策措施，是指国家政权机关、政党组织和其他社会政治集团为了实现自己所代表的阶级、阶层的利益与意志，以权威形式标准化地规定在一定的历史时期内，应该达到的奋斗目标、遵循的行动原则、完成的明确任务、实行的工作方式、采取的一般步骤和具体措施。

新闻报道，是指通过报纸、电台、广播、电视台、互联网等媒体途径所传播信息的一种称谓。新闻概念有广义与狭义之分。就其广义而言，除了发表于报纸、广播、互联网、电视上的评论与专文外的常用文本都属于新闻之列，包括消息、通讯、特写、速写（有的将速写纳入特写之列）等，狭义的新闻则专指消息，消息是用概括的叙述方式，以较简明扼要的文字，迅速及时地报道国内外新近发生的、有价值的事实（陈广娟，2012）。

二、变量的量化

变量是科学研究的基础和工具，只有使用明确的、可观察性的变量作为语言，社会科学才能进行有效的经验研究（袁方、王汉生，1997）。而变量必须被充分明确地加以定义和量化才使研究能够进行（默顿著，唐少杰等译，2006）。本节重点讨论全书主要使用的变量和它们的量化形式，变量主要分为因变量和自变量两类。

（一）因变量的设置与操作化

1. 收入水平。根据问卷问题"您个人上个月（或上次就业）收入多少？（不含包吃包住费）"设置。

2. 住房与居住的变量。包括住房类型、住房支出的绝对值、住房支出占总支出的比重以及住房支出占总收入的比重等。

（1）住房类型：根据问卷问题"您现住房属于下列何种性质？"设置。包括：01 租住单位/雇主房、02 租住私房、03 政府提供廉租房、04 政府提供公租房、05 单位/雇主提供免费住房（不包括就业场所）、06 已购政策性保障房、07 已购商品房、08 借住房、09 就业场所、10 自建房、11 其他非正规居所等选项。

（2）住房支出：根据问卷问题"您家在本地每月交多少住房房租？（含房贷分期付款）"设置。

（3）住房支出占总支出的比重：根据问卷问题"您家在本地每月交多少住房房租？（含房贷分期付款）"和问题"您家在本地平均每月总支出为多少？"设置。住房支出占总支出的比重＝（住房支出/总支出）×100%。

（4）住房支出占总收入的比重：根据问卷问题"您家在本地每月交多少住房房租？（含房贷分期付款）"和问题"您家在本地平均每月总收入为多少？"设置。住房支出占总收入的比重＝（住房支出/总收入）×100%。

3. 社会保障。对于大多数农业转移人口及其家庭来说，医疗保险和养老保险是最为关心的内容，因此，本书重点分析这两类保险。

（1）医疗保险：根据问卷问题"您目前是否有以下医疗保险？（多选）"设置，选项包括"A 新型农村合作医疗、B 城镇职工基本医疗保险、C 城镇居民基本医疗保险、D 城乡居民合作医疗、E 工伤保险、F 生育保险、G 公费医疗、H 商业医疗保险"等类别。

（2）养老保险：根据问卷问题"您有下列何种社会保障？（多选）"设置，选项包括"城镇职工养老保险、城镇居民养老保险"等类别。

4. 长期居留意愿：根据问卷问题"您是否打算在本地长期居住（5 年以上）？"设置，选项包括"1 打算、2 不打算、3 没想好"等类别。

5. 社会距离。本书主要考察"社会距离"概念的主观含义，通过城市户籍人口是否愿意接受外来人口成为本地居民的一员来衡量："完全不同意"衡量为"社会距离很大"，"不同意"衡量为"社会距离较大"，"同意"衡量为"社会距离较小"，"完全同意"衡量为"社会距离很小"。

（二）自变量的设置与操作化

自变量的选择是基于前一章多元理论基础和理论分析框架的指导，并用来检验理论假设是否成立。

1. 个体特征与职业特征的量化

（1）代际差异：根据问卷问题"出生年月"设置，选项调整为"70 前、70 后、80 后、90 后"四个类别。

（2）性别差异：根据问卷问题"性别"设置，选项包括"1 男性、2 女性"两个类别。

（3）教育程度：根据问卷问题"受教育程度"设置，选项调整为"1 小学及以下、2 初中、3 高中、4 大学专科及以上"四个类别。

（4）流入时间：根据问卷问题"本次流动时间（进入流入地后，期间离开不超过一个月，再次返回时不作为一次新的流动）"设置。选项调整为"2000年以前、2001～2005年、2006～2010年、2011～2014年"四个类别。

（5）职业类型：根据问卷问题"您现在的主要职业是什么？"设置。选项调整为"1国家机关、党群组织、企事业单位负责人，专业技术人员，公务员、办事人员和有关人员；2经商、商贩；3餐饮；4家政、保洁、保安；5装修；6其他商业、服务业人员；7生产；8运输；9建筑；10其他生产、运输设备操作人员及有关人员；11其他职业；12没有工作"。

（6）单位属性：根据问卷问题"您现在就业的单位性质属于哪一类？"设置。选项调整为"1私营企业，2个体工商户，3机关、事业单位、国有及国有控股企业、集体企业，4港澳台企业、日/韩企业、欧美企业、中外合资企业，5其他单位"。

（7）就业身份：根据问卷问题"您现在的就业身份属于哪一种？"设置，选项包括"1雇员、2雇主、3自营劳动者、4其他"。

2. 城市特征的量化

（1）经济发展水平。经济发展水平使用人均GDP来衡量，人均GDP＝国民生产总值/常住人口数量。

（2）人口组成结构。人口结构常常包括年龄结构、性别结构、分布结构等，但与迁移人口最为密切的还是外来人口占常住人口的比重。流动人口比重＝流动人口数量/常住人口数量。

三、方法论

数据分析包括描述性分析和推断性统计分析，这是定量分析的最基本方法。下面分别予以简单介绍：

1. 描述性统计分析。描述性分析方法是社会科学实证研究中最常用的方法。描述性分析是数据分析的第一步，也是必不可少的一步。它帮助研究者熟悉、认识和了解数据的基本特征、分布规律、趋势以及变量之间的相互关系，从而决定是否有必要对数据作进一步的处理和分析。因此，准确、全面地描述数据是实证分析的基础和前提。若不能清楚地描述数据，或对数据的描述存在偏差，则模型分析结果是值得怀疑的（杨菊华，2008）。本书的描述性统计分析包括单变量分析和相关分析。

（1）单变量分析。单变量分析描述变量的均值（和标准差）、比例（或百分比）等基本统计量。其结果将为我们提供农业转移人口多方面的特征。单变量的分析结果还将告诉我们，各变量是否存在变异以及变异的程度。变异是数据分析的基础，模型分析的目的之一就是要找到变异的原因。如果数据缺乏变异或缺乏足够的变异，则数据的同质性太强而无法进行模型分析，也无须进行模型分析。

（2）相关（交互）分析。在描述了数据的基本特征后，我们就各影响因素与转移人口之间的关系进行一系列的相关关系分析。相关分析将为我们提供自变量与因变量之间是否存在关联和存在怎样关联的信息。自变量和因变量之间的关联性是进行多元分析的基础。如果交叉表的两个变量是独立的，则没有必要将其中的自变量置于模型中。然而，值得注意的是，这是一般原则，数据的情况往往比一般原则更为复杂。例如，当变量之间的关系是非线性的时候，二者之间可能出现相互独立的现象，但实际情况是，它们之间并不独立。因此，在对数据进行模型分析时，纳入什么变量需要在理论的指导下，视具体情况而定。换言之，即便变量之间似不显著相关，但若从理论上来看，二者的确应该是相互关联的，则依旧需要将自变量置于数据分析中。

2. 推断性统计分析。单变量分析和相关（交互）分析是社会科学实证研究中最常用的方法之一，也是统计分析过程中必不可少的一步。然而，描述性分析方法虽不可少，但也存在较大的局限。单变量分析只能提供某个变量的分布情况；双变量分析可以提供两个变量之间相互关系的程度和显著性，但其结果无法使研究者判断变量之间的关系是否为独立关系。因此，即便两个变量之间的相关系数（correlation coefficient）很高，我们也不能完全推断一个变量会对另一个变量产生独立影响，因为相关分析描述的是两个因素之间的关系，没有考虑其他因素对因变量的作用或对该自变量与因变量关系的干扰与调节。以教育对收入的影响为例：即便教育与收入之间高度相关，但二者极高的关联度也可能是由于职业、工作经验和专业技能等因素造成的——换言之，其关联存在的根源不在于教育，而在于其他因素。

因此，在分析数据的过程中，尤其是在定量分析的过程中，仅使用描述性方法是不够的，推断性统计分析方法可以在一定程度上弥补描述性方法的不足。所以，数据分析的第二步是使用多元分析方法，探讨农业转移人口与各影响因素之间的独立关系，以及其他相关因素的干扰与调节作用。回归模型的选定依赖于研究目的和数据的特点，本书主要使用以下模型：

（1）多元线性回归模型（multiple linear regression）：是分析一个随机变量与多个变量之间线性关系的最常用的统计方法。多元线性回归用变量的观察数据拟合所关注变量和影响它变化的变量之间的线性关系，检验影响变量的显著程度和比较它们的作用大小，进而用两个或多个变量的变化解释和预测另一个变量的变化。

（2）二元 Logit 模型、多项 Logit 模型和一般化序次 Logit 模型：由于本书的因变量多为分类变量，需要采用非线性的 Logistic 模型。对于其中取值为 0 和 1 的因变量而言，合适的模型为二元 Logistic 模型；对于多分类的因变量而言，我们采用多项 Logistic 模型。针对定序变量的分析方法主要是序次 Logit 模型。但序次 Logit 模型需要满足成比例假定（Proportional assumption）或平行线假定（parallel lines assumption），即自变量对每个分类发生比的影响是一样的。但现实情况中考这种建设往往很难得到满足，因此，为了避免估计结果严重偏误，常常采用一般化序次 Logit 模型（Generalized Ordered Logit Model）进行分析。一般化序次 Logit 模型放宽了等比例假设的严格要求，能够较为准确、有效地进行参数估计。其数学公式为：

$$P(Y_i > j) = g(X\beta_j) = \frac{\exp(\alpha_j + X_i\beta_j)}{1 + \{\exp(\alpha_j + X_i\beta_j)\}}, j = 1,2,\cdots,M-1$$

其中，M 指定序变量的类别数。很多针对属性数据分析的模型都是 Gologit 模型的特殊形式；当 M = 2 时，Gologit 模型就等于 Logistic 回归模型；当 M > 2 时，Gologit 模型就是一系列二分 Logistic 回归的比较。如 M = 4 的时候，当 J = 1 则类别 1 与类别 2、3、4 比较；当 J = 2 则类别 1、2 与类别 3、4 比较；当 J = 3 时，则类别 1、2、3 与类别 4 比较（黄晓星、唐亮，2008；Williams，2006）。

（3）多层线性模型与多层 Logistic 模型：在社会科学研究中，包括经济学、政治学、教育学、地理学、社会学、人口学在内，许多数据具有多层或等级结构。例如，学生的学习受到学校环境的影响与作用，学生在班级中学习，班级包含于学校中，学校又隶属于地区，这就构成了一个包含四层的数据结构。在这个典型的多层数据中，学生属于第一层，班级属于第二层，学校属于第三层，地区属于第四层；低层嵌套于高层之中，高层包含不同的底层单位。又如，在家庭户调查中，个人属于第一层，家庭户和地区分别归于第二层和第三层。再如，在病人治疗研究中，病人是第一层数据，而病人所在医院属于第二层，等等。

在这些不同学科的案例中，我们都能清楚地观察到数据的分层结构，数据的分层结构对于研究和分析具有重要的影响。例如，我们要研究学生的学习成绩，往往会发现不同学校的平均成绩是相差很大的。这意味着，在一个学校之内的学生成绩更具有相近性，不同学校之间的学生成绩更具有差异性。如图 3-6 所示，

同一所学校的学生成绩集聚在一条回归线附近；而如图 3－7 所示，不同学校的
学生成绩可能集聚在不同的回归线附近。同样地，一个家庭户的居民也更可能具
有相似的态度或观点。而在病人治疗研究中，医院不同的治疗服务水平会导致病
人不同的康复率。因此，我们应对多层逻辑系统特别加以关注和分析，而基于这
些多层数据，多层统计分析模型（multilevel models）也广泛应用于社会科学各
领域（Raudenbush and Rryk，2002；Goldstein，1995）。其具体原理如下：

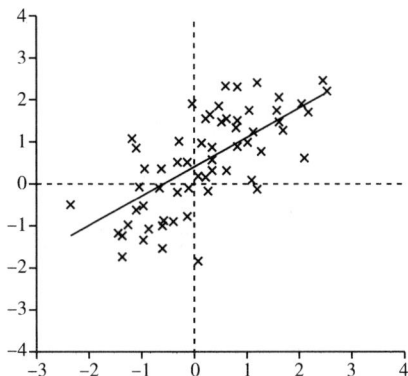

图 3－6　同一学校学生的标准化成绩

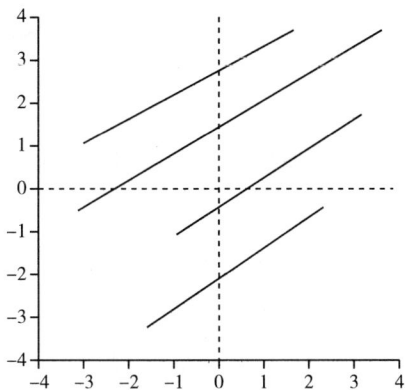

图 3－7　不同学校学生的标准化成绩

一所学校的学生成绩可以表示为：

$$y_i = a + bx_i + e_i \tag{3-1}$$

其中，i 表示学校的不同学生，y_i 表示第 i 个学生的学习成绩，x_i 表示第 i
学生的自变量数值，公式（3－1）也可以表示为：

$$\hat{y}_i = a + bx_i \qquad (3-2)$$

这里$\hat{y}_i$表示第i个学生的学习成绩的预测值，a表示模型的截距，b表示模型的斜率，$a + bx_i$表示模型的固定效果部分。

在公式（3-1）中，e_i表示第i个学生预测的成绩与实际成绩之间的差值。误差（error）或残差（residual）是我们常常使用到的概念，此处的残差就是不能被公式（3-2）的固定效果部分所预测的学生成绩，如果只有一所学校，残差就等于e_i的方差。

而对于不同的学校：

$$\hat{y}_{i1} = a_1 + bx_{i1}$$

$$\hat{y}_{i2} = a_2 + bx_{i2}$$

这些模型之间的斜率都是平行的，而如果更精确的描述，可以把公式写为：

$$\hat{y}_{ij} = a_j + bx_{ij} \qquad (3-3)$$

完整的模型公式可以写作：

$$y_{ij} = a_j + bx_{ij} + e_{ij} \qquad (3-4)$$

一般来讲，一项系数如果有ij的下标，表示不同学校中不同学生之间的差异；如果一项系数具有a_j的下标，则仅表示不同学校之间的差异，而同一学校的学生都具有同样的取值；而如果一项系数没有下标，则表明其取值是不随学校和学生变化的。

在多层模型中，为了分析不同层次之间的随机效果，可以把公式（3-3）表示为：

$$a_j = a + u_j$$

$$\hat{y}_{ij} = a + bx_{ij} + u_j \qquad (3-5)$$

其中，a没有下标，表示截距；u_j表示第j所学校的截距与总截距之间的差异，这是第二层的残差，它对于第j所学校的所有的学生都是相同的。

学生的真实成绩可以表达为：

$$y_{ij} = a + bx_{ij} + u_j + e_{ij} \qquad (3-6)$$

在公式（3-6）中，u_j和e_{ij}都属于随机变量，均值等于0；他们属于模型的随机效果部分。正是随机效果u_j和e_{ij}的存在，才使公式成为多层模型。模型假定在不同的层次中，这些随机变量是不相关并且符合正态分布，因此能够分别估

计它们的方差 σ_u^2 和 σ_e^2。a 和 b 分别表示平均的截距和斜率，它们都属于固定参数部分，需要估计得到。

第一个专门用于多层模型分析的计算机软件 GENMOD，是由美国密歇根大学人口学研究中心的 Mason 及其同事在 20 世纪 80 年代开发研制的。90 年代以来，用于多层模型分析的计算机软件或程序包不断涌现，其中，常用的统计软件包括：HLM（Hierarchical Linear Mmodeling）、MLwin、SuperMix、SAS（Statistical Analysis System）、SPSS（Statistical Package for Social Sciences）等（李华香、陈志光，2013）。而 Stata 统计软件从第 10 版开始，就将多层模型作为一个独立模块纳入了常规程序中。Stata 用于多层模型分析非常的方便快捷，因此，本书使用 Stata（12.0）软件进行多层线性模型和多层 Logistic 模型的分析。

四、农业转移人口的基本特征

本节重点介绍天津、北京、上海、广州、深圳五城市农业转移人口个体特征、就业职业、流动特征等的基本特点和基本规律，为后文影响因素、作用机制、不同模式等的探讨和分析提供研究基础和研究支撑。图 3-8 农业转移人口年龄分布状况表明，天津市农业转移人口中"80 后"人员最多，占到 40% 以上，次之的是"70 后"群体，比例在 30% 以上；而"70 前"人员和"90 后"人员都在百分之十几。而从北、上、广、深四城市的数据来看，北京市"90 后"人员比例最高，接近 1/5；上海市"70 前"人员比例较高，而深圳市"80 后"人员比例最高，大约有 1/2。

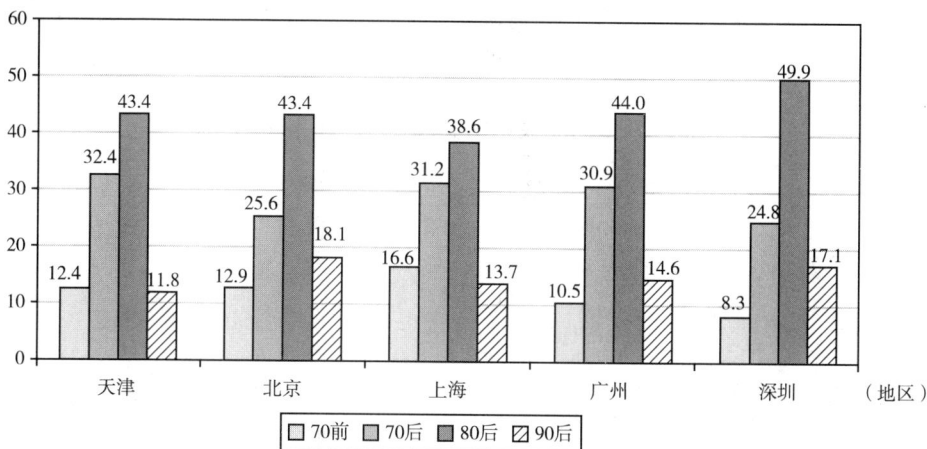

图 3-8 农业转移人口年龄分布状况（%）

图 3-9 农业转移人口户籍地分布状况表明，天津市农业转移人口中山东省来员最多，超过 30%；其次是河北省，接近 1/5；再次是河南人，约 1/10；黑龙江和安徽省人口流入也较多，各占 8.2% 和 7.6%。

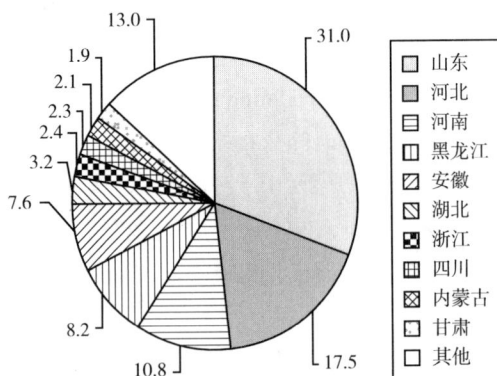

图 3-9　天津市农业转移人口户籍地分布状况（%）

从表 3-1 北、上、广、深四城市农业转移人口户籍来源地的分析来看，北京市中河北省人员最多，接近 1/4；其次是河南省和山东省来员，都在 15% 左右；安徽省人口也有 7.2%；四川、山西、湖北等省份流入人口比例也在前列。从上海市流入人口户籍地来看，安徽省来员最多，超过 1/3，其次是江苏省，在 15% 左右；河南省和四川省分列第三和第四位，江西、浙江、山东、湖北等省份人员也较多流入上海市。从广东省农业转移人口来看，接近 1/3 是广东省的省内流动，其次是湖南人口流入，超过 1/5；广西壮族自治区、湖北省、四川省分列三、四、五位。从深圳市户籍来源地来看，同样是近 1/3 为广东省省内转移人口，其次是 15% 的湖南人口，湖北、四川、广西三省分列第三、四、五位。

表 3-1　　　　北、上、广、深农业转移人口户籍地来源情况　　　　单位:%

排序	北京		上海		广州		深圳	
1	河北	24.0	安徽	34.3	广东	31.8	广东	31.6
2	河南	15.8	江苏	15.5	湖南	21.5	湖南	14.8
3	山东	14.1	河南	9.5	广西	8.8	湖北	9.0
4	安徽	7.2	四川	8.0	湖北	7.0	四川	7.0
5	四川	4.9	江西	5.6	四川	6.9	广西	6.3

续表

排序	北京		上海		广州		深圳	
6	山西	4.3	浙江	4.2	江西	5.1	河南	6.2
7	湖北	4.1	山东	4.1	河南	5.1	江西	5.8
8	黑龙江	3.1	湖北	4.0	重庆	2.5	福建	4.3
9	陕西	2.5	福建	3.6	贵州	2.3	安徽	2.3
10	江西	2.3	重庆	2.1	福建	2.3	重庆	2.3

图3－10天津市农业转移人口分布状况表明，农业转移人口集聚最多的是滨海新区，占总样本的1/4；其次是津南区，有18%，第三位的是东丽区，有9%；北辰区、南开区、河西区、静海区分列4～7位，占比分别有7.9%、6.7%、5.7%和5.2%。

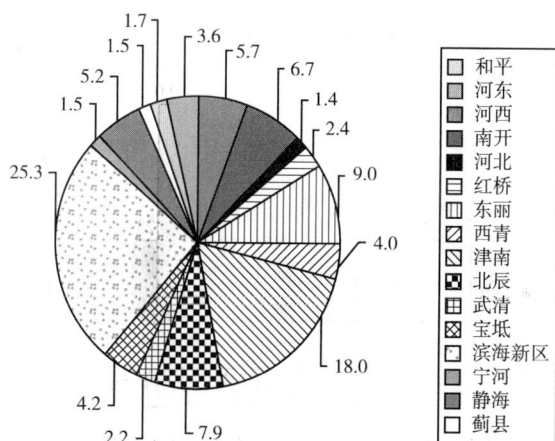

图3－10 天津市农业转移人口分布状况（%）

从图3－11农业转移人口性别分布状况表明，天津市农业转移人口性别比是五城市中最高的，达到62：38；北京市也较高，接近60：40；上海市和广州市的性别比较为平衡，男女人数接近相等；深圳市男女比例也相差不大，接近54：46。

从图3－12农业转移人口教育程度的数据分析结果表明，天津市农业转移人口中初中文化程度的比例最高，接近七成；高中文化程度的有15%左右，小学及以下的为12%，大学专科及以上的仅为5%左右。从北、上、广、深四城市的教育数据来看，北京市专科及以上的比例最高；而深圳市高中文化程度的人口最高，远超其他城市；上海市小学及以下的农业转移人口比重是几个城市中最高的，达15.4%。

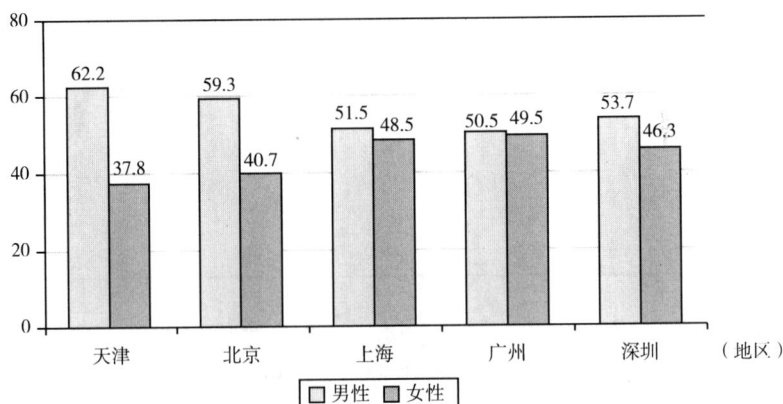

图 3-11　农业转移人口性别分布状况（%）

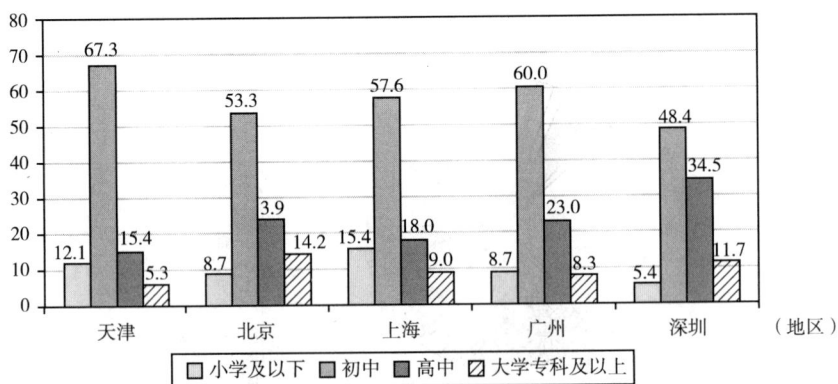

图 3-12　农业转移人口教育分布状况（%）

表 3-2 农业转移人口婚姻状况表明，天津市农业转移人口初婚比例是最高的，近 84%，而未婚比例是最低的，只有 13.5%；而此比例北京、广州、深圳等都在 20% 以上。

表 3-2　　　　　　　　　　　农业转移人口婚姻状况　　　　　　　　　　单位：%

	天津	北京	上海	广州	深圳
未婚	13.5	23.6	15.8	20.9	21.6
初婚	83.8	74.1	80.5	77.5	76.8
再婚	1.1	0.9	1.3	0.8	0.8

	天津	北京	上海	广州	深圳
离婚	1.3	1.2	1.9	0.7	0.4
丧偶	0.3	0.2	0.5	0.1	0.3

表 3 - 3 农业转移人口流入时间分析数据表明，2000 年以前流入的有 10% 左右，2001 ~ 2005 年流入的比例也在 10% 以上，2006 ~ 2010 年流入的比例大约在 1/3 左右，2011 年以后流入的比例在 40% 以上。

表 3 - 3   **农业转移人口流入时间**   单位:%

年份 \ 地区	天津	北京	上海	广州	深圳
2000 年及以前	9.9	9.5	9.8	3.7	5.1
2001	1.3	1.7	1.8	0.8	1.0
2002	1.9	1.6	2.1	1.2	1.4
2003	2.2	2.1	3.0	1.2	1.7
2004	3.4	2.8	4.2	2.3	1.8
2005	3.4	3.0	3.4	2.1	2.7
2006	5.0	3.5	4.3	3.4	2.4
2007	5.9	3.9	5.5	3.0	3.1
2008	6.5	5.6	6.4	3.7	4.8
2009	8.5	7.0	7.8	5.5	7.3
2010	9.2	9.0	10.5	7.0	8.2
2011	8.0	8.1	8.5	8.0	9.1
2012	10.1	12.1	10.4	21.3	18.4
2013	14.4	17.6	14.2	22.5	20.6
2014 年 1 ~ 4 月	10.3	12.7	8.0	14.3	12.4

图 3 - 13 五城市农业转移人口流入月份的数据分析结果表明，3 月是农业转移人口流入的最高峰时期，这是完全符合我们的预期的，在阳历 2 月返乡度过春节以后，3 月正是农业转移人口大规模外出的月份。其次是 5 月，也是外出的另一个高峰时间。6 ~ 9 月是外出规模比较稳定的时间段，10 月又有一个小的波动。

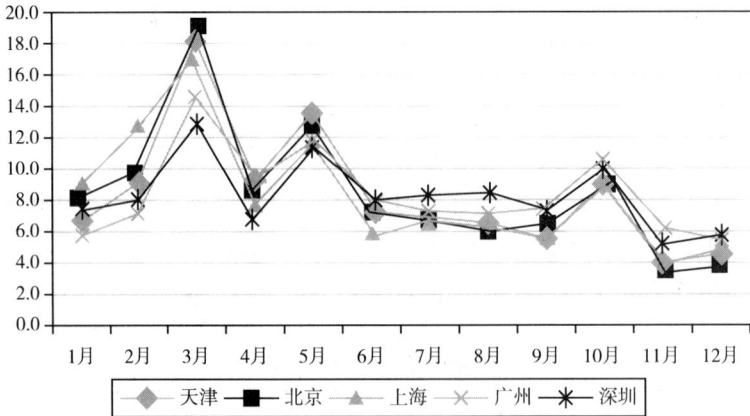

图3-13　农业转移人口流入月份（%）

　　本章小结：农业转移人口市民化的现状、特征、未来发展趋势等问题的研究都需要数据和资料来描述和验证。本章详细介绍了所使用的数据，包括全国流动人口动态监测调查数据、天津市民生调查数据、政府和各行政部门宏观统计数据以及各地法律法规、政策措施和新闻报道等。在确定所用数据的基础上，对变量的设置进行了阐述和解释。因变量包括收入水平、住房类型、住房支出、医疗保险、养老保险、居留意愿、社会距离等，自变量包括代际差异、性别差别、教育程度、流入时间、家庭规模、家庭收入、职业类型、单位性质、就业身份、城市特征等。数据分析包括一元变量描述、双变量交互分析、模型分析等，其中，模型分析包括多元线性回归模型、Logistic 模型、序次 Logit 模型、多层线性模型与多层 Logistic 模型等。最后，本章还描述了天津、北京、上海、广州、深圳五城市农业转移人口的当前现状和基本特征，为后文影响因素、作用机制、不同模式等的探讨和分析提供了研究基础和研究支撑。

第四章 农业转移人口就业与收入

若民，则无恒产，因无恒心。

——《孟子》

农业转移人口经济层面的研究最早可以追溯至 Ravenstein（1885），他认为流迁最重要的因素就是经济条件（Cooke，2003），而当今绝大部分农业转移人口仍是以寻求就业和增加收入为流动目的。因此，经济整合毫无疑问是农业转移人口诸多问题中的首要维度，成为市民化的最为关键环节。而且，农业转移人口的经济状况是其他方面市民化的基础和前途，能够显著影响他们的居住生活状况、社会保障水平、随迁子女教育、市民化意愿等。本章主要分析农业转移人口就业与收入的基本状况，研究影响农业转移人口收入水平的多元因素，并结合理论研究、政策研究、文献研究，探索改善农业转移人口就业、工作状况，提高农业转移人口收入水平的对策与措施。

一、就业收入的现状与特征

由于劳动市场分割，大部分农业转移人口被排斥到相对低端的次级劳动力市场工作（段媛媛、殷京生，2002；格丽娅，2007），一般从事粗、苦、脏、重、险、累的工作（王桂新，2007；甘满堂，2001）。从表4-1五城市农业转移人口行业分布状况来看，天津市农业转移人口行业分布主要集中在制造业（24.5%）、批发零售业（18.1%）、居民服务业（16.7%）以及住宿餐饮业（15.8%）。与北、上、广、深四城市的农业转移人口相比，天津市农业转移人口从事建筑业和交通运输业的比例最高，分别为9.7%和6.3%，而深圳市农业转移人口从事建筑业的比例较低，仅有2.0%，北京市农业转移人口从事交通运输业的比例最低，仅有2.8%。但是，天津市农业转移人口从事信息软件业的比例最低，仅有1.3%，而北京市为4.8%，深圳市为6.9%。

表 4 - 1 　　　　　　　　　　　　　农业转移人口行业分布　　　　　　　　　　单位：%

	制造业	建筑业	批发零售业	交通运输业	住宿餐饮业	信息软件业	居民服务业	其他行业
天津	24.5	9.7	18.1	6.3	15.8	1.3	16.7	7.6
北京	10.3	7.2	20.7	2.8	17.6	4.8	23.2	13.5
上海	34.1	8.2	12.4	6.2	10.4	3.3	14.0	11.5
广州	28.7	4.7	23.3	4.1	11.5	4.4	13.5	9.7
深圳	30.3	2.0	21.6	4.7	12.0	6.9	10.7	11.9

　　其实，不仅我们国家的转移人口在流入地的就业面临很多难题和困境，从国际经验来看，其他国家的外来移民也面临同样的问题。例如，从表 4 - 2 美国的墨西哥移民数据来看，墨西哥移民有近 2/3 工作在制造业、建筑业、农业和零售业中，而本土人该比重仅为 40%。与本土人相比，墨西哥移民在公共部门或职业服务行业（如医生、律师、会计和工程）就职者相对很少，仅占 7% 左右，而本土人该比重是其 4 倍多（宋鸥，2009）。另据皮尤西语裔中心估计，在美国劳动力市场上的 500 万无证件工人中，有 100 万受雇于制造业，60 万在建筑业，70 万在餐饮业，100 万～140 万在农业部门。其中一半以上（58%）工人来自墨西哥。据此亦可推断出墨西哥非法移民在美国主要从事农业、制造业、餐饮业和建筑业。概言之，墨西哥男性移民大多在各种低薪的农业、服务业和工业部门工作，墨西哥女性移民则集中于轻工业制造和私人服务业中，如洗衣妇和照看儿童等（宋鸥，2009）。

表 4 - 2 　　　　　　　　　　　　　墨西哥移民的行业分布　　　　　　　　　　单位：%

行　业	本土人	全部墨西哥移民	墨西哥合法移民	墨西哥非法移民
农林渔业	2.1	14.5	11.6	17.7
矿业	0.5	0.4	0.5	0.3
非耐用品制造业	6.5	12.1	12.0	12.1
耐用品制造业	10.7	11.5	11.8	11.0
建筑业	7.3	14.0	10.6	17.9
运输交通和公用事业	8.0	3.5	4.5	2.4
批发	4.5	4.0	3.6	4.4
零售	13.5	17.4	18.4	16.4

行　业	本土人	全部墨西哥移民	墨西哥合法移民	墨西哥非法移民
金融、保险和不动产	7.1	1.9	2.5	1.2
商业和修理服务业	6.7	6.5	5.9	7.1
个人服务	2.4	6.1	6.2	5.9
娱乐业	1.7	1.1	1.1	1.1
职业服务	23.6	6.3	10.0	2.1
政府部门	5.3	0.8	1.3	0.3

资料来源：Steven A. Camarota, Immigration From Mexico: Assessing the Impacton the United States, July 2001, P. 20 http://www. cis. org/articles /2001/mexico/mexico. pdf. 转引自：宋鸥，美国墨西哥移民的行业分布与职业结构，拉丁美洲研究，2009（12）.

从表4-3五城市农业转移人口职业分布的情况来看，天津市农业转移人口行业分布主要集中在生产（17.5%）、商贩（12.5%）、经商（11.0%）以及餐饮（11.7%）等。与北、上、广、深四城市的农业转移人口相比，天津市农业转移人口职业为负责技术办事人员的比例最低，仅为5.3%，而上海为8.9%，北京为10.2%，广州为10.3%，深圳最高为11.7%。

表4-3　　　　　　　农业转移人口职业分布　　　　　　　单位:%

职业 ＼ 地区	天津	北京	上海	广州	深圳
负责技术办事人员	5.3	10.2	8.9	10.3	11.7
经商	11.0	17.1	11.4	20.1	22.5
商贩	12.5	4.8	4.3	5.2	2.4
餐饮	11.7	12.9	7.5	8.4	7.1
家政	0.8	0.9	1.6	0.3	0.2
保洁	2.5	2.9	2.8	1.5	0.9
保安	1.4	2.3	1.5	2.5	1.3
装修	4.0	6.9	4.4	2.1	1.9
其他商业、服务业人员	10.6	27.1	15.4	16.9	19.9
生产	17.5	6.6	23.1	22.1	21.5
运输	3.8	1.7	3.7	1.9	3.2
建筑	6.7	2.3	3.8	1.9	0.6
其他生产运输设备操作人员及有关人员	7.7	2.2	8.0	3.9	3.5
其他	4.6	2.1	3.9	2.9	3.4

从表4-4五城市农业转移人口就业单位的情况来看，天津市农业转移人口在个体工商户和私营企业中工作的比例最高，分别为38.3%和32.8%。这与北、

上、广、深四城市的农业转移人口没有显著差别。但天津市农业转移人口中没有
单位的比例要明显高于北、上、广、深四城市的比例，达 11.7% 。

表 4 – 4 　　　　　　　　　　农业转移人口就业单位性质　　　　　　　　单位:%

	天津	北京	上海	广州	深圳
土地承包者	2.9	0.5	1.6	0.5	1.1
机关、事业单位	1.2	2.9	1.1	1.3	1.6
国有及国有控股企业	4.8	4.4	4.7	1.5	1.5
集体企业	2.9	3.6	2.5	2.6	1.2
个体工商户	38.3	39.9	25.7	46.3	39.2
私营企业	32.8	40.8	42.1	34.8	43.7
港澳台企业	0.5	0.1	4.0	3.5	5.3
日/韩企业	1.5	0.2	1.2	1.7	0.6
欧美企业	0.2	0.3	1.2	0.1	0.5
中外合资企业	2.8	1.9	6.5	4.0	3.0
其他	0.6	0.3	0.7	0.0	0.0
无单位	11.7	5.2	8.8	3.8	2.0

从图 4 – 1 五城市农业转移人口就业身份的情况来看，天津市农业转移人口
中自营劳动者的比例最高，达 30.4% ，上海市的此比例最低，仅为 19.9% 。而
上海市中雇员的比例最高，为 71.5% ，广州市的雇主比例最高，为 11.7% 。

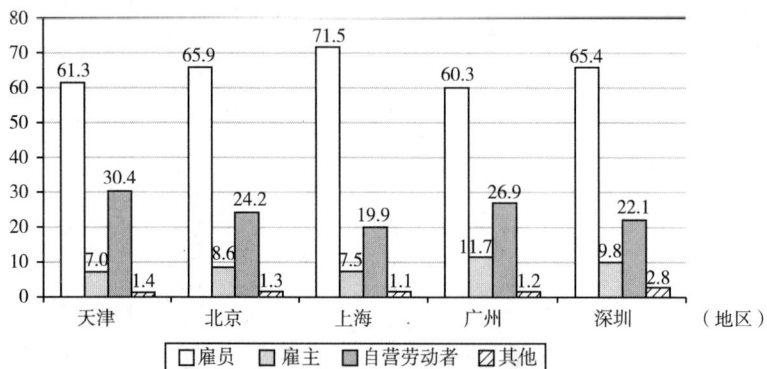

图 4-1　农业转移人口就业身份（%）

国内外众多研究都一致表明，农业转移人口的工资收入在流入地处于较低水
平。从绝对水平来看，2005 年全国 1% 人口抽样调查数据显示，农业转移人口月
平均收入为 904 元，而城市流动人口月平均收入为 1323 元（段成荣、孙磊，

2011）；国家统计局数据表明，2006 年农业转移人口的平均月收入为 1003 元，2009 年外出农业转移人口月平均收入为 1417 元（国家统计局农村司，2010）。同时，国家计生委统计数据表明，2009 年劳动年龄流动人口月平均收入为 2143 元，有 50% 的流动人口月平均收入不足 1700 元，有近 10% 流动人口的收入低于 1000 元（中国流动人口发展报告，2010）。

从相对水平来看，农业转移人口与户籍人口之间的收入差别有多大，随着流入时间的变化收入差距如何变化（Baker and Benjamin，1994；Schoeni，1997），以及不同流出地、不同队列的流入人口的收入差别（Borjas，1992；Duleep and Regets，1996）等问题成为流迁人口经济状况研究的核心问题。流迁人口的收入水平最初要明显差于户籍人口（LaLonde and Topel，1992），流动人口的社会经济地位随流入时间的增加逐渐增长，到 15 ~ 20 年以后将和户籍人口相似（Chiswick，1979）。但也有研究认为，农业转移人口的收入水平很少能够超过当地人口（Borjas，1987）。中国的研究数据（见表 4 - 5）表明农业转移人口的收入水平与城镇人口有较大差距：白暴力（2007）使用中国统计年鉴、中国农村年鉴、中国经济年鉴等数据计算出了 2001 ~ 2005 年中国农业转移人口与城镇职工工资情况，研究结果表明，农业转移人口与城镇职工的工资比率呈现逐年下降趋势，从 2001 年的 51%，下降到 2005 年的 36%；李培林、李炜（2010）使用中国社会科学院开展的两次"中国社会状况综合调查"数据，得出 2006 年和 2008 年中国 28 个省市区的农业转移人口与城镇职工的收入比率分别为 68% 和 74%；田丰（2010）使用与李培林同样的数据，得出 2008 年的比率为 84%；而孟凡新（2010）的研究表明，2010 年北京市农业转移人口与城镇职工的收入比率仅为 54%。尽管不同学者使用不同数据来源得出的结果有所不同，甚至出现同一数据也得出不同结论的情况，但流动人口，特别是农民工的工资收入与城镇职工还有较大差别是众位学者所一致公认的。

表 4 - 5　　　　　农业转移人口与城镇职工月平均收入状况比较

调查时间	农业转移人口（元）	城镇职工（元）	比率	调查地区	参考文献
2001	459	906	0.51	全国	
2002	466	1035	0.45	全国	
2003	440	1170	0.38	全国	白暴力，2007
2004	539	1335	0.40	全国	
2005	548	1534	0.36	全国	

调查时间	农业转移人口（元）	城镇职工（元）	比率	调查地区	参考文献
2006	921	1346	0.68	28 个省市区	李培林、
2008	1270	1665	0.76	28 个省市区	李炜，2010
2008	1197	1423	0.84	28 个省市区	田丰，2010
2010	1865	3474	0.54	北京	孟凡新，2010

　　从图 4-2 五城市农业转移人口月收入水平的情况来看，广州市和天津市的农业转移人口收入水平较低，分别仅为 3626 元和 3703 元。北京市农业转移人口每月收入水平为 4232 元，而上海市为 4378 元。深圳市工资水平最高，每月收入达 4699 元。数据分析结果表明，城市间农业转移人口的工作差别巨大，最低值广州和最高值深圳之间收入差异有 1000 多元。

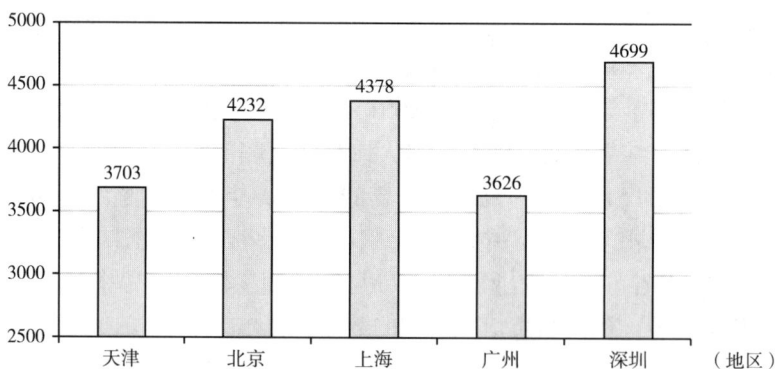

图 4-2　农业转移人口收入水平（元）

二、收入水平的影响因素分析

（一）相关分析结果

　　从图 4-3 五城市农业转移人口收入水平的情况来看，天津市农业转移人口收入水平的年龄差异不大，"70 前"、"70 后"、"80 后"的工资水平基本一致，较少的是"90 后"人员，每月收入仅为 3125 元。广州市收入水平的年龄差异与天津市的情况比较类似。北京市"70 后"农业转移人口收入水平最高，达 4741元，"80 后"次之为 4529 元，"70 前"群体收入较低，为 3802 元，"90 后"水平最低仅为 3223 元。深圳市也是"70 后"最高，"80 后"次之，但"70 前"

和"90后"的收入水平相差不大（3848元与3761元）。

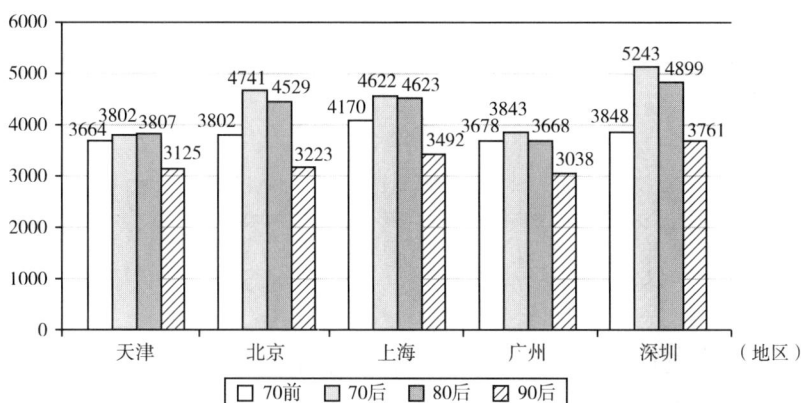

图4-3 农业转移人口代际差异与收入水平的交互分析结果（元）

从图4-4五城市农业转移人口收入水平的性别差异来看，男性农业转移人口的收入水平要高出女性农业转移人口很多，天津、北京、广州、深圳四城市的差异都在1000元左右，而上海市的性别差异更大，两性收入差距为1300元（4958-3658元）。

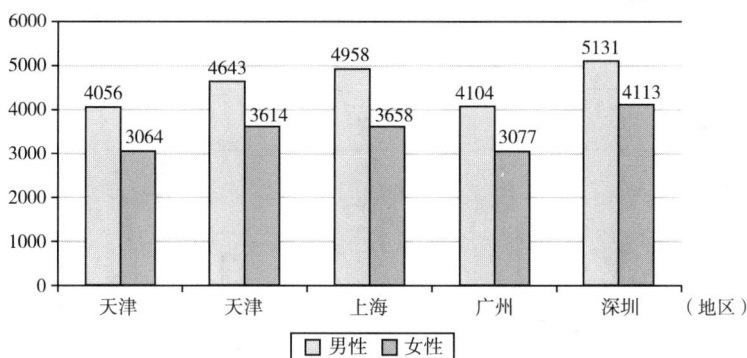

图4-4 农业转移人口性别差异与收入水平的交互分析结果（元）

从图4-5五城市农业转移人口不同教育程度的收入水平来看，教育程度与收入水平之间存在显著的正向相关关系，教育程度越高，农业转移人口收入越多，教育程度越低，农业转移人口收入越少。以天津市为例来看，小学及以下农业转移人口月收入为3286元、初中水平为3681元、高中为4000元，大学专科及以上达到4414元。而上海市农业转移人口收入的教育差异最为明显，小学及以下农业转移人口的月收入仅为 3367 元，而大学专科及以上的收入达到近两倍，为 6481 元。

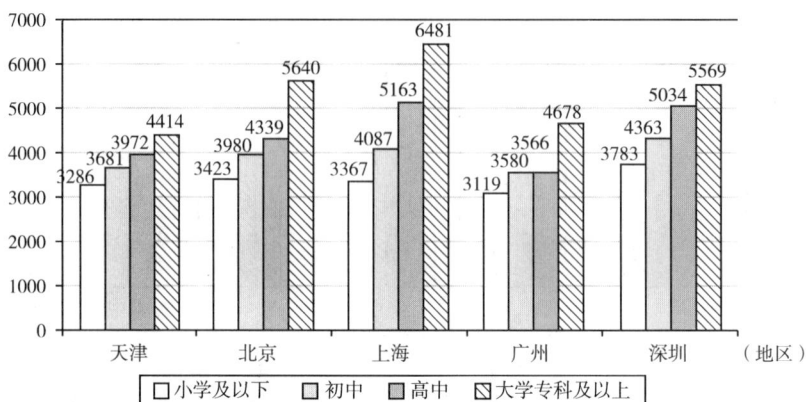

图 4 - 5　农业转移人口教育程度与收入水平的交互分析结果（元）

从图 4 - 6 农业转移人口流入时间与收入水平的交互分析结果来看，天津市农业转移人口的收入水平并不因流入时间的差异而发生明显的变化。但在北京、上海的农业转移人口，收入水平与流入时间呈现正向相关关系。换言之，流入时间越长，收入水平越高；流入时间越短，收入水平越低。以北京市为例来看，2000 年以前到北京市的农业转移人口月收入为 5314 元，而 2011 年以后来的群体收入仅为 3785 元。

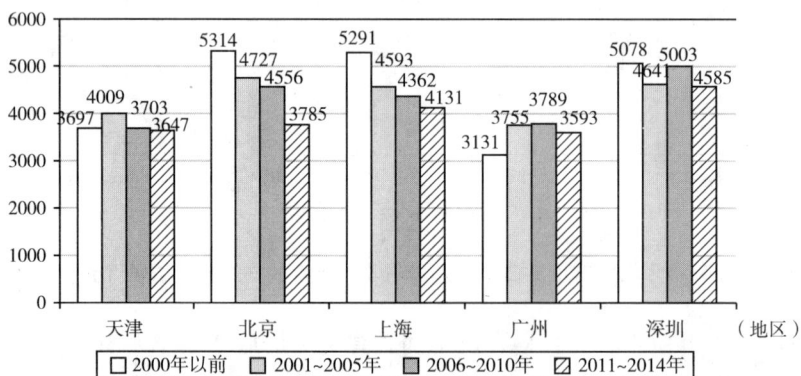

图 4 - 6　农业转移人口流入时间与收入水平的交互分析结果（元）

从表 4 - 6 农业转移人口职业类型与收入水平的交互分析结果来看，天津市从事交通运输职业的农业转移人口收入最高（4616 元），其次是经商商贩人员和建筑人员（4417元和4342元），收入最低的是家政保洁保安人员，月收入仅为2441元。北京、上海、深圳都体现了相似的分布规律，经商商贩人员的收入水平最高，例如上海高达6853元，深圳为6577元；而家政保洁保安收入水平是最低的。从广州市数据来看，交通运输业是收入最高的职业，为6396元。

表4-6　　　　　农业转移人口职业类型与收入水平的交互分析结果　　　单位：元

地区 职业	天津	北京	上海	广州	深圳
负责技术办事人员	4010	5219	5137	3967	4964
经商商贩	4417	5405	6853	3988	6577
餐饮	3323	3327	3929	3863	3903
家政保洁保安	2441	2654	2834	2378	2579
装修	4200	4886	5512	4074	4336
其他商业、服务业人员	3250	3892	3877	3500	4026
生产	3342	3437	3421	3203	3921
运输	4616	5359	5297	6396	5310
建筑	4342	4455	4782	4010	4121
其他生产运输设备操作人员及有关人员	3405	3705	3535	3105	3666
其他	3013	2713	3169	2965	3565

从图4-7农业转移人口就业单位与收入水平的交互分析结果来看，天津市个体工商户的农业转移人口收入最高（4091元），其他就业单位的收入水平基本相等。上海市就业单位之间也呈现出了类似的规律，个体工商户高出其他就业单位。北京市港澳台地区和欧美日韩企业的收入较高，而深圳市私营企业的收入水平相对较高。

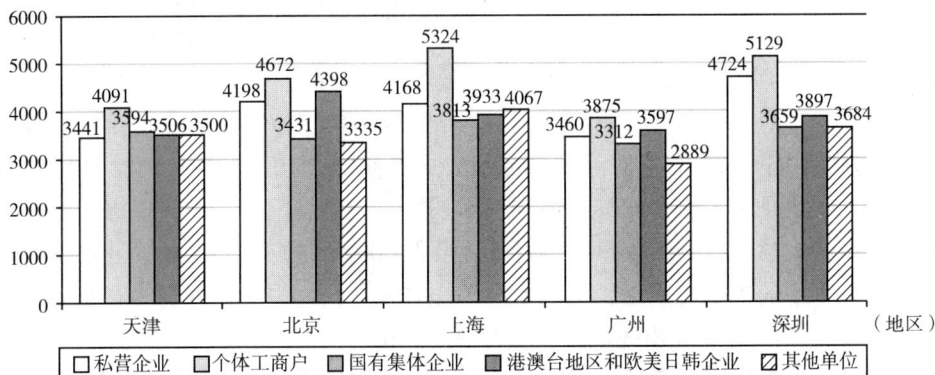

图4-7　农业转移人口就业单位与收入水平的交互分析结果（元）

　　从图4-8农业转移人口就业身份与收入水平的交互分析结果来看，天津市农业转移人口中雇主的收入水平明显较高，为5810元，而自营劳动者和雇员收入较少，仅为4000元和3346元。北、上、广、深四城市也体现了同样的规律。

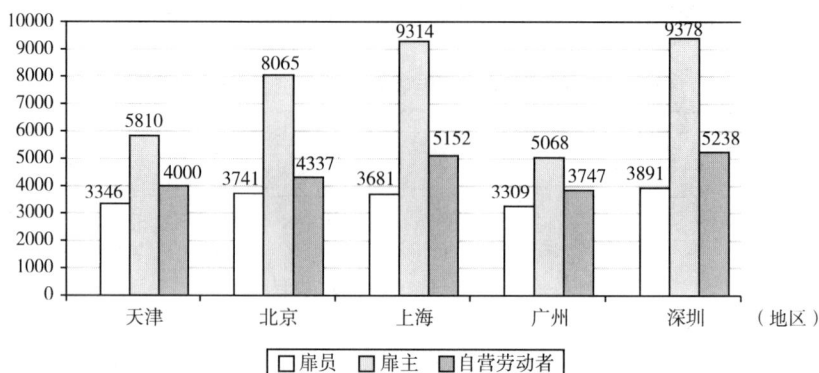

图4-8　农业转移人口就业身份与收入水平的交互分析结果（元）

（二）模型分析结果

　　相关分析结果清楚地显示，本章使用的因变量几乎与所有的自变量之间都存在显著相关的关系。然而，相关关系没有考虑其他因素对因变量与某个自变量之间的干扰和调节作用；在其他条件相同的情况下，显著的相关关系可能消失。换言之，两两变量之间的关系可能不是独立的，而受制于其他因素，即一个因素与另一个因素的关系是通过第三个因素引起的。为探讨主要自变量与因变量之间的独立关系，下面对数据进行模型分析。

　　表4-7农业转移人口收入水平的三个模型分析结果一致表明，"90后"的收入水平明显低于参照组"70前"群体，大约少400元。天津市的样本表明"70前"、"70后"、"80后"的收入水平没有明显差异；但从五城市的综合样本来看，无论普通OLS模型和多层线性模型结果都表明"70后"农业转移人口的收入要显著高于"70前"农业转移人口，大约高出250元。三类模型结果都表明，性别角色是影响农业转移人口收入水平的最为显著因素之一，相比男性农业转移人口，女性农业转移人口的每月收入要低800元左右。教育显然是农业转移人口收入水平的决定性因素，从天津市单样本来看，初中文化程度的农业转移人口收入相比参照水平高出348元，高中高出604元，专科及以上高出1116元。而从五城市综合样本的分析结果来看，初中文化程度高出小学及以下500元，高中高出1000元，专科及以上高出2000元。天津市的样本分析结果表明，流入时

间对收入水平有所影响，但影响程度不大。职业类型是决定农业转移人口收入多少的显性因素，三类模型结果都表明，家政保洁保安、餐饮、生产等职业的收入要明显低于参照组，但建筑、运输等人员的收入水平要高于参照组。从天津市单样本来看，不同就业单位之间的收入水平并没有明显差异，但从五城市的多层线性模型分析结果来看，个体工商户和国家集体企业的收入水平明显低于私营企业，减少近500元。从天津市样本来看，雇主的收入要比雇员多出2000多元；而从五城市的综合样本来看，雇主的收入要比雇员多出近4000元。从城市角度来看，与天津市农业转移人口收入水平相比，北京市高出300多元，上海和深圳高出700多元，但广州少200多元。从城市变量来看，流动人口比重和人均GDP都是影响农业转移人口收入水平的显著因素，但一个是正向的一个是负向的。流动人口每增加1个百分点，他们的收入增加1个百分点；人均GDP每增加1万元，他们的收入降低235元。

表4-7　　　　　　　　农业转移人口收入水平模型分析结果

变　量	OLS 模型（天津）		OLS 模型（五城市）		多层线性模型（五城市）	
	系数	标准误	系数	标准误	系数	标准误
个体特征						
年龄类型						
"70前"（参照组）						
"70后"	51	134	257*	103	253*	102
"80后"	47	137	157	105	149	105
"90后"	-383*	176	-425**	128	-432**	128
性别差异						
男性（参照组）						
女性	-789***	87	-792***	65	-786***	65
教育程度						
小学及以下（参照组）						
初中	348**	131	494***	106	490***	106
高中	604***	162	1050***	124	1046***	124
专科及以上	1116***	229	2172***	152	2166***	152
流入时间						
2000年以前（参照组）						
2001~2005年	297	173	-180	136	-175	136

变　量	OLS 模型（天津）		OLS 模型（五城市）		多层线性模型（五城市）	
	系数	标准误	系数	标准误	系数	标准误
2006～2010 年	77	149	− 281 *	119	− 278 *	119
2011～2014 年	149	150	− 350 **	118	− 346 **	118
职业类型						
负责技术办事人员（参照组）						
经商商贩	− 104	226	183	153	172	153
餐饮	− 592 **	224	− 608 ***	154	− 622 ***	154
家政保洁保安	− 1103 ***	260	− 1050 ***	179	− 1055 ***	179
装修	− 11	279	314	190	303	189
其他商业、服务业人员	− 669 **	221	− 544 ***	134	− 552 ***	134
生产	− 266	207	− 565 ***	138	− 560 ***	138
运输	467	274	511 *	213	510 *	212
建筑	675 **	246	483 *	199	476 *	199
其他生产运输设备操作人员	− 411	230	− 657 ***	172	− 656 ***	171
其他职业	− 638 *	268	− 927 ***	208	− 931 ***	208
单位性质						
私营企业（参照组）						
个体工商户	83	129	− 472 ***	94	− 474 ***	94
国有集体企业	− 38	159	− 427 ***	119	− 432 ***	119
港澳台地区和欧美日韩企业	244	194	− 10	126	8	126
其他单位	− 469 **	158	− 821 ***	135	− 822 ***	134
就业身份						
雇员（参照组）						
雇主	2336 ***	182	3778 ***	136	3788 ***	135
自营劳动者	716 ***	133	978 ***	108	980 ***	108
居住城市						
天津（参照组）						
北京			357 ***	87		
上海			756 ***	83		
广州			− 233	124		

续表

变　量	OLS 模型（天津）		OLS 模型（五城市）		多层线性模型（五城市）	
	系数	标准误	系数	标准误	系数	标准误
深圳			720 ***	130		
城市特征						
流动人口比重					48 ***	6
人均 GDP					− 235 ***	40
截距	4179 ***	286	435	215	5341 ***	360
Random-effects Parameters						
sd（cons）					71	44
sd（Residual）					4078	22
个体样本量	4722		17913		17913	
城市样本量					5	
Prob > chi2（F）	0. 0000		0. 0000		0. 0000	
Adj R-squared	0. 1037		0. 1176			

注：$* p < 0.05$；$** p < 0.01$；$*** p < 0.001$。

三、改善就业状况、提高收入水平的建议与措施

提高农业转移人口就业能力，完善职业化发展，是改善他们就业状况，提高收入水平的根本方向和主体内容。王宇涛等（2008）指出，只有顺利完成农业转移人口职业化，才可以从根本上避免他们在"候鸟"式就业中产生的诸多问题，完成彻底转移。农业转移人口职业化是现代经济社会发展的必然要求，其程度和状况如何，对于城乡统筹和新型城镇化建设都具有举足轻重的意义。

农业转移人口职业化是指我国现代化过程中，借助产业化和信息化的推动，使农业转移人口从身份、地位、生产和生活方式、价值观、应得权利与应尽义务等体现其内在素质和外在资格的特征向城市技术工人转化的社会和经济过程，也是实现社会变迁的进步过程。从过程的运行状态看，其特征主要表现为内在与外在的有机统一，除了居住地变化、户籍转变、权益保障、职业转化这些"外部特性"，其本质在于"内部特性"的转变，也就是其自身职业能力、行为方式、认知观念、社会参与等内涵方面向市民化发展的转变，以期与市民无本质差别。Beam（1990）指出，当职业化落实到个体，职业化需遵循一定标准，也就是一

系列内化了的专业信念、价值观、行为标准和从业实践的规范。从人力资源管理角度来看，职业化由内而外至少包括三个层次：一是职业素养，即职业人员应当具备的职业意识、职业道德品质特征与基本素质特征；二是职业技能，指专业技能与专业知识；三是职业过程中的职业行为规范和行为操作标准。职业化的内涵具体是指作为从业人员，无论是知识、技能，还是观念、思维、态度和心理上都必须符合职业规范和标准。农业转移人口职业化，仅靠自身力量是万万难以完成的，迫切需要政府、社会、企业等主体的共同努力。

（一）政府做好管理服务工作

农业转移人口就业状况的改善和收入水平的提高涉及面广、管理难度大，应该重点依靠政府来完成顶层设计、制度变革、政策扶持、财政支持。

1. 户籍制度改革。农业转移人口职业化程度低、工资收入少的根本原因之一是劳动力市场分割，正如定量分析结果显示，转移人口绝大多数只能在生产、建筑、家政、保洁、保安等就业环境差、劳动强度大、收入水平低的非正式劳动力市场就业，造成这一分割的重要障碍就是城乡差别、区域差别的户籍制度。而破解之道就是户籍制度改革：进一步调整户口迁移政策，统一城乡户口登记制度，取消农业户口与非农业户口性质区分和由此衍生的蓝印户口等户口类型，全面实施居住证制度，体现户籍制度的人口登记管理功能。坚持因地制宜、区别对待；充分考虑当地经济社会发展水平、城市综合承载能力和提供基本公共服务的能力，实施差别化落户政策。尊重城乡居民自主定居意愿，依法保障农业转移人口及其他常住人口的合法权益。立足基本国情，积极稳妥推进，优先解决存量，有序引导增量，合理引导农业转移人口落户城镇的预期和选择。改进城区人口500万以上的城市现行落户政策，建立完善积分落户制度。根据综合承载能力和经济社会发展需要，以具有合法稳定就业和合法稳定住所（含租赁）、参加城镇社会保险年限、连续居住年限等为主要指标，合理设置积分分值。按照总量控制、公开透明、有序办理、公平公正的原则，达到规定分值的流动人口本人及其共同居住生活的配偶、未成年子女、父母等，可以在当地申请登记常住户口（国务院关于进一步推进户籍制度改革的意见，2014）。

2. 落实职业证书制度。职业资格证书制度是国际上通行的一种对技术技能人才的资格进行认证的重要制度，是我国确定的一项旨在全面提高劳动者素质的重要政策，是发展劳动力市场、促进职业培训和实现就业的重要手段；它是指按照国家制定的职业标准，通过政府认定的考核鉴定机构，对劳动者的能力水平进行客观公正、科学规范的评价和鉴定，对合格者授予相应的国家职业资格证书

（黄曦，2011）。国家职业资格证书分为初级五级、中级四级、高级三级、技师二级、高级技师一级。根据《劳动法》和《职业教育法》的有关规定，对从事技术复杂、通用性广、涉及国家财产、人民生命安全和消费者利益的劳动者，必须经过培训，并取得职业资格证书后，方可就业上岗。职业资格证书作为职业能力水平的凭证和市场就业通行证已经得到国家和社会的普遍认可，特别是对农业转移人口具有十分重要的意义。建议有关部门继续完善职业资格证书和技能鉴定制度，建立公平、公正的考核和证书发放制度，健全农业转移人口职业技能鉴定体系，确保转移人口获取职业资格证书的权威性和有效性。

3. 加强就业管理和服务。各地区人力社保部门及有关单位要结合当地农村转移劳动力的就业特点，加强对形势的分析和研判，根据趋势变化采取有针对性的措施，提高管理与服务的质量和效果。要依托乡镇、街道、社区等基层公共就业服务平台，深入本地农村、社区和各类用人单位，开展求职招聘信息的集中采集活动，准确收集农村进城务工人员的求职需求和企业节后用工需求，为完善工作实施方案、增强活动实效打好基础。人力社保部门及有关单位要将劳动者和用人单位的有效对接作为"春风行动"的重点内容，多渠道、多方式提供服务。一是开展专场招聘会。组织有特色的招聘活动，有针对性地帮助进城求职的农村劳动者尽快实现就业。二是开展送信息、送岗位活动。充分利用信息网络、平面媒体、移动通讯等手段，广泛发布各种就业服务、政策法律信息，为农村劳动者提供更便捷服务。三是开展重点服务。要把贫困乡镇、村有转移就业需求的农村劳动者作为帮扶重点，送政策、送岗位下乡到村，使他们都能及时获得有针对性的政策信息和就业服务，促进他们转移就业。四是开展跨区域劳务合作。做好跨区域劳务合作的组织协调工作，完善工作机制，通过举办跨区域劳务招聘会的方式，促进输出地、输入地之间的劳务合作和供需对接。人力社保部门及有关单位要结合经济结构调整、产业梯度转移和推进城镇化进程，服务本地发展县域经济、开展社会主义新农村建设的用人需求，突出工作重点，完善和落实就业扶持政策。加强与企业的联系，及时了解对转移就业劳动者的技能需求，组织开展定向、订单式职业技能培训，落实培训补贴，并帮助符合条件的企业落实社保补贴、岗位补贴等就业扶持政策。要通过落实各项就业创业扶持政策促进农村劳动者就地就近就业，特别是落实创业扶持政策，积极提供创业政策咨询、创业培训、项目推介、开业指导、场地安排等服务，根据政策规定，落实创业培训补贴、场租费补贴、社保和岗位补贴等，帮助有创业愿望的农村劳动者和其他类型创业者实现成功创业和健康发展（天津市"春风行动"工作实施方案，2015）。

4. 财政和资金支持。一是以政府投入为主，坚持多渠道筹措资金，积极利用资源整合、金融、税收等方式支持转移人口职业能力建设。二是组织相关专家与学者进行调研，对职业能力建设起步晚、发展速度较慢的地区给予财政倾斜；摸清投入少、见效快的行业和企业，投入专项资金，扶持职业工人技能提升。三是对积极开展员工培训的企业、积极参加职业能力培训的员工进行财政补贴。四是对知识文化程度较高、职业发展潜力较大、专业技术精湛的员工给予专项补贴；对在技术改进、工艺进步、仪器操作、发明专利等方面做出突出贡献的一线员工给予补贴，等等。以天津市为例来看，天津市财政局和人力社保局根据《天津市失业保险条例》、《财政部、人社部关于进一步加强就业专项资金管理有关问题的通知》、《天津市人民政府关于实施百万技能人才培训福利计划的意见》等有关规定，采取政府购买服务的方式，对开展职业培训、职业技能鉴定、职业技能竞赛活动，开发"职业培训包"及其数字化网络教学资源和公共实训机构建设运行等给予资金补贴（见资料4-1）。

资料4-1 天津市职业培训补贴办法

第五条 职业技能培训补贴，包括培训费补贴、鉴定费补贴、职工培训津贴、生活费补贴、实习补贴。

第六条 企业新型学徒制补贴。对推行"企校双制、工学一体"培养模式，开展新型学徒的企业和培训机构给予补贴，补贴办法依据《人社部办公厅、财政部办公厅关于开展企业新型学徒制试点工作的通知》执行。

第七条 定向培训补贴。各类人员参加定向培训合格，6个月内实现就业并签订一年以上劳动合同的，培训机构可享受定向培训补贴。企业新入职职工，与企业签订6个月以上期限劳动合同，在劳动合同签订之日起6个月内参加定向培训合格的，培训机构可享受定向培训补贴。

第八条 继续教育培训和学历职称提升补贴。用人单位组织在职职工参加继续教育培训和学历职称提升培训的，在足额使用职工教育培训经费基础上，给予用人单位不超过其上年度缴纳失业保险费总额（含职工缴费部分）的1/2。

第九条 专项职业能力培训补贴。公共实训机构开展《专项职业能力目录》内项目培训，经鉴定合格的，给予100%的培训费补贴。企业组织职工参加脱产、半脱产专项职业能力培训，鉴定合格的，给予培训津贴，企业和职工各享受50%；企业职工利用业余时间自行参加培训，鉴定合格的，培训津贴全额发放给职工个人。普通高校（非职业院校）学生、失业人员和农村劳动力参加专项职业能力全日制培训，鉴定合格的，根据国家职业标准规定的课时给予生活费补贴，补贴发放给个人。

第十条　创业培训补贴。对参加创业培训并取得结业证书的，按取得证书人数给予创业培训机构培训费补贴。对参加培训后半年内成功创业的，按照成功创业人数再给予创业培训机构创业成功补贴。对已成功创业人员参加改善和扩大企业培训并取得培训结业证书的，按取得证书人数给予创业培训机构培训费补贴。

（资料来源：http://www.bh.gov.cn/html/RSJ/GGL21872/2015 – 12 – 01/Detail_888459.htm。）

（二）推进农业转移人口的"大众创业、万众创新"

农业转移人口有3亿以上（包括已经转出和将来可能转移的），人力资源转化为人力资本的潜力巨大，但就业总量压力较大，结构性矛盾凸显。前文模型结果已经表明，私营企业、个体工商户等创业人员的就业状况较好，收入水平较高。因此，推进农业转移人口"大众创业、万众创新"，对于通过创业增加收入，让更多的转移人口富起来，促进收入分配结构调整，实现创新支持创业、创业带动就业的良性互动发展，是农业转移人口发展的动力之源，也是富民之道、公平之计、强国之策。

进一步转变政府职能，增加公共产品和服务供给，为农业转移人口创业者提供更多机会。支持各地结合实际放宽新注册企业场所登记条件限制，推动"一址多照"、集群注册等住所登记改革，为转移人口在不同区域创业创新提供便利的工商登记服务。把创业精神培育和创业素质教育纳入职业教育体系，实现转移人口创业教育和培训制度化、体系化。加强创业创新知识普及教育，使"大众创业、万众创新"深入人心。加强创业导师队伍建设，提高创业服务水平。引导和鼓励成功创业者、知名企业家、天使和创业投资人、专家学者等担任兼职创业导师，为转移人口提供包括创业方案、创业渠道等创业辅导。打造农业转移人口创业创新公共服务平台，加强创业创新信息资源整合，建立创业政策集中发布平台，完善专业化、网络化服务体系，增强创业创新信息透明度。鼓励开展各类针对农业转移人口、外来人口的公益讲坛、创业论坛、创业培训等活动，丰富创业平台形式和内容。充分发挥企业的创新主体作用，鼓励和支持有条件的大型企业发展创业平台、投资小微企业等，支持企业内外部创业者创业，增强企业创业创新活力。为创业失败的转移人口再创业建立必要的指导和援助机制，不断增强他们的创业信心和创业能力。鼓励有条件的地方出台各具特色的支持政策，积极盘活闲置的商业用房、工业厂房、企业库房、物流设施和家庭住所、租赁房等资源，为转移人口创业者提供低成本办公场所和居住条件（见资料4 - 2）。

资料 4 - 2　天津外来工纷纷创业自当"老板"

"我不甘心总是给别人打工，也要有自己的事业。"近日，接受《工人日报》记者采访时，天津澳利矿产有限公司总经理王保平高兴地说。多年前，王保平从山东省乐陵市初入天津市打拼时，干过搬运工、司机、业务员、码头调度，无论身处何种岗位，他都像"拼命三郎"一样。后来，他凭着扎实的工作在物流行业小有名气。不久，他被一家物流企业高薪挖走，迅速让这家企业扭亏为盈。"我就是要干点事业，让别人看看我们外来工也能行。"王保平最终选择了创业，成立了自己的物流公司，自己担任经理。他的商业才华得以充分施展，不但从物流中获得财富，还进军矿产行业，成立天津澳利矿产有限公司，赚回数亿元资产，带动数百人就业。

与王保平相仿，海滦纺织装饰有限公司董事长关洪昌也是这样，他早年离开乐陵市投奔远在天津市的两个兄长，从事沙发外修这样的小行当。刚开始，只能每天站在码头招揽生意，由于影响市容，他曾被管理人员追赶了十多里路。但是，每当他拿到一单生意时，总是全力做到极致，这种踏实与认真，让关洪昌赢得客户的口碑，客户反而成了他的推销员，凭借金字招牌，关洪昌逐渐将产品打入各大市政工程，依靠窗帘、桌布赢来一个个百万级订单。

2001 年，15 岁的毕海银来到天津开发区闯荡，跟亲戚一起进了一家保洁公司，后来成长为领班，手下管理着 30 名保洁员。2006 年，毕海银做出了创业选择，开公司做清洁。后来他发现，一些高档住宅业主需要更为规范的家政服务，2014 年底又成立了东方蜜蜂家政服务公司，公司员工如今已发展到几十人。他说，如果资金允许，打算开连锁公司，在京津冀发展。

李育珊是一个为了给妹妹挣学费而来到天津新区打工的河北妹子。她告诉记者，刚到大港的时候，自己在迎宾街一家文印店打工，一干就是十年。李育珊回忆说，当时很多农民工兄弟想买个土特产、小日用品等，却没处去买，这让她萌生了开超市创业的想法。李育珊创业的意愿得到了家里人的支持。没过多久，父亲和姑姑来到大港，带来从村里人手里借来的 3 万多元钱，作为创业的启动资金。就这样，李育珊靠着努力和吃苦，将第一家超市开得红红火火。随后的几年间，李育珊又尝试着开了几家分店，百瑞达超市的连锁布局由此展开。2009 年初，大港区团委的工作人员找到李育珊，希望借助她的连锁超市为大学生和社会青年创业、就业搭建平台。达成合作意向后，百瑞达当年就以直营和连锁加盟的方式新开了近 20 家超市。

新区支持外来工创业。"滨海新区积极探索支持外来工创业，日前制定并出台了自主创业小额担保贷款政策，帮助各类创业者在新区将梦想转化为现实，今后，在滨海新区创业将有免息资金保障。"滨海新区发展和改革委员会相关负责同志介绍说。

对大多数普通外来建设者而言，普遍学历低、起点低，创业之前尤其需要接触企业，了解行业。记者在走访调查中发现，目前新区外来建设者的创业领域主要是服务行业，包括服装销售、餐饮娱乐、出租汽车、食品销售、货运、商贸等。不断壮大的外来建设者创业队伍，正成为助推新区生活服务业和民营经济发展的重要新生力量。政策针对在滨海新区注册、经营的创业个人及群体，辅助政策专门用于支持首次创业及扩大经营范围的创业者。对申请人规定，可以是持有滨海新区居住证的，这意味着以后在新区的外地人也可申请贷款。

在滨海新区由民政部推行的青年外来工融入城市社区试点——向阳街办，目前已有部分外来建设者通过政府提供的免费培训学到了一技之长，为创业找到方向和定位。目前，该街办正在建设完善全国首个外来建设者信息平台，该平台将建立外来建设基本数据库，对外来建设的个人信息及服务需求进行分类登记造册，实现青年农业转移人口信息数据库建设的系统化，进行统一管理，有组织地落实好各项针对性服务举措。更重要的是，外来建设者可以在该网络平台上进行信息交流，分享创业的经验。

（资料来源：中工网，http：//job. workercn. cn/316/201509/03/150903085659745. shtml。）

（三）企业是促进农业转移人口职业化的核心主体

1. 搭建职工成长成才平台。首先，加强日常工作的管理，采取更为合理、有效的管理和组织办法，加强日常工作的规范性和条理性；强化劳动纪律、转变劳动作风、提高劳动效率；加强对设备、设施、工具、护具、仪器、仪表等的维护和维修；强化品质观念和工作责任心。其次，突出培训再教育工作。把职工的职业技术培训纳入企业发展规划和经费支出中，有效保障职工的培训权利；并采取多种方式，如日常培训、周末培训、夜校培训、高级技师带徒、讲座研讨会、集中学习班、职业技能竞赛等，提高员工的技术技能。再次，加强合作与交流工作。采取"走出去"和"引进来"的策略，一方面鼓励员工多参加国内外学校、协会、企业组织的各种技能培训班、技术讨论会、产品展示会等，开阔眼界、扩展思维；另一方面，把职业技术好、生产经验丰富、有威望有权威的人才引进企业中，进行传、帮、带，力争培养一个人，带动一大片，加速青年技能人才的成长。正如天津力神大学，他们通过建立健全职业培训体系，开展与大中专院校、企业、权威培训咨询机构的合作，有效提高了员工职业技能（见资料4－3）。

资料4－3 天津力神电池股份有限公司人才培养机制

随着公司的快速发展，为满足对专业人才培养的迫切需要，公司顺应发展于2007年建立了专门的培训部门——力神大学，并逐步形成内部大学培训体系。目前力神大学拥有工作人员5人，内部培训讲师（兼职）134人，拥有占地面积600平方米的专属培训中心，拥有设备、功能齐全的培训教室6间，可同时容纳500人同时学习。

作为人才开发与培养的职能部门，力神大学每年广泛开展各级管理者培训和员工技能培训，培训类别涉及领导力、管理、生产、研发、技术、质量、设备等方面，培训对象涵盖公司领导、中层干部、基层管理人员、现场生产人员等全体员工。力神大学每年组织培训500余次，累计培训课时6000小时，累计培训人次近30000人，人均培训课时20小时。

力神大学已经与大中专院校、企业大学、权威培训咨询机构等建立了长期合作关系，开展各种形式的合作项目，如联合办学、委托培养、人才定制、博士后工作站合作、学术交流与项目合作等。

2014年，力神大学依据力神公司整体规划及战略目标组织开展了各层级系列培训，不断完善公司三级培训体系建设。其中，针对基层员工开展了《现场管理者技能培训》、《金牌班组长》、《特种设备操作资格证》等培训；针对中层管理者开展了《项目管理》、《团队建设》、《工厂环境与安全管理》、《青年干部培训班》等课程；组织2014年应届生进行为期三周的入司培训。

（资料来源：http：//www.lishen.com.cn/comcontent_detail_job/&i=12&comCon-ten-tId=12.html。）

2. 发挥激励导向作用。第一，物质激励。首先，提高转移人口的基本工资，使工资增长速度能够跟得上经济社会发展水平和物价上涨水平；其次，增加技术员工的奖金额度，确保奖励政策向生产一线岗位、重点突出岗位、艰苦危险岗位倾斜，使技术职工在薪酬福利方面有明显的改善和提高；再次，给在管理组织、生产技术、制造工艺、发明专利等方面做出突出贡献的职工的薪酬奖励和物质激励；最后，使用股权、期权、分红等方式激励员工的工作热情和工作干劲。第二，精神激励。提高员工在企业中的社会地位，给予高级技工、高级技师等技术人才相当于中层领导的待遇；给予"首席工人""高级技术人才"企业高层领导的待遇和地位。加大宣传奖励力度，在先进党员、劳动奖章、技术先进、突出贡献奖等方面给予倾斜和照顾。

（四）职业教育是提高农业转移人口工作技能的关键因素

作为教育体系中不可缺少的重要部分，职业教育在中国现阶段更具有特殊的意义，它是实现农村剩余劳动力转移和推进农村城镇化建设的重要举措。应提高各级政府、各职能部门和广大人民群众对职业教育重要性的认识，认识到职业教育是国民经济和和谐社会建设的重要基础；推进职业教育改革与发展是促进农业转移人口生产率提高、发展我国经济，特别是制造业国际竞争力的重要途径，是我国现阶段促进劳动就业和再就业的重要手段。其中的重点是改革职业教育课程设计，确立以职业能力为本位的教学课程体系，更加突出"专业基础课＋专业技术课＋实践课"模式的与时俱进性，减少文化课的数量和考核，减轻专业理论知识的难度，提高专业技术的时代性和现代化，使课程学习紧跟国内外最新的生产技术和生产工艺。加强实践操作能力，增加学生在实验室、实习基地、制造车间等实习、操作场所的时间和课程，使理论基础和专业技术在实践中有机结合和相互促进，推进职教员工职业技能的不断进步。

校企合作培训农业转移人口，实施"现代学徒制"。现代学徒制有利于充分发挥学校和企业的优势和长处，产生"1加1大于2"甚至是"1＋1＝11"的效果，对于专业技术人才的培养具有良好的效果和极高的效率。一是招工与招生一体化。招生和招工的紧密结合更有利于技术人才的选拔和录取，也更有利于拓宽技术技能人才培养和成长通道。二是课程内容与产业需求对接。学校专业设置、教学内容、教学过程与企业的技术水平、生产进程、产品设计等相结合，有利于产教融合、工学结合，有利于加强学生的实践操作能力，也有利于增加工人的理论知识。三是校企共建师资队伍。学校教师、博士硕士导师与企业首席工人、技术先进能手等师资力量的合并与合作，能够最大限度地增加教学力量，推动职业教育体系和劳动就业体系互动发展，构建现代学徒制培养体系，全面提升技术技能人才的培养能力和水平（见资料4-4）。

资料4-4　天津现代职业技术学院探索现代学徒制经验分析

走进天津海河教育园区天津现代职业技术学院的精密机械专业的教室，每个工位上都有一个身着白色工作服，头戴工作帽，脚蹬防尘鞋套的"工人"在聚精会神地安装手表机芯，这些机芯是由300多个细小的零件所组成，整个工艺过程复杂精细。"工人"们时而拿起工具安装零件，时而戴上专用仪器检测性能参数，如果不是亲眼目睹，很难相信这是在校学生在如此熟练地装配构造极其复杂的手表机芯。是什么样的培养模式让这些只有十几岁的学生能够在上学期间就具备这样的职业素质？答案是现代学徒制。

手表及精密机械领域是天津确定的未来轻纺工业重点发展的九大领域之一，天津海鸥手表公司有五十多年的发展历史，是新中国首块手表的诞生地，雄厚的技术基础，现已成为集手表机芯的研发、生产、组装、销售于一体的手表生产基地。天津现代职业技术学院是国家骨干校建设单位，具有典型的行业办学特色，是我国仅有的一所具有手表制作人才培养能力的高职院校，与天津海鸥手表公司属于同一集团有限公司，从 2006 年联合申报"精密机械技术"专业开始，便建立有长期稳定的校企合作关系。经过 3 年的实践，天津现代职业学院与海鸥手表公司现代学徒制合作的成效非常显著，学院不仅为企业输送了大批的高技能人才，而且自身专业建设方面也取得了突破性的成效。

（资料来源：http://www.zgxzw.com/news/html/190691.html。）

（五）农业转移人口自身

一是增强主动学习意识。正如前文分析所述，很多转移人口往往安于现状、随大流、不思进取等，这也是制约他们职业技能提升的关键因素之一；针对这些现状，职工自身应不断加强主动学习意识和终身学习意识。二是掌握新知识新技能。在工业化、现代化、信息化、互联网＋时代，知识、技术、工艺、装备、设施等一切与先进行业相关的内容都加快了更新速度和更新周期，"眨眼工夫就落后了一个时代"，产业工人需要更加努力、更加勤奋、更加有效的接受新思维、更新新思路、学习新知识，掌握新技能。三是实践操作能力。每一名转移人口都应把实践操作能力作为在社会上生存的第一要素，要根据自身的特点、兴趣、社会需求和企业的发展，有计划、有目标的熟练掌握一门或几门实践操作技术。

心理素质是人的所有素质中最容易产生危机的一部分。人的心理素质一旦潜藏危机，就会对个体的发展产生影响，甚至造成难以预料的后果。在国内由于心理教育开展的时间不长，社会的认可度不够。转移人口中的一部分人难免存在一些心理问题，因此，在培养转移人口的心理素质方面更应该加大力度。一要培养转移人口成就动机，使转移人口懂得人人都可能成功；引导转移人口正确认识自我，找准定位，不断创造自我。二要在工作中保持自信乐观的态度，情绪稳定、意志坚定、努力工作、积极进取，理性辨别诱因，积极地看待挫折，辩证地对待得失。三要培养情绪控制能力，理智看待社会中的各种不公平现象，特别是对各种歧视外地人的现象保持理智，既不能表现过激，甚至产生冲突；也要有理有据有节地维护自己的权益。

　　本章小结：就业是民生之本，收入是民生之基。农业转移人口背井离乡、拖家带口、远涉千里，就是为了实现产业的转变、就业的改善和收入的提高。本章使用流动人口监测调查数据，并结合政府政策、新闻调查、人物访谈等多种资料，分析天津、北京、上海、广州、深圳等五城市农业转移人口的就业状况和收入特征，并使用 OLS 模型、多层线性模型等计量统计方法，探讨影响转移人口收入水平的个体特征、职业类型、城市特征等多元因素，针对这些影响因素，提出了政府主导、社会参与、企业负责、个体努力等有针对性的建议与措施。但安居才能乐业，农业转移人口的住房状况和居住情况也是他们市民化进程中最为重要的一个方面，这将是下一章重点关注的问题。

第五章 农业转移人口住房与居住

甘其食，美其服，安其居，乐其俗。

——《老子》

衣食住行是人的基本需求，住房作为劳动力再生产最基本的消费资料和物质保障，被广泛确认为现代公民的基本权利。《世界人权宣言》、《经济、社会和文化权利国际公约》和《联合国可持续发展二十一世纪议程》都将获得适当住房确定为个人的基本权利，强调安全和健康的住房对个人身心发展及社会经济福祉的重要性，倡导各国向其居民提供适当住房（熊景维，2013）。"住有所居"自古以来就是中国百姓的期盼和愿望。《老子》第八十章讲到："民各甘其食，美其服，安其居，乐其俗"。十八大报告中强调，要多谋民生之利，多解民生之忧，解决好人民最关心最直接最现实的利益问题，在学有所教、劳有所得、病有所医、老有所养、住有所居上持续取得新进展，努力让人民过上更好生活。"安居"以后才能"乐业"，稳定的住房、舒适的居住条件是亿万人民开展生产、生活的基础和保障（李华香、陈志光，2013）。住房既是承载人口的基本场所，也是经济发展的产物，构成了城市的基本景观。而如果没有房屋遮挡风雨、适当休息，则亿万居民不可能进行有利的工作与生产，国家经济和社会生活则不可能得到进步和发展。因此，为人民创造更好的居住条件成为新一届党中央为之奋斗的重要目标之一。

农业转移人口是我国城镇化过程的特殊群体，他们在为城市建设和发展做出重要贡献后，理应得到公正的回报。改善进城农业转移人口的居住状况，为他们城市住房需求的满足提供支持，使农业转移人口群体"住有所居"、"安居乐业"，是尊重和保障公民基本生存和发展权利的体现。城镇住房是农业转移人口市民化的必须要素，同时又是最棘手、最难解决的问题，从这个意义上说，住房问题是农业转移人口市民化的核心和关键，直接决定了我国城镇化的速度、质量和成败。本章描述农业转移人口住房与居住的基本状况，研究影响农业转移人口住房支出水平的多元因素，并结合理论研究、政策研究、文献研究，探索改善农业转移人口居住状况，提高农业转移人口居住水平的对策与措施。

一、住房居住的现状与特征

目前农业转移人口在城镇的居住条件，可以用"恶劣"来作为概括。除了极少数进城经商的农业转移人口在城镇购买了住房之外，绝大部分农业转移人口在城镇都没有自己的住房。农业转移人口的居住方式基本是两种：一种是租住民房，包括城中村房、车库、楼梯间、地下室等；另一种是住集体宿舍，包括工厂宿舍、简易工棚、打烊后的门店内等。2014年流动人口监测调查数据表明，天津市农业转移人口主要是租房居住，其中，租住私房的有63.5%，租住单位雇主房的有7.2%，单位雇主提供免费住房的占13%，在天津市已购商品房的有11.8%。分析数据同时表明，天津市农业转移人口能够居住廉租房、公租房的比例很少，分别只有0.1%和0.2%。相比北、上、广、深四城市，天津市已购商品房的比例是最高的。

表5-1　　　　　　　　　　　　农业转移人口住房类型　　　　　　　　　单位:%

	天津	北京	上海	广州	深圳
租住单位/雇主房	7.2	9.8	3.4	7.0	6.8
租住私房	63.5	66.9	79.3	73.0	82.4
政府提供廉租房	0.1	0.0	0.0	0.0	0.1
政府提供公租房	0.2	0.0	0.6	0.0	0.0
单位/雇主提供免费住房	13.0	13.2	4.8	9.9	2.9
已购政策性保障房	0.2	0.2	0.0	0.0	0.1
已购商品房	11.8	5.5	7.6	5.6	5.0
借住房	0.7	1.6	2.0	0.7	0.3
就业场所	2.0	1.7	1.2	3.1	0.2
自建房	0.7	0.4	0.2	0.2	2.1
其他非正规居所	0.7	0.7	0.9	0.7	0.1

2014年流动人口监测调查数据表明，天津市农业转移人口每月居住花费800元，而北京市在五城市中最高，达1100元左右；深圳市也较高，有1046元。上海市和广州市的住房消费分别为894元和865元，相差不大。

住房可支付能力是指特定收入水平的居民，在其所在区域的住房市场中，租赁或购置一套满足社会合理标准的住房在经济上的可承受能力；测量住房可支付能力,最广泛采用的方法是收入比例法,即通过房租(或房价)占个人(或家庭)支出和收入的比重来测量居民对住房消费的承受能力(熊景维,2013)。2014年流动人口动态监测调查数据表明,从住房支出占总支出和总收入的比重来看,北京市的最高,住房支出占总支出的比重接近1/3,占总收入的比重也接近1/5。天津市的住房支出也相对较高,住房支出占总支出的比重接近30%,占总收入的比重也接近15%。住房支出所占比重较低的是上海市,占总支出的比重仅为1/4左右,占总收入的比重仅为12.7%。

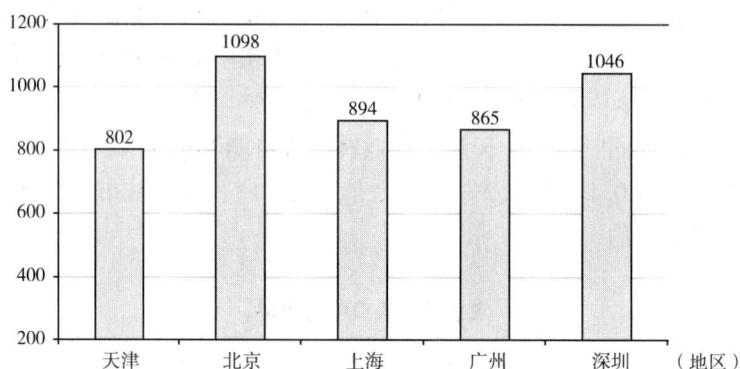

图5-1 农业转移人口住房支出(元)

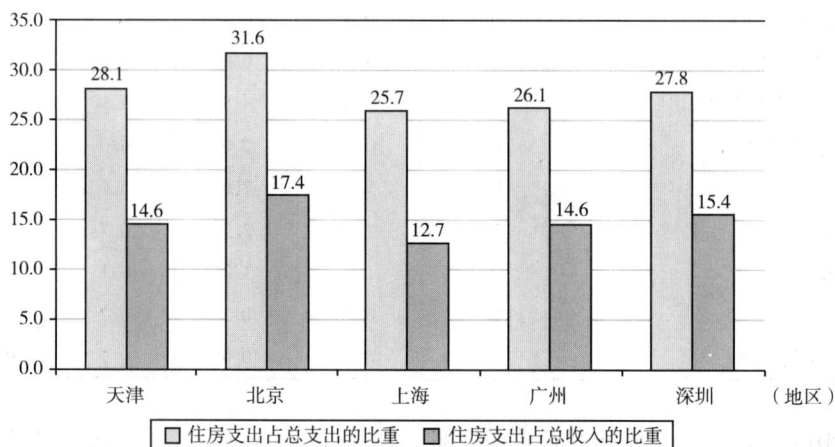

图5-2 农业转移人口住房支出所占比重(%)

二、住房居住的影响因素分析

农业转移人口的住房与居住问题是他们市民化的最为关键因素，没有"安居"，就没有"乐业"和"融合"。但影响转移家庭居住类型和住房支出的因素有很多，本节重点关注转移人口的代际差异、教育程度、流入时间、家庭规模、职业类型、单位属性、就业身份、家庭收入等因素对其住房类型和住房支出的影响机制和作用程度。由于篇幅限制，本章只展示住房支出的交互分析结果。

（一）住房支出的双变量分析结果

天津市农业转移人口住房支出随年龄变化差异不大，最低是"90后"，有724元，最高的是"70后"，为827元。北、上、广、深都体现出同样的规律性，"80后"和"70后"住房支出较高，其次是"70后"人员，最低的是"90后"。其中以深圳市差异最大，"80后"达1189元，而"90后"仅为765元，两者相差400多元。

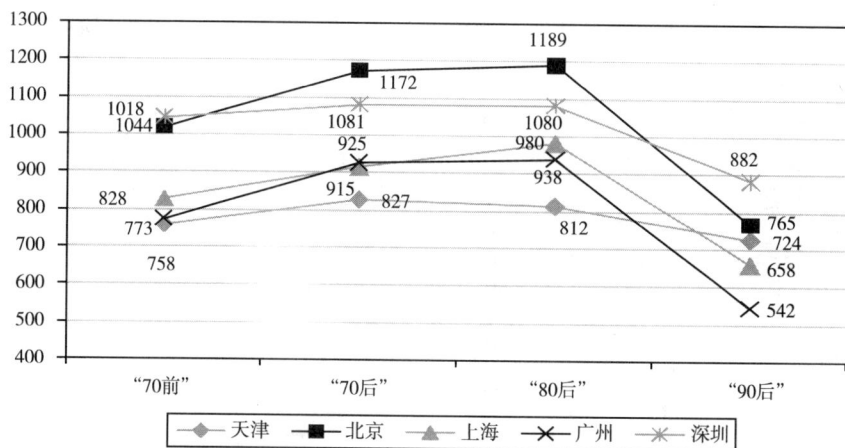

图 5-3　农业转移人口年龄差异与住房支出的交互分析结果（元）

调查数据表明，天津市农业转移人口住房支出随着教育程度的差异发生变化。小学及以下和初中文化程度的住房支出相差不大，约700多元，但高中人群上升到近1000元，专科及以上住房花费达到1300元。结果还表明，深圳市农业转移人口住房支出受教育因素影响的程度最小，不同教育程度的住房支出相差较小。上海市农业转移人口住房支出受教育因素的影响程度最大，小学及以下文化程度的农业转移家庭住房支出仅为 655 元，而初中为 745 元，高中为 1167 元，专科及以上为 1822 元。

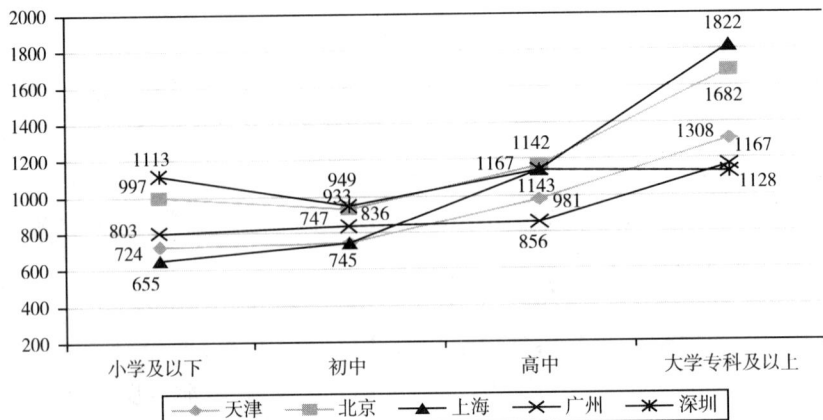

图 5-4　农业转移人口教育程度与住房支出的交互分析结果（元）

北京、天津、上海、深圳的数据都表明，流入时间与住房支出之间呈现正向相关关系，流入时间越长，住房支出越高；流入时间越短，住房支出越短。以天津市为例来看，2000 年以前流入人群住房支出为 993 元，2001～2005 年人群为 902 元，2006～2010 年人群为 826 元，2011 年以后人群为 707 元，呈现逐次降低规律。比较例外的是广州市，早期进入的人群住房支出较低，反而后期进入的人群住房支出较高。

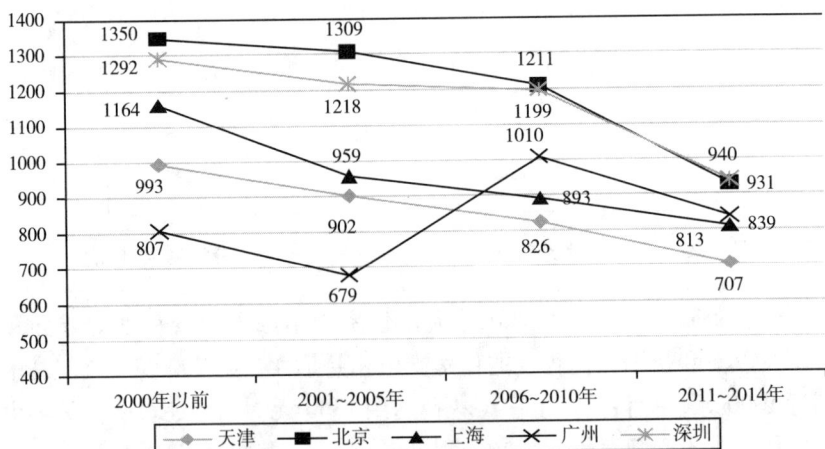

图 5-5　农业转移人口流入时间与住房支出的交互分析结果（元）

2014 年流动人口监测调查数据表明，北、上、广、深四城市的住房支出与家庭规模之间呈现显著的正向相关关系。以北京市为例来看，1 人家庭住房支出仅为 679 元，2 人家庭为 1091 元，3 人家庭为 1173 元，4 人及以上家庭为 1248 元。但天津市稍有差别，同样是 1 人家庭住房支出最少，但 2 人及以上家庭的住房支出相差不大，甚至有所波动。

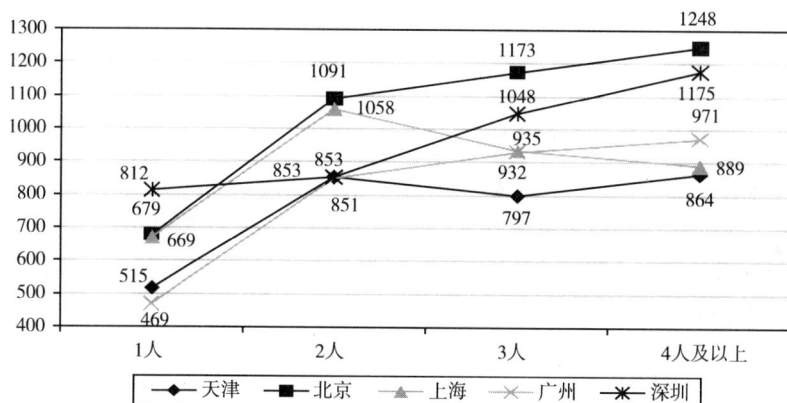

图 5 - 6　农业转移人口家庭规模与住房支出的交互分析结果（元）

2014 年流动人口监测调查数据表明，天津市经商商贩的住房支出是最高，其次是负责技术办事人员和餐饮业人员，较低的是生产、建筑人员。北、上、广、深的数据表明，北京市建筑人员的住房支出要明显高于其他城市，而上海市经商商贩的住房支出是所有人群中最高的，深圳市运输人员的住房支出相对较高。

表 5 - 2　　　　农业转移人口职业类型与住房支出的交互分析结果　　　　单位：元

职业 ＼ 地区	天津	北京	上海	广州	深圳
负责技术办事人员	995	1328	1283	727	1015
经商商贩	1121	1433	1743	1224	1636
餐饮	955	1164	967	1035	1274
家政保洁保安	601	671	598	527	650
装修	706	704	731	927	823
其他商业、服务业人员	920	1105	976	1059	1034
生产	453	468	433	400	603
运输	666	736	773	861	1019
建筑	546	1121	626	909	620

续表

职业 \ 地区	天津	北京	上海	广州	深圳
其他生产运输设备操作人员及有关人员	540	628	492	479	838
其他职业	470	1014	574	802	742
没有工作	785	1025	940	804	919

图 5-7 农业转移人口就业单位与住房支出的交互分析结果表明,天津市个体工商户工作人员住房支出最多,每月有 1000 元;其次是国有集体单位,有 800 多元;最低的是私营企业人员,每月住房支出为 500 多元。北、上、广、深四城市的数据分析也表明,住房支出最高的是个体工商户人员,其他单位人员的住房支出相差不大。

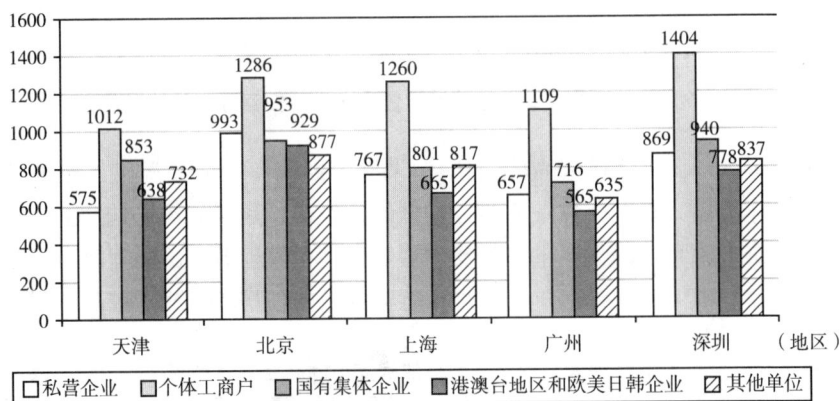

图 5-7 农业转移人口就业单位与住房支出的交互分析结果(元)

图 5-8 农业转移人口就业身份与住房支出的交互分析结果表明,天津市雇主身份的人员每月住房支出最高,达 1300 元,其次是自营劳动者,为 1000 元左右,雇员的支出仅有 600 元。北、上、广、深四城市也体现了类似的结果,而上海市雇主与雇员之间的居住差异最大,两者支出相差 1500 元。

2014 年流动人口监测调查数据表明,五城市农业转移人口家庭收入与住房支出之间呈现出极为明显的正向相关关系,特别是当家庭收入超过 1 万元以后,家庭住房支出也会有显著的增加。以北京市为例来看,家庭收入为 7001~10000 元的住房支出为 1500 元,而家庭收入为 10000 元以上的住房支出增加 1000 多元。

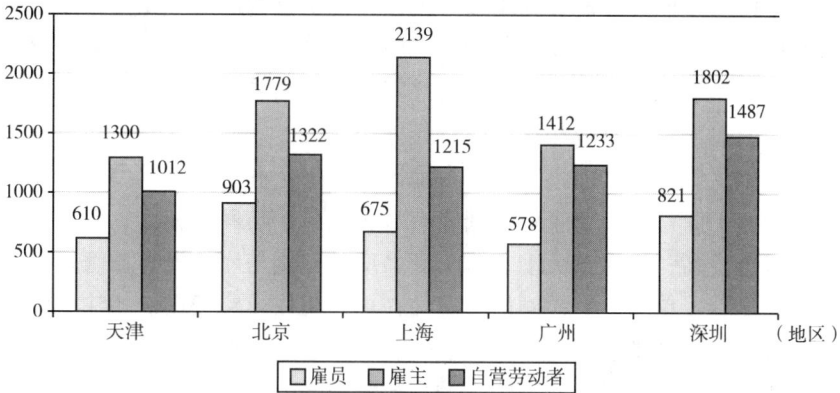

图 5 - 8 农业转移人口就业身份与住房支出的交互分析结果（元）

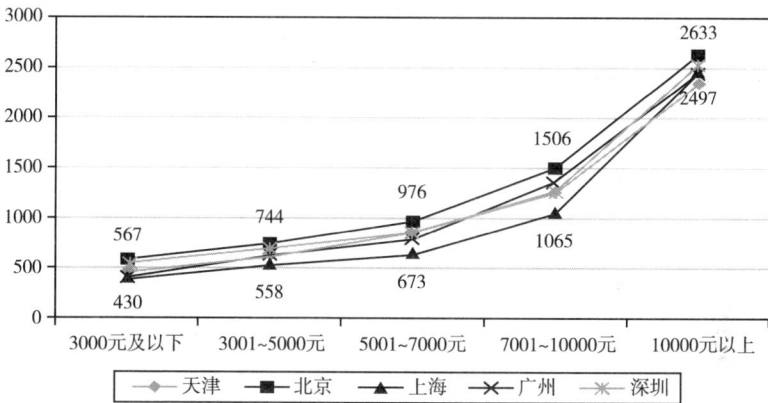

图 5 - 9 农业转移人口家庭收入与住房支出的交互分析结果（元）

（二）住房类型模型分析结果

表 5 - 3 天津市农业转移人口家庭住房类型多项 Logit 模型分析结果表明，与"70 前"人群相比，"80 后"选择租住单位雇主住房或选择免费住房的概率要显著降低，但"90 后"人群选择单位雇主提供的免费住房的概率要明显升高，是参照组的近 2 倍。在控制了其他因素以后，教育程度是影响农业转移人口租房与买房的显著因素，教育程度越高，农业转移人口购买商品房的比例越高；而教育程度越低，农业转移人口租房居住的比例越高。流入时间也是影响农业转移人口住房类型的显著因素，流入时间越长，农业转移人口购买商品房的比例越高；而流入时间越短，农业转移人口租房居住的比例越高。模型分析结果还显示，生产

人员租住单位雇主房的比例要高于参照组，无论是花费还是不花费；而建筑职业
工作人员居住在单位雇主提供的免费住房中比例是所有职业中最高的；较高的还
有餐饮人员。从租住私房与购买商品房之间的比较来看，单位负责技术人员购房
比例是最高的。与私营企业相比，国有集体企业人员居住在单位免费住房和购买
商品房的比例显著升高；而港、澳、台地区和外资企业居住在单位住房的比例显
著下降；个体工商户和私营企业之间没有显著差异。与雇员相比，雇主购买商品
房的比例显著增高；但自营劳动者购买商品房的比例与雇员没有显著差别。模型
结果进一步显示，单人家庭更倾向于居住在单位租住或免费提供的住房中，而一
旦成为两人家庭，结婚、夫妻二人一起或者子女随迁，都促使农业转移家庭转向
租住私房或购买商品房。从家庭收入的影响结果来看，当天津市农业转移人口家
庭月收入在 7000 元以上时，他们购买商品房的概率显著增加。

表 5 - 3 　　　　天津市农业转移家庭住房类型多项 logit 模型分析结果
（选项"租住私房"作为参照组）

变　量	租住单位/雇主房		单位/雇主提供免费住房		已购商品房		其他住房情况	
	系数	标准误	系数	标准误	系数	标准误	系数	标准误
年龄类型								
"70 前"（参照组）								
"70 后"	-0.14	0.18	-0.28	0.18	0.06	0.16	-0.40	0.22
"80 后"	-0.40*	0.20	-0.39*	0.18	-0.30	0.17	-0.29	0.23
"90 后"	-0.04	0.25	0.37	0.21	-0.23	0.23	0.42	0.29
教育程度								
小学及以下（参照组）								
初中	-0.14	0.17	-0.29	0.16	0.38*	0.18	-0.07	0.21
高中	-0.37	0.24	0.01	0.20	1.20***	0.21	-0.22	0.29
专科及以上	-0.53	0.39	-0.34	0.30	2.11***	0.25	0.22	0.38
流入时间								
2000 年以前（参照组）								
2001~2005 年	-0.59**	0.22	-0.96**	0.28	-0.75***	0.16	-0.57*	0.28
2006~2010 年	-1.01***	0.19	-0.50*	0.22	-1.22***	0.15	-0.72**	0.24
2011~2014 年	-0.89***	0.19	0.09	0.21	-1.69***	0.16	-0.57*	0.23

续表

变　量	租住单位/雇主房		单位/雇主提供免费住房		已购商品房		其他住房情况	
	系数	标准误	系数	标准误	系数	标准误	系数	标准误
职业类型								
负责技术办事人员（参照组）								
经商商贩	-0.12	0.36	-0.75	0.42	-0.36	0.25	0.18	0.42
餐饮	-0.24	0.34	0.46	0.26	-1.10***	0.29	-0.39	0.45
家政保洁保安	-0.55	0.39	-0.43	0.31	-1.00**	0.34	-0.58	0.47
装修	-0.63	0.49	-0.44	0.41	-0.86*	0.36	-0.05	0.55
其他商业、服务业人员	-0.52	0.36	-0.39	0.29	-0.18	0.23	0.30	0.39
生产	0.71*	0.30	0.62**	0.24	-0.98***	0.25	-0.75	0.43
运输	-2.05**	0.77	-1.09*	0.45	-0.34	0.29	-2.17*	1.06
建筑	-1.64*	0.66	1.18***	0.28	-0.46	0.34	1.32**	0.39
其他生产运输设备人员	0.40	0.33	0.58*	0.26	-0.54*	0.26	-1.25*	0.53
其他职业	0.47	0.38	-0.92*	0.41	-1.27**	0.40	0.78	0.42
没有工作	-0.84*	0.36	-1.95***	0.36	-0.19	0.24	0.06	0.40
单位性质								
私营企业（参照组）								
个体工商户	0.20	0.19	-0.03	0.16	-0.30	0.18	-0.69	0.27
国有集体企业	0.43	0.23	0.72***	0.17	0.91***	0.19	1.65***	0.24
港澳台地区和欧美日韩企业	-0.37	0.27	-0.72**	0.22	0.66**	0.24	-0.34	0.54
其他单位	-0.50	0.30	0.34	0.21	-0.73**	0.24	-0.82**	0.29
就业身份								
雇员（参照组）								
雇主	-0.73*	0.31	-2.92***	0.73	0.63**	0.21	0.29	0.36
自营劳动者	-1.01***	0.22	-3.68***	0.47	0.22	0.18	0.32	0.25
家庭规模								
1人（参照组）								
2人	-0.95**	0.32	-1.14***	0.23	1.06**	0.38	0.38	0.35
3人	-0.65**	0.21	-0.82***	0.16	1.03**	0.34	0.22	0.29
4人及以上	-0.44	0.23	-0.65***	0.19	1.13**	0.35	0.44	0.31

续表

变 量	租住单位/雇主房		单位/雇主提供免费住房		已购商品房		其他住房情况	
	系数	标准误	系数	标准误	系数	标准误	系数	标准误
家庭收入								
3000 元及以下（参照组）								
3001 ~ 5000 元	-0.47**	0.16	-0.20	0.14	0.01	0.19	-0.59**	0.18
5001 ~ 7000 元	-0.64***	0.18	-0.78***	0.17	0.18	0.20	-1.57***	0.24
7001 ~ 10000 元	-0.69**	0.25	-0.16	0.20	1.04***	0.20	-1.11***	0.31
10000 元以上	0.88**	0.31	0.55	0.41	1.42***	0.26	-0.30	0.40
截距	0.23	0.42	0.18	0.37	-2.01***	0.45	-1.38**	0.51
Number of obs	5180							
LR chi2 (132)	2400.93							
Prob > chi2	0.0000							
Pseudo R^2	0.2042							

注：$^*p < 0.05$；$^{**}p < 0.01$；$^{***}p < 0.001$。

表 5-4 五城市农业转移家庭住房类型多项 logit 模型分析结果表明，与"70前"人群相比，"80后"选择租住单位雇主住房或选择免费住房的概率要显著降低；但"90后"人群选择单位雇主提供的免费住房的概率要明显升高，是参照组的近两倍。在控制了其他因素以后，五城市数据同样表明教育程度是影响农业转移人口租房与买房的显著因素，教育程度越高，农业转移人口购买商品房的比例越高；而教育程度越低，农业转移人口租房居住的比例越高。流入时间也是影响农业转移人口住房类型的显著因素，流入时间越长，农业转移人口购买商品房的比例越高；而流入时间越短，农业转移人口租房居住的比例越高。模型分析结果还显示，与参照组（负责技术办事人员）相比，生产人员和家政保洁保安人员购买商品房的比例显著降低；而餐饮、生产、建筑行业的工作人员居住在集体宿舍、工厂厂房等免费住房的比例要显著升高；装修人员和运输人员租住私房的比例要相对较高。五城市的大样本分析结果表明，在国有集体所有制单位、港澳台单位和外资单位工作的人员购买商品房的比例显著增加；而相比与其他企业租住私房的比例，国有集体单位的人员租住或免费居住在单位住房的比例更高。五城市的模型数据一致显示，雇主购买商品房的比例要显著高于雇员和自营劳动者。计量模型结果进一步验证了我们的认识，家庭规模显著影响住房类型，1人家庭更多地是租住在单位宿舍中，而两人以上家庭更多选择租住私房和购买商品

房。家庭收入自然是与家庭住房类型息息相关，北、上、广、深、津五个一线城市的数据表明，当家庭收入超过 3000 元以后，转移家庭才会考虑租住私房居住，而当家庭收入超过 5000 元以后，转移家庭才可能考虑购买商品房，而只有超过 7000 元，转移家庭购买商品房的比例才会显著增加。从城市差异来看，天津市农业转移家庭购买商品房的比例显著高于其他城市，这可能与天津市之前实行的蓝印户口等政策有关。

表 5-4　　　五城市农业转移家庭住房类型多项 logit 模型分析结果
（选项"租住私房"作为参照组）

变　　量	租住单位/雇主房		单位/雇主提供免费住房		已购商品房		其他住房情况	
	系数	标准误	系数	标准误	系数	标准误	系数	标准误
年龄类型								
"70 前"（参照组）								
"70 后"	-0.18	0.10	-0.29 **	0.10	-0.02	0.09	-0.17	0.11
"80 后"	-0.30 **	0.10	-0.38 ***	0.10	-0.68 ***	0.10	-0.17	0.11
"90 后"	-0.20	0.13	0.12	0.12	-0.70 ***	0.15	0.11	0.15
教育程度								
小学及以下（参照组）								
初中	-0.05	0.10	-0.04	0.10	0.52 ***	0.12	-0.03	0.11
高中	0.06	0.12	0.12	0.11	1.54 ***	0.13	0.05	0.13
专科及以上	-0.41 **	0.15	-0.30 *	0.15	2.17 ***	0.15	0.28	0.17
流入时间								
2000 年以前（参照组）								
2001~2005 年	-0.44 ***	0.12	-0.29	0.16	-0.57 ***	0.10	-0.45 **	0.14
2006~2010 年	-0.62 ***	0.11	-0.12	0.13	-0.87 ***	0.09	-0.51 ***	0.12
2011~2014 年	-0.73 ***	0.11	0.14	0.13	-1.56 ***	0.10	-0.33 **	0.12
职业类型								
负责技术办事人员（参照组）								
经商商贩	0.04	0.15	-0.70 **	0.24	0.16	0.14	0.16	0.19
餐饮	0.26	0.14	0.89 ***	0.13	-0.32	0.17	-0.08	0.21
家政保洁保安	-0.16	0.17	0.36 *	0.15	-0.70 **	0.23	0.17	0.22
装修	-0.75 ***	0.21	-1.07 ***	0.25	-0.39	0.21	-0.49	0.26

续表

变　　量	租住单位/雇主房		单位/雇主提供免费住房		已购商品房		其他住房情况	
	系数	标准误	系数	标准误	系数	标准误	系数	标准误
其他商业、服务业人员	−0.02	0.12	0.03	0.12	0.01	0.12	0.20	0.17
生产	0.19	0.13	0.59 ***	0.12	−0.93 ***	0.15	−0.58 **	0.21
运输	−1.10 ***	0.29	−1.11 ***	0.32	0.02	0.19	−0.18	0.28
建筑	−0.85 **	0.28	1.29 ***	0.15	−0.17	0.22	1.06 ***	0.20
其他生产运输设备人员	−0.06	0.17	0.74 ***	0.14	−0.58 **	0.18	−0.26	0.25
其他职业	0.05	0.21	−0.50 *	0.24	−0.23	0.23	1.13 ***	0.20
没有工作	−0.93 ***	0.16	−1.62 ***	0.19	0.50 ***	0.13	0.37 *	0.18
单位性质								
私营企业（参照组）								
个体工商户	−0.09	0.09	−0.08	0.08	−0.53 ***	0.11	−0.15	0.12
国有集体企业	0.22 *	0.11	0.54 ***	0.09	0.50 ***	0.12	0.69 ***	0.13
港澳台地区和欧美日韩企业	−0.37 **	0.13	−0.72 ***	0.12	0.46 ***	0.13	−0.51 *	0.23
其他单位	−0.47 **	0.16	−0.05	0.14	−0.83 ***	0.16	0.11	0.14
就业身份								
雇员（参照组）								
雇主	−0.64 ***	0.15	−2.28 ***	0.33	0.70 ***	0.12	0.48 **	0.15
自营劳动者	−0.89 ***	0.12	−3.23 ***	0.27	0.03	0.12	0.38 **	0.12
家庭规模								
1 人（参照组）								
2 人	−0.67 ***	0.13	−0.62 ***	0.12	0.82 ***	0.21	0.31 *	0.16
3 人	−0.55 ***	0.10	−0.41 ***	0.09	1.03 ***	0.19	−0.03	0.14
4 人及以上	−0.60 ***	0.11	−0.28 **	0.10	0.97 ***	0.19	0.24	0.14
家庭收入								
3000 元及以下（参照组）								
3001~5000 元	−0.19 *	0.09	−0.55 ***	0.07	0.08	0.15	−0.40 ***	0.11
5001~7000 元	−0.28 **	0.10	−1.17 ***	0.09	0.34 *	0.15	−0.50 ***	0.12
7001~10000 元	−0.13	0.11	−0.99 ***	0.11	1.28 ***	0.15	−0.30 *	0.13
10000 元以上	0.18	0.15	−1.34 ***	0.23	2.11 ***	0.16	0.00	0.15

续表

变　量	租住单位/雇主房		单位/雇主提供免费住房		已购商品房		其他住房情况	
	系数	标准误	系数	标准误	系数	标准误	系数	标准误
居住城市								
天津（参照组）								
北京	0.13	0.08	-0.06	0.07	-1.71***	0.09	-0.12	0.10
上海	-1.15***	0.09	-1.31***	0.08	-1.37***	0.08	-0.12	0.10
广州	-0.23	0.12	-0.40***	0.11	-1.15***	0.13	-0.09	0.14
深圳	-0.42***	0.12	-1.74***	0.17	-1.89***	0.14	-0.69***	0.17
截距	-0.25	0.21	-0.31	0.21	-2.47***	0.27	-2.26***	0.26
Number of obs					20077			
LR chi2 (132)					7167.41			
Prob > chi2					0.0000			
Pseudo R²					0.1817			

注：* p < 0.05；** p < 0.01；*** p < 0.001。

（三）住房消费水平模型分析结果

表5-5天津市农业转移家庭住房支出模型分析结果表明，"80后"和"70后"的住房支出要稍高于参照组，"90后"和参照组没有显著差异。而从五城市的多层模型结果来看，只有"80后"高出参照组约40元，其他参照组之间没有显著差异。在控制了其他因素以后，小学及以下文化程度人群的住房支出与初中文化程度人群之间没有显著差异。但从高中开始农业转移人口的住房支出明显增长，天津市单样本表明，高中相比参照组增加125元，而专科及以上增加近400元。数据分析也显示，2005年以前流入的人群之间住房支出没有明显差异，但2006年及以后人群的住房支出会有所降低。职业类型是影响农业转移人口居住支出的最为显著因素之一，生产、运输、装修等职业的工作人员其住房支出相对较低。而从天津市就业单位来看，国有、集体单位和港澳台地区、外资企业的职工住房支出较多一些。天津市模型分析结果还显示，雇主和自营劳动者的住房支出都要高于雇员。三类模型结果都显示，在控制其他因素以后，家庭规模并不是影响住房支出的显著因素，双变量分析结果显示的家庭规模与住房支出的相关关系应当受制于教育、职业、家庭收入等因素。家庭收入显然是影响住房支出的最为显著因素之一，特别是超过1万元以后，住房支出会显著增加。

表 5－5　　　　　　　　　农业转移家庭住房支出模型分析结果

变　　量	OLS 模型（天津）		OLS 模型（五城市）		多层线性模型（五城市）	
	系数	标准误	系数	标准误	系数	标准误
个体特征						
年龄类型						
"70 前"（参照组）						
"70 后"	82 *	36	37	23	37	23
"80 后"	92 *	37	41	24	41	24
"90 后"	39	50	－22	31	－21	31
教育程度						
小学及以下（参照组）						
初中	3	34	36	23	37	23
高中	125 **	43	213 ***	28	214 ***	28
专科及以上	384 ***	61	545 ***	35	547 ***	35
流入时间						
2000 年以前（参照组）						
2001～2005 年	－69	45	－59	31	－59	31
2006～2010 年	－132 **	39	－94 ***	27	－95 ***	27
2011～2014 年	－186 ***	40	－137 ***	27	－138 ***	27
职业类型						
负责技术办事人员（参照组）						
经商商贩	46	63	150 ***	36	151 ***	36
餐饮	57	64	132 ***	38	133 ***	38
家政保洁保安	－134	72	－60	43	－60	43
装修	－202 **	76	－200 ***	44	－198 ***	44
其他商业、服务业人员	25	62	106 **	32	107 **	32
生产	－277 ***	59	－233 ***	33	－235 ***	33
运输	－245 **	75	－165 **	49	－166 **	49
建筑	－186 *	79	－112 *	53	－113 *	53
其他生产运输设备操作人员	－225 **	65	－193 ***	41	－195 ***	41
其他职业	－272 ***	75	－114 *	50	－114 *	50
没有工作	42	64	127 ***	35	127 ***	35

续表

变　　量	OLS 模型（天津）		OLS 模型（五城市）		多层线性模型（五城市）	
	系数	标准误	系数	标准误	系数	标准误
单位性质						
私营企业（参照组）						
个体工商户						
国有集体企业	53	36	1	23	1	23
港澳台地区和欧美日韩企业	142 **	50	20	30	20	30
其他单位	− 3	45	− 116 ***	32	− 117 ***	32
就业身份						
雇员（参照组）						
雇主	265 ***	49	460 ***	32	460 ***	32
自营劳动者	194 ***	36	289 ***	25	289 ***	25
家庭规模						
1 人（参照组）						
2 人	99	58	26	3	27	32
3 人	− 4	47	14	26	14	26
4 人及以上	− 19	50	14	28	14	28
家庭收入						
3000 元及以下（参照组）						
3001～5000 元	160 ***	33	132 ***	23	131 ***	23
5001～7000 元	317 ***	36	285 ***	25	284 ***	25
7001～10000 元	719 ***	43	637 ***	27	636 ***	27
10000 元以上	1645 ***	67	1713 ***	34	1711 ***	34
居住城市						
天津（参照组）						
北京			70 **	20		
上海			− 29	19		
广州			− 32	28		
深圳			27	28		
城市特征						
流动人口比重					2	2

变 量	OLS 模型（天津）		OLS 模型（五城市）		多层线性模型（五城市）	
	系数	标准误	系数	标准误	系数	标准误
人均 GDP					－10	14
截距	487 ***	86	400 ***	53	440 ***	115
Random-effects Parameters						
sd（cons）						
sd（Residual）						
个体样本量	3919		16690		16690	
城市样本量					5	
Prob > F	0.0000		0.0000		0.0000	
Adj R-squared	0.3138		0.3249			

注：＊p < 0.05；＊＊p < 0.01；＊＊＊p < 0.001。

表 5－6 农业转移家庭住房支出占总支出比重的模型分析结果表明，"70 前"和"70 后"的住房支出占总支出比重没有显著差异，而"80 后"支出比重比参照组低 1.6 个百分点，"90 后"的支出比重比参照组低 2.6 个百分点。从计量数据的分析结果来看，转移人口的受教育程度与住房支出占总支出的比重之间存在显著的负向相关关系，教育程度越高，住房支出比重越低；教育程度越低，住房支出比重越高。从北、上、广、深、津五城市的多层模型分析结果来看，相比小学文化程度的参照组，初中住房支出比较降低 1 个百分点，高中降低 4 个百分点，专科及以上降低 8 个百分点。五城市的多样本分析模型显示，在控制了其他因素以后，流入时间并不显著影响农业转移家庭的住房支出比重。从职业类型的住房支出比重差异来看，与参照组相比，经商、商贩和服务业就业人员的住房支出比重较大，而生产、装修、建筑、装修等就业人员的住房支出比重较小。从单位性质来看，多层模型结果显示，国有集体单位、港澳台企业和外资企业的住房支出比重与参照组私营企业之间没有显著差别，但在个体工商户工作的转移人口其住房支出比重要增加 1.3 个百分点。由于就业身份不同，对住房的类型和住房的性能要求不同，转移家庭的住房支出比重也显著不同；与参照组雇员相比，雇主和自营劳动者要多支出 5 个百分点。从家庭规模来看，家庭规模越大，相对应的住房支出比重越小，而家庭规模越小，相对应的住房支出比重越大；从具体多层模型的数据来分析，相比参照组 1 人家庭，两人家庭住房支出比重降低 1.4 个百分点，3 人家庭降低 3.0 个百分点，4 人及以上家庭降低 4.5 个百分点。从不

同城市之间的住房差异来看，与参照组天津市相比，居住在北京市的转移家庭其住房支出占总支出的比重要增加1个百分点，而广州市的转移家庭其住房支出占总支出的比重要降低3个百分点，上海市和深圳市的转移家庭其住房支出占总支出的比重分别降低1.5个百分点和1.2个百分点。

表5-6　　农业转移家庭住房支出占总支出比重的模型分析结果

变量	OLS 模型（天津）		OLS 模型（五城市）		多层线性模型（五城市）	
	系数	标准误	系数	标准误	系数	标准误
个体特征						
年龄类型						
"70 前"（参照组）						
"70 后"	0.014	0.008	-0.006	0.004	-0.006	0.004
"80 后"	0.009	0.008	-0.016 ***	0.004	-0.016 ***	0.004
"90 后"	0.001	0.011	-0.026 ***	0.005	-0.026 ***	0.005
教育程度						
小学及以下（参照组）						
初中	-0.001	0.007	0.012 **	0.004	0.012 **	0.004
高中	0.040 ***	0.009	0.041 ***	0.004	0.041 ***	0.004
专科及以上	0.070 ***	0.013	0.081 ***	0.006	0.081 ***	0.006
流入时间						
2000 年以前（参照组）						
2001~2005 年	-0.001	0.010	-0.005	0.005	-0.005	0.005
2006~2010 年	-0.009	0.009	-0.002	0.004	-0.002	0.004
2011~2014 年	-0.024 **	0.009	-0.008	0.004	-0.008	0.004
职业类型						
负责技术办事人员（参照组）						
经商商贩	0.031 *	0.014	0.026 ***	0.006	0.026 ***	0.006
餐饮	0.046 **	0.014	0.044 ***	0.006	0.044 ***	0.006
家政保洁保安	-0.019	0.016	-0.005	0.007	-0.005	0.007
装修	-0.019	0.017	-0.039 ***	0.007	-0.039 ***	0.007
其他商业、服务业人员	0.007	0.014	0.017 **	0.005	0.017 **	0.005
生产	-0.081 ***	0.013	-0.062 ***	0.005	-0.062 ***	0.005

变 量	OLS 模型（天津）		OLS 模型（五城市）		多层线性模型（五城市）	
	系数	标准误	系数	标准误	系数	标准误
运输	-0.049 **	0.017	-0.044 ***	0.008	-0.044 ***	0.008
建筑	0.016	0.017	-0.022 **	0.009	-0.022 **	0.009
其他生产运输设备人员	-0.054 ***	0.014	-0.045 ***	0.007	-0.046 ***	0.007
其他职业	-0.048 **	0.016	-0.034 ***	0.008	-0.034 ***	0.008
没有工作	-0.017	0.014	-0.002	0.006	-0.002	0.006
单位性质						
私营企业（参照组）						
个体工商户	-0.014	0.008	0.013 **	0.004	0.013 **	0.004
国有集体企业	-0.003	0.011	-0.003	0.005	-0.003	0.005
港澳台地区和欧美日韩企业	0.010	0.011	-0.007	0.005	-0.007	0.005
其他单位	-0.035 ***	0.010	-0.022 ***	0.005	-0.022 ***	0.005
就业身份						
雇员（参照组）						
雇主	0.037 **	0.011	0.048 ***	0.005	0.048 ***	0.005
自营劳动者	0.043 ***	0.008	0.048 ***	0.004	0.048 ***	0.004
家庭规模						
1 人（参照组）						
2 人	-0.014	0.013	-0.014 **	0.005	-0.014 **	0.005
3 人	-0.037 ***	0.010	-0.031 ***	0.004	-0.030 ***	0.004
4 人及以上	-0.061 ***	0.011	-0.045 ***	0.005	-0.045 ***	0.005
家庭收入						
3000 元及以下（参照组）						
3001～5000 元	-0.021 **	0.007	-0.021 ***	0.004	-0.021 ***	0.004
5001～7000 元	-0.023 **	0.008	-0.025 ***	0.004	-0.025 ***	0.004
7001～10000 元	-0.001	0.009	-0.010 *	0.004	-0.010 *	0.004
10000 元以上	0.003	0.015	0.003	0.006	0.003	0.006
居住城市						
天津（参照组）						
北京			0.010 **	0.003		

续表

变　　量	OLS 模型（天津）		OLS 模型（五城市）		多层线性模型（五城市）	
	系数	标准误	系数	标准误	系数	标准误
上海			− 0.015 ***	0.003		
广州			− 0.029 ***	0.005		
深圳			− 0.012 **	0.005		
城市特征						
流动人口比重					0.010	0.001
人均 GDP					− 0.006	0.004
截距	0.336 ***	0.019	0.314 ***	0.009	0.351 ***	0.030
Random-effects Parameters						
sd（cons）					0.010	0.003
sd（Residual）					0.143	0.001
个体样本量	3919		16690		16690	
城市样本量					5	
Prob >（F）	0.0000		0.0000			
Adj R-squared	0.1441		0.1610			

注：*p < 0.05；**p < 0.01；***p < 0.001。

表5-7农业转移家庭住房支出占总收入比重的多层模型分析结果表明，在控制了城市特征、职业类型、个体属性等因素以后，住房支出占总收入的比重并不因代际差异而发生明显的变化。从计量数据的分析结果来看，转移人口的受教育程度与住房支出占总收入的比重之间存在显著的正向相关关系，教育程度越高，住房支出比重越高；教育程度越低，住房支出比重越低。从北、上、广、深、津五城市的多层模型分析结果来看，相比小学文化程度的参照组，初中住房支出比较增加1个百分点，高中增加4个百分点，专科及以上增加8个百分点。五城市的多层模型结果显示，在控制了其他因素以后，流入时间显著影响农业转移家庭的住房支出占总收入的比重，流入时间越早，住房支出比重越大；流入时间越晚，住房支出比重越小；从具体数值来看，相比参照组2000年以前进入的家庭，2000~2010年的家庭住房支出占总收入的比重降低1个多百分点，2011年及以后流入的家庭降低2个百分点。从职业类型的差异来看，与参照组相比，经商、商贩和服务业就业人员的住房支出占总收入的比重较大，而生产、装修、建筑、装修等就业人员的住房支出比重较小。从单位性质来看，天津模型结果显

示，国有集体单位、港澳台企业和外资企业的住房支出比重显著高于参照组私营企业。由于就业身份不同，对住房的类型和住房的性能要求不同，转移家庭的住房支出占总收入的比重也显著不同；与参照组雇员相比，雇主和自营劳动者要多支出 5 个百分点。三类模型结果一致表明，在控制了其他因素以后，家庭规模并不是影响农业转移家庭住房支出占总收入比重的显著原因。家庭收入是影响住房支出比重的最为显著因素之一，家庭收入越高，住房支出比重越小，家庭收入越低，住房支出比重越大；从具体数值来看，与参照组 3000 元以下相比，3000 ~ 5000 元的降低 5 个百分点，5000 ~ 10000 元降低 7 个百分点，10000 元以上降低 10 个百分点。从不同城市之间的住房差异来看，与参照组天津市相比，居住在北京市的转移家庭其住房支出占总支出的比重要增加 1.5 个百分点，而深圳市的转移家庭其住房支出占总支出的比重要增加 0.9 个百分点。

表 5 - 7　　　　　农业转移家庭住房支出占总收入比重的模型分析结果

变　　　量	OLS 模型（天津）		OLS 模型（五城市）		多层线性模型（五城市）	
	系数	标准误	系数	标准误	系数	标准误
个体特征						
年龄类型						
"70 前"（参照组）						
"70 后"	0.022 **	0.006	0.022 ***	0.006	0.003	0.003
"80 后"	0.018 **	0.006	0.018 **	0.006	0.002	0.003
"90 后"	0.007	0.008	0.007	0.008	- 0.006	0.004
教育程度						
小学及以下（参照组）						
初中	0.001	0.005	0.001	0.005	0.008 *	0.003
高中	0.032 ***	0.007	0.032 ***	0.007	0.036 ***	0.004
专科及以上	0.066 ***	0.010	0.066 ***	0.010	0.072 ***	0.005
流入时间						
2000 年以前（参照组）						
2001 ~ 2005 年	- 0.007	0.007	- 0.007	0.007	- 0.012 **	0.004
2006 ~ 2010 年	- 0.015 *	0.006	- 0.015 *	0.006	- 0.015 ***	0.004
2011 ~ 2014 年	- 0.029 ***	0.006	- 0.029 ***	0.006	- 0.023 ***	0.004

变　　量	OLS 模型（天津）		OLS 模型（五城市）		多层线性模型（五城市）	
	系数	标准误	系数	标准误	系数	标准误
职业类型						
负责技术办事人员（参照组）						
经商商贩	0.012	0.010	0.018 ***	0.005	0.018 ***	0.005
餐饮	0.010	0.010	0.017 **	0.005	0.017 **	0.005
家政保洁保安	−0.017	0.011	−0.007	0.006	−0.007	0.005
装修	−0.021	0.012	−0.030 ***	0.006	−0.030 ***	0.006
其他商业、服务业人员	0.014	0.010	0.016 ***	0.004	0.016 ***	0.004
生产	−0.045 ***	0.009	−0.045 ***	0.005	−0.045 ***	0.005
运输	−0.036 **	0.012	−0.025 ***	0.007	−0.026 ***	0.007
建筑	−0.020	0.012	−0.024 **	0.007	−0.024 **	0.007
其他生产运输设备人员	−0.039 ***	0.010	−0.037 ***	0.006	−0.037 ***	0.006
其他职业	−0.043 ***	0.012	−0.024 **	0.007	−0.024 **	0.007
没有工作	0.013	0.010	0.012 *	0.005	0.012 *	0.005
单位性质						
私营企业（参照组）						
个体工商户	0.007	0.006	0.005	0.003	0.005	0.003
国有集体企业	0.024 **	0.008	0.007	0.004	0.007	0.004
港澳台地区和欧美日韩企业	0.017 *	0.008	−0.001	0.004	−0.001	0.004
其他单位	−0.003	0.007	−0.017 ***	0.004	−0.017 ***	0.004
就业身份						
雇员（参照组）						
雇主	0.040 ***	0.008	0.052 ***	0.005	0.052 ***	0.005
自营劳动者	0.036 ***	0.006	0.047 ***	0.004	0.047 ***	0.004
家庭规模						
1 人（参照组）						
2 人	0.012	0.009	0.004	0.005	0.004	0.005
3 人	−0.005	0.007	0.004	0.004	0.004	0.004
4 人及以上	−0.009	0.008	0.003	0.004	0.003	0.004

变　量	OLS 模型（天津）		OLS 模型（五城市）		多层线性模型（五城市）	
	系数	标准误	系数	标准误	系数	标准误
家庭收入						
3000 元及以下（参照组）						
3001~5000 元	−0.029**	0.005	−0.051***	0.003	−0.051***	0.003
5001~7000 元	−0.048**	0.006	−0.071***	0.004	−0.071***	0.004
7001~10000 元	−0.043	0.007	−0.072*	0.004	−0.072*	0.004
10000 元以上	−0.081***	0.011	−0.099***	0.005	−0.099***	0.005
居住城市						
天津（参照组）						
北京			0.015***	0.003		
上海			−0.004	0.003		
广州			−0.004	0.004		
深圳			0.009*	0.004		
城市特征						
流动人口比重					0.000	0.000
人均 GDP					−0.002	0.003
截距	0.168***	0.014	0.183***	0.007	0.190***	0.021
Random-effects Parameters						
sd（cons）					0.007	0.002
sd（Residual）					0.123	0.001
个体样本量	3919		16690		16690	
城市样本量					5	
Prob >（F）	0.0000		0.0000			
Adj R-squared	0.1517		0.1394			

　　注：*p < 0.05；**p < 0.01；***p < 0.001。

三、国际经验与借鉴

　　多数发达国家在完成工业化与城市化的过程中都经历过住房问题的困扰。在快速城镇化阶段，以农村转移人口为主的中低收入家庭住房问题更是一个重大的社会经济与政治问题。从发达国家已趋于成熟的住房保障体系中不难发现，其对于中低收入群体已探索并形成了多层次、多样化的住房保障方式体系。为此，本文选取了欧洲、美洲和亚洲在住房保障方面最有代表性和典型性的国家英国、德国、美国和新加坡进行分析，对这些国家在中低收入群体住房保障方面的主要实践和做法进行梳理，总结其住房保障政策、方式、资金来源、立法等方面的经验，为我国农业转移人口住房保障的优化提供参考。

（一）美国化解城市低收入群体住房问题的实践

在西方发达经济体中，美国是对住房市场干预最少、住房市场化程度最高的国家。即便如此，美国联邦政府通过公共住房供给政策、住房补贴政策、商品房融资政策为城市低收入家庭提供了多样化的住房支持，成功地应对了困难群体的住房需求，极大地提升了城市经济社会发展的质量和效益（熊景维，2013）。美国在大萧条结束后的1934年就制定了第一部住房保障法案，即《临时住房法案》，该法案为美国公共住房的发展提供了整体性的政策框架。1937年，该法案被修订后的《公共住房法》取代，修订后的住房法案规定了公共住房的融资和建设模式，即由联邦政府出资、地方政府负责建造并管理、向城市贫困家庭低价出租的住房保障体制。在《公共住房法》的推动下，截止1982年，全国共新建公租房130多万套，为400多万低收入者解决了住房问题。在该法案实施期间，政府为补充公租房建设资金的不足，通过低息贷款引导市场资本进入公共住房开发，到1980年共增加此类住房供应160万套。这些举措大大缓解了美国城市中低收入群体的住房短缺状况，改善了他们的住房条件和生存质量（熊景维，2013）。

（二）英国化解转移人口住房问题的实践

英国是工业革命的发源地，也是最早迈上工业化、城市化进程和最早开展公共住房保障的国家。在工业革命的驱动下，圈地运动迫使大量失地农民融入城市，伴随着农村人口大规模转移形成了巨大的住房需求，一时间城市住房短缺问题异常突出，极大地阻碍着英国工业化的进一步发展。为化解人口转移带来的住房压力，英国政府主动介入住房市场、开启了政府承担居民住房保障责任的先河。在19世纪末，英国已经开始出现现代意义上的住房政策。1919年，政府颁布了《住房与城镇规划法》，该法将住房发展归于公共事务，规定新建住房主要应由政府投资建设；同时指出政府有责任向住房困难居民提供公共住房，明确了政府在住房保障和发展方面的法定义务。根据此法，英国确立了以公营住宅为核心的住房政策，其主要内容是由政府投资建设公房，然后以低租金租给居民居住（熊景维，2013）。公租房建设以地方政府为责任主体，中央允许地方以财产税作为建设资金来源。社会建房权收归政府后，政府开始着手大规模兴建公共住房。此外，在伦敦，针对私人租房高价盘剥的现象，政府采用行政手段强制减租，规定出租房房租由政府确定，房主无权自行确定租金。政府建房和房租管制成为英国城市化早期阶段政府化解转移人口住房问题的显著特征。第一次和第二次世界大战的战火都让大量住房化为废墟，英国住房总量在战后出现了较大损失。为弥补战争创伤、安置遗属和无家可归者，政府加大了住房的建设力度，公租房数量快速增长，至第二次世界大战后政府已成为社会出租房的主要提供者。在 1946～1976 年 30 年中，英国地方政府平均每年建造 14 万多套公房，租住对象由最初的低收入户扩展到向所有家庭开放。公共住房计划得到工党和保守党的支持，尤其是工党，在其 1965～1970 年的执政时期，每年的公房新建量几乎都占到全部新建房总量的 50%。1945～1980 年英国住宅总竣工数 1000 多万幢，其中一半左右为政府所建（熊景维，2013）。

（三）德国解决中低收入群体住房问题的做法

第二次世界大战后，由于战争的破坏，德国住房供给严重不足。战争毁坏了西德近 80% 的房屋，使得战后住房出现严重短缺。为解决这一严峻局势，西德政府被迫采取住房配给制度，房屋由政府负责分配，严禁私人出租或售卖。统计资料显示，20 世纪 40 年代西德共有 1700 万个家庭，现有住房仅有 1000 万套。为弥补住房供需的巨大空缺，政府以增加住房的有效供给为目标，开始大规模建设公共住房。1950 年德国政府颁布了《住宅建设法》，以法律条文明确了"社会住房计划"。规定了德国政府有责任向低收入家庭或因宗教信仰及孩子数量多等原因买不起住房的家庭提供公共住房。政府成本租金出租给低收入家庭，租金约为市场租金水平的一半。德国相关法律严格规定了公共住房的建设标准、申请条件、租金水平以及退出机制等内容，对于承租公共住房但已经不符合申请公共住房标准的租户则按照市场租金水平收取。很快，德国的公共住房建设有效缓解了许多低收入家庭的住房问题。据统计，1950 年，德国有一半的人口居住在政府提供的公共住房，1949～1979 年间德国总共建成公共住房 780 万套，接近同期新建住宅总数的一半。

（四）新加坡解决中低收入群体住房问题的做法

新加坡是世界著名的花园城市国家，亦是成功解决住房问题较为典型的国家。其在住房领域大力发展公共"组屋",通过近半个世纪的努力,成功实现了"居者有其屋"。1960 年,建屋发展局成立并负责公共住宅发展与运营管理工作。1964 年开始推行"居者有其屋"计划,由建屋发展局统一规划在国家免费提供的土地上建设"组屋"。20 世纪 90 年代,居住在"组屋"的新加坡人口所占比重保持在大约 86%,到了 2007 年和 2008 年大约有 82% 的新加坡人口居住在政府"组屋"中。

让低收入居民也能拥有住房产权是新加坡住房保障的一大特色。1964 年,政府开启了住房拥有计划(HOS),帮助低收入阶层能够以政府补贴的低价格购买住宅产权。为了解决低收入者住房支付首付款不足的难题,1968 年作为配套的住房公积金制度出台,支持居民使用中央公积金(CPF)支付首付款。1971 年,政府允许居住满 3 年的公共住房以市场价格卖给有资格购买公共住房的居民,公共住房的交易市场随之产生。从 20 世纪 90 年代开始,公共住房上市交易规则进一步放松,私人住宅拥有者也可以购买二手公共住房,在公共住房居住满 5 年的居民则可以使用中央公积金购买私人住宅。住房公积金制度的推行帮助 90% 的居民获得了公共住房产权。这些措施既改善了居民居住环境,也促进了新加坡住房市场的繁荣。由于"居者有其屋"计划和"住房公积金制度"两大福利住房制度的实施,新加坡在短短数十年内解决了房荒问题,有效改善中低收入居民的住房问题,提升了居民住房水平。新加坡政府普惠性的政策思路,有效地推动了政府履行对于中低收入群体的住房保障职责,积累了大量可供借鉴的成功经验。

(五)国外化解城市住房问题的启示

第一,发达国家的实践表明,在城市化加速发展时期,城市住房问题主要表现为住房数量短缺;在此阶段,化解农村转移人口的住房问题应主要靠政府集中兴建公共住房,以低价向低收入者出租(熊景维,2013)。第二,发展住房金融市场,建立健全居民住房融资服务体系,满足包括农业转移人口在内的城市低收入群体购置住房的资金需求。美国发达的金融市场为政府筹集住房保障资金提供了便利,低收入家庭通过政府住房抵押贷款为购房融资,实现了"住有所居"(熊景维,2013)。第三,引导和培育以公共企业、非营利组织为核心的社会力量承接政府保障性住房发展职能,提高公共住房开发运营的专业化程度和效率。美国非营利组织开发的低租金房、英国住房协会提供的社会住房都是两国公共住房保障的重要组成部分。非营利组织在承接政府住房建设管理职能方面发挥了积极作用,在英国,住房协会已成为替代政府实施住房保障的核心(熊景维,

2013）。

四、改善住房环境、提高居住水平的建议与措施

农业转移人口已成为城市发展不可或缺的群体，但安居才能乐业，在农业转移人口市民化的过程中，最重要且难度最大的是农业转移人口在城镇的住房与居住问题。农业转移人口的住房与居住问题，关乎中国特色城镇化发展道路的成败，也是实现社会和谐的重要标志。解决农业转移人口住房问题，有利于促进消费，拉动内需，带动经济发展；有利于缩小城乡居民在住房保障上的差距，促进城乡统筹；能为农村精英阶层，尤其是新生代农业转移人口提供社会地位上升的渠道和机制，促进社会稳定。有利于遏制我国城市"贫民窟"的发展势头，避免出现巴西等发展中国家出现的社会问题，促进城市自身的和谐；有利于遏制农民"一家两地，一家两制"的家庭分离趋势，缓解农村留守儿童和农村老龄化问题，促进农村和谐（金三林，2010）。

（一）农业转移人口城市住房问题的化解必须多元主体共同努力

农业转移人口城市住房与居住问题是一项系统性工程，它牵涉户籍制度改革、土地制度改革、劳动就业制度改革、农业转移人口合法权益维护、农业转移人口子女教育等方面的问题。这些问题如果单独由政府、市场或者企业进行解决都不可能，若由政府完全供给，财政支出成本高、政府负担过重而难以持续；若完全由市场提供，则可能因市场失灵引发供给混乱无序、公平性缺失；若由企业供给住房，势必加大企业的投资成本，降低企业收益，难以切实改善农业转移人口居住条件。因此，农业转移人口住房的供给必须发挥政府、社会、市场、企业以及个人等多方作用，构筑一个协同合作、分担责任的社会化、市场化机制。政府在其中要发挥主导作用，给予政策引导、扶持。一方面政府要结合地方实际，考察农业转移人口的真实意愿和实际需求并纳入城市建设规划，通过在建设、分配、准入和退出环节的科学测算，确保转移人口住房问题的有序、合理推进；另一方面要加大财政投入，供应充足的保障性住房，以满足支付能为不足而产生住房困难的农业转移人口享受到政府提供的公共居住条件。充分发挥市场的功能，调动市场中的资源和多方社会力量，不断扩大住房供给面和拓宽有效供给渠道。鼓励企业履行和承担改善农业转移人口居住条件的社会责任，为转移人口提供集体宿舍、租房补贴等。

（二）"以租为主"是化解当前农业转移人口城市住房问题的现实选择

有很多研究认为，农业转移人口要真正改善住房环境，满足市民化的居住需求，可行的选择只有通过在正规市场上购置房产实现。但这对于绝大多收入较低的农业转移人口来说非常艰难，因为相对商品房市场上高昂的房产价格，农业转移人口的住房可支付能力明显太过低微（熊景维，2013）。本章数据分析结果也进一步验证了该观点，目前，农业转移家庭70%～90%租房居住；家庭收入是影响转移家庭住房类型的最显著因素之一，收入高的家庭可能购买商品房，而收入较低家庭能够购房的可能性还很小。同时，"农业转移人口城市住房"并不是指农业转移人口在城市拥有房产，而是指农业转移人口在城市的各种住房形态，包括通过长期租赁私房、集体宿舍、工棚和棚户区、自有房产等多样化的居住形式。农业转移人口拥有自有住房将是一个长期的目标，但建立相关体制机制，使农业转移人口能够便捷地通过市场或非市场的途径获得与其经济能力相适应、具有宜居性、安全性和能为其自由发展提供支持的租房，则是现阶段应该努力的目标（熊景维，2013）。

首先，在增加低端租房房源供应上，应按照"政府主导、市场运作"的原则，由政府牵头、引导社会力量建设符合农业转移人口特点的租房。政府应在租房建设选址、供地及相关配套设施建设方面予以支持，增强租房建设的市场激励，优化住房建设品质和空间布局，使租房供应基本上切合农业转移人口的实际需求，方便其通勤并节省通勤成本。同时可考虑设立低端住房补贴基金，向缺乏基本住房可支付能力的农业转移人口提供救济。此外，还应充分挖掘城市闲置住房资源的利用效率，鼓励居民利用自有住房向农业转移人口出租。

其次，城市政府在进行城中村改造的过程中，要充分考虑到农业转移人口的租住需求。在改建的新房中，应规定一定比例的住房专门用于向农业转移人口出租，或在原有土地上配建一定数量的农业转移人口公寓，以该群体可承受的较低租金出租。《国务院关于解决城市低收入家庭住房困难的若干意见》也强调，"城中村改造时，要考虑农业转移人口的居住需要，在符合城市规划和土地利用总体规划的前提下，集中建设向农业转移人口出租的集体宿舍"。要采取切实措施，防止城中村改造变相"移花接木"，形成事实上对农业转移人口的排斥和驱逐。

再次，规范租房市场管理，加强对租房市场的法制化调节和租房标准建设。加强租房建设和管理的相关立法，制定租房条件最低标准。加强对市场房租价格的监管，规范私人业主住房租赁行为，保障农业转移人口租户的合法权益。可探行由地方政府对房租价格进行监管，推行低端租房的指导价格，防止房东"乱涨价、乱摊派"对农业转移人口的不合理剥夺，保证低端租房负担在大多数人群的可承受范围内。尽快建立与地区经济发展水平相适应的、保证基本居住需求的最低租房标准，增强租房设施配套和居住质量，提升租房品质。

最后，政府应努力搭建农业转移人口城市租房的信息发布平台，低价或免费向他们提供租房信息服务，减少农业转移人口搜寻房源的中间成本，增加其租房的选择空间。促进租房资源的合理配给，提高住房有效利用率，增加农业转移人口对城市住房的可及性。

（三）适时有序推动将农业转移人口纳入城市住房保障体系

数据分析结果表明，农业转移家庭在一线城市能够获得政策性保障性住房的比例很低，五城市都不足1%；但是，农业转移人口住房问题事关重大，而同时他们又是城市住房困难群体，将他们纳入城市住房保障体系是必然趋势。当前应适经济发展阶段和财力承受能力情况，量力而行，循序渐进地予以推进。国外城市化过程中转移人口住房保障实践表明，在城市化发展的初期阶段，城市新增流动人口的住房主要依靠政府兴建保障性住房、并以低租金出租的方式解决。我们也应以"住房公建"来弥补低收入群体住房支付能力的不足，集中社会资源增加对农业转移人口家庭的住房供给，保障转移人口市民化所需的安居住房条件。针对目前我国城市廉租房仅适用于城市低收入家庭、公共租赁房主要以城市居民为保障对象的制度阻碍，应在财力增长的基础上，打破农业转移人口城市住房和市民住房保障之间的壁垒，推动城市公共租赁房、廉租房向农业转移人口开放，逐步将农业转移人口纳入城市住房保障体系之中。同时政府应加大公共住房建设投资，制定城市公共住房发展规划，兴建符合农业转移人口群体经济特点和满足其基本居住需求的保障性住房，增加对外来人口住房的有效供给。针对以上情况各地采取了很多有益的探索和实践。

重庆市对于农业转移人口城镇住房问题的探索始于1997年，是国内最早关注农业转移人口住房问题的城市。棒棒公寓、阳光公寓等是"重庆模式"的典型代表。这类公寓通过利用和改造城市中的空置楼房和烂尾楼来为农业转移人口提供低价的居住公寓（方蔚琼，2015）。探索利用农村集体建设用地打造农业转移人口公寓的"长沙模式"其典型特征是对农村集体土地用途的一种大胆尝试，通过对郊区农村集体土地的整理和利用来建造农业转移人口集体公寓。"上海模式"的特征是因地制宜，通过整合工业园区内的企业用地集中建造农业转移人口公寓，永盛农业转移人口公寓作为典型代表。主要做法是通过集中工业园区内企业规划为员工建房的土地资源，由政府委托施工方进行集中规划设计、修建集中片区的集体宿舍式公寓（方蔚琼，2015）。

住房公积金模式以"湖州模式"最为典型。2003 年，浙江湖州市率先探索和建立农业转移人口住房公积金制度。鉴于农业转移人口的职业特点和收入情况，湖州市创新采用了低门槛准入、辞工离城随时取、优惠买房贷款、提取支付房租、贴息困难家庭、支持农村建房等人性化的做法，建立符合农业转移人口特点、具有一定灵活性需求的公积金制度（方蔚琼，2015）。

一些地区还采用了农业转移人口住房补贴政策和方式，包括购房补贴和租房补贴两种形式。购房补贴成都为代表，为了鼓励进城务工农村劳动者在城镇购房居住，成都市房产管理局和市财政局 2008 年联合发布了《关于对我市进城务工农村劳动者购房进行补助有关问题的通知》，规定了签订一年上劳动合同的成都市进城务工和自主创业的农村劳动者，首次在成都市五城区和高新区范围内购买建筑面积 90 平方米以下商品住房可以享受政府补助。租房补贴以山东莱芜市为代表，2006 年以来，山东莱芜市针对城市低收入家庭采取了"补人头"的保障方式，通过将政府补贴资金直接兑付给困难群众，构建起以货币直补为主的廉租住房和经济适用住房救助、联动和退出机制（方蔚琼，2015）。

（四）探索和完善农业转移人口宅基地、承包地与其城市住房的衔接置换办法

应进一步探索和开发农业转移人口的土地权益对其市民化过程的支撑性功能，建立农业转移人口城市购房与农村住房退出相衔接的体制机制，进行制度创新，形成多渠道化解农业转移人口城市住房瓶颈的制度合力。宅基地及其住房是农民最主要的财产形式，但这一财产在向城市转移的过程中难以变现并进而成为农业转移人口市民化的物质支撑。根据现行政策，农村宅基地住房不能抵押，也不能向本集体以外的成员出售。这种体制羁绊造成一方面宅基地住房闲置率高达 30%（社科院 2009 年《农村经济绿皮书》）；而另一方面农村建设用地面积却持续增长、农业转移人口的城市住房境况十分窘迫。针对这一难题，应积极推动城乡土地制度变革，大胆探索农村土地对进城农业转移人口"转移性保障"的实现形式，盘活退出农业转移人口的宅基地利用价值，促进农村住房资源的合理流动与充分利用，由此实现宅基地的财产功能，减少农业转移人口进城定居的"沉没成本"。在国内城乡统筹改革试点城市，如成都和嘉兴等，已率先试行了"土地换住房保障"新政；上海、天津、长沙、武汉市汉南区等非试点城市也开

展了相关房产置换实践，为这一模式的完善积累了一定经验。在该项目下，农业转移人口以放弃在农村的土地承包权益和宅基地永久使用权换取与市民的同等待遇，进入城市住房保障体系。政府将农业转移人口退出的宅基地及其建设用地指标转让，所得资金用于补偿退出宅基地的农民在城镇购房和其他保障基金。就宅基地换住房实践中出现的有关补偿置换标准的争议，应做好换房前的沟通协调工作，加强房产置换政策的宣传力度与透明度；完善换房后农业转移人口就业、子女就学、社会保障等方面的政策，解除其"入城、上楼"的后顾之忧。应明确参与换房计划的农业转移人口的市民身份，保证其市民待遇，防止出现"要农村的地、不要农村的人"这种蛮横式剥夺的"伪城市化"现象。

（五）重点解决"70后"、"80后"家庭的居住需求，及时有效满足初来人员的居住需求

模型结果表明，代际差异是影响农业转移家庭住房类型、住房支出的显著因素。"70后"、"80后"是住房支出占总支出和总收入比重最高的群体，他们上有老下有小，住房负担成为他们最大的压力之一。因此，数据分析结果启示我们，"70后"、"80后"家庭是我们当前住房问题解决的重点与难点。首先，在购买、置换商品房、租赁单位私人住房、申请保障性住房等方面优先考虑"70后"、"80后"的需求，因为他们最急迫、最困难，意义也最重大。其次，由于"70后"、"80后"人员是当前生产生活的主力军，同时也是家庭的顶梁柱、主心骨，他们必须兼顾工作和家庭。因此，要合理推进产城融合，解决好外来人口工作场所和居住住房的交通问题，做好产业规划和社区建设规划的有机结合。再次，由于"70后"、"80后"转移家庭人口规模大、人员构成复杂、家庭需求多样，因此，需要做好住房户型、面积、装修等设计工作，多建设单元式的、公寓式的家庭住房，满足老人、青壮年、小孩的不同需求。同时，模型分析结果也表明，流入时间是影响转移家庭住房类型、住房支出比重的显著因素，特别是流入时间较短的家庭，在住房状况、住房支出比重等方面都处于"性价比"较低的状况。因此，在转移人口初来流入地时，各级政府要做好住房问题解决的管理和服务工作。政府在人口流入集中的时间段和空间点加大土地和住房的供给，为转移家庭的购房、租房提供稳定可靠的供给支撑。社会各界和房产所有者也加大住房的出售、出租数量，并适当让利给初来本地的转移人口。转移人口集中的工厂和企业要及时为新入员工安排宿舍、免费住房、租赁补贴等；住房中介公司也要及时、有效、有针对性地为外来人口提供房源信息、房产租赁信息、房产详细介绍等，使外来人口能够迅速安好家、落好户。

（六）多元措施改善生产、建筑、服务等行业职工的居住状况

定量分析结果表明，职业类型是影响住房类型和住房支出的显著因素。从住房支出占总收入的比重来看，服务行业人员住房支出负担较重。仅从定量分析结果来看，生产、建筑等职业从业人员的住房支出水平是较低的，但结合过往文献研究和定性资料分析来看，生产、建筑人员并不是收入较高而住房负担较轻，而是收入较低大多数居住在生产工棚、建筑工地、集体宿舍等住房环境恶劣的区域内。因此，综合多种来源的分析结果来看，生产、建筑、服务等职业类型的居住问题应是我们关注的重点。首先，政府、社会、企业等多方面合作，在转移人口集中居住的区域或企业为他们建设集体宿舍或集体公寓，例如天津滨海新区实施的"蓝白领公寓"等。集体宿舍和集体公寓的修建和实施，虽然存在居住隔离、内部矛盾冲突增多、不利于社会融入等问题，但不失于是缓解住房矛盾、短期解决生产建筑工人居住问题的应急、有效措施。其次，加强配套设施建立健全。转移人口集中区域往往住房配套设施缺乏，因此，加强农业转移家庭集中区域的医院、市场、学校、公园等居住配套设施建设成为改善生产工人居住环境，加强居住融入的关键性措施。再次，加强居住安全。一方面由于住房需求得不到满足，另一方面转移人口为节省租房、住房费用，部分转移家庭，特别是建筑工人常常在工地附近搭建简易住房。这些住房往往由于建设简陋、安全措施少、使用明火做饭、私接电源电线等而存在极大的安全隐患，既严重影响财物安全，更危及流动人口的人身安全。我们应加大对农业转移人口居住安全的宣传，不私自搭建房屋，不违章扩建，注意防火防水，定期打扫住房卫生，合理改善自身的居住环境。

本章小结：一个社会的最终稳定、进步与和谐，必须实现居者有其屋，因此，住房问题是农业转移人口市民化的核心和关键。本章研究发现，农业转移人口大多租房居住，享受保障性住房以及购房买房的比例非常低；而转移人口在大城市的住房负担也较重，住房支出每月支出在 800~100 元，占总支出的 30%，占总收入的 15% 以上。通过文献研究、计量模型以及资料分析等方法得出，代际差别、教育程度、流入时间、职业类型、单位性质、就业身份、家庭规模、家庭收入、城市特征等都是影响转移人口住房类型和住房支出的显著因素，但它们的作用机制各不相同和各有渠道。针对这些问题和机制，本章提出了多元主体共同努力、以租为主、增加保障性住房数量、农村土地置换城市住房等建议和措施。安居和乐业是农业转移人口市民化的最基本方面，在满足了就业和住房需求以后，下一步要考虑转移人口的社会保障需求问题。

第六章　农业转移人口社会保障

故人不独亲其亲，不独子其子，使老有所终，壮有所用，幼有所长，鳏、寡、孤、独、废疾者皆有所养，男有分，女有归。

——［西汉］戴圣

社会保障是民生之安，关系着每一个人、每一个家庭的福祉。社会保障是劳动力再生产的保护器，社会保障的功能之一就是在劳动力再生产遇到障碍时给予劳动者及其家属以基本生活、生命的必要保障，以维系劳动力再生产的需要，从而保证社会再生产的正常进行。社会保障是社会发展的稳定器，通过社会保障对社会财富进行再分配，适当缩小各阶层社会成员之间的收入差距，避免贫富悬殊，使社会成员的基本生活得到保障，能协调社会关系，维护社会稳定（白云、龚毅、回凤雯，2011）。社会保障是经济发展的调节器，社会保障对经济发展的调节作用主要体现在对社会总需求的自动调节作用。在经济萧条时期，一方面由于失业增加、收入减少，用于社会保障的货币积累相应减少；另一方面，因失业或收入减少而需要社会救济的人数增加，社会用于失业救济和其他社会福利方面的社会保障支出也相应增加。这使社会保障的同期支出大于收入，从而刺激了消费需求和社会总需求。在经济繁荣时期，其作用则正好相反。

人们普遍认为，农业转移人口的社会保障建设，不管是对于发展社会保障事业还是对农业转移人口自身都具有十分重要的意义。农业转移人口社会保障制度的落实，不仅关系到农业转移人口合法权益的实现，而且在协调城乡关系、推动经济与社会的同步发展、加快工业化和城镇化建设以及促进"三农"问题的解决等方面，都具有积极的作用和意义（漆先瑞，2014）。社会保障中最主要、最重要的部分是社会保险，本章重点分析农业转移人口的社会保险状况。

一、社会保险的现状与特征

生老病死乃人之常态，社会中每个人均难以避免疾病风险的来袭。社会医疗保险起源于疾病风险及其给个人和家庭带来的健康、经济损失。在现代工业社会发展过程中，疾病风险发生的可能性和普遍性都大大增加。当人们罹患疾病时，既可能是由于因疾病影响工作导致收入下降，也可能是因需要支付医疗费用治病导致经济下滑，引发经济风险。尤其是在医疗技术日益进步、治疗费用明显上升的情况下，特别是对一些患有大病、较严重慢性病、需要长期治疗的患者更是如此。社会医疗保障制度被认为是现代社会保障制度最重要的组成部分。社会保险医疗是由国家通过立法对公民实施的医疗保险制度，通过强制性社会保险原则和方法筹集资金，在公民面临患病、伤残、年老等风险时，按照权利和义务对等的原则，保证公民获得适当医疗服务的一项社会保险制度。社会医疗保险和其他社会保险一样，具有社会互济的功能，通过医疗费用的风险在健康人和病人之间分担以及人们健康时段和生病时段的分担，有助于分散遭受医疗风险的社会成员因疾病治疗产生的医疗费用所带来的财务风险，防范因病致贫、因病返贫的问题出现（林闽钢，2014）。图6-1农业转移人口医疗保险数据表明，天津市农业转移人口参加城镇职工基本医疗保险的比例为13.1%，是五城市中最低的；而购买商业医疗保险的比重也仅有4.1%，与上海市持平，低于北京、广州、深圳三市。天津市农业转移人口参加城镇居民基本医疗保险的比例仅有1.8%，远低于深圳市的12.3%。参加城乡居民合作医疗保险的比例有2%，虽然低于深圳市的3.3%，但比北、上、广高。

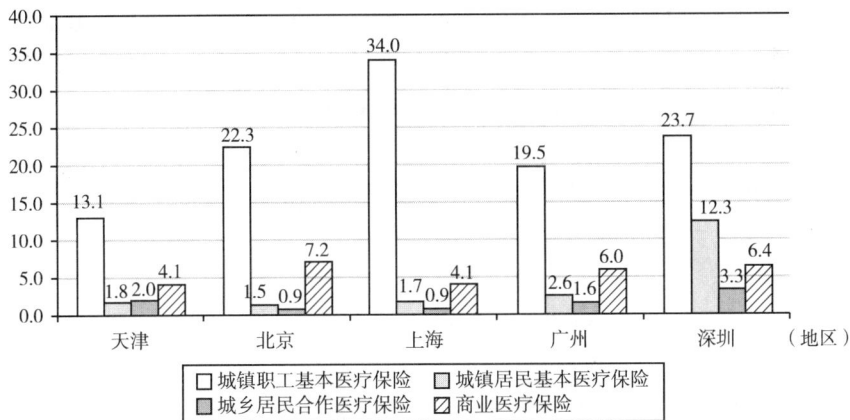

图6-1　农业转移人口医疗保险状况（%）

年老是人生的自然规律，老年阶段也是人生的一个重要时期。在老年阶段，老年人都将面临劳动能力减退和自理能力下降等因素导致的各种风险，而社会养老保险则是现代社会应对老年风险的最主要的制度安排。养老保险制度要应对和化解的风险实质上是老年收入风险，即人们因年老而导致收入下降的风险。在工业化社会，劳动所得往往是人们最主要的收入来源，但人们年老之后，其劳动能力和劳动技能就会随之下降，从而以退休的方式退出劳动力市场，并因此导致收入水平的下降。在出现社会化的养老保险制度之前，人类应对老年收入风险的传统方式主要有以下几种。其一，家庭保障。家庭保障是以家庭内代际关系为基础的老年收入保障方式，人们在壮年时期养育自己的子女，到了晚年，子女则承担起赡养老人的责任，通过家庭内部的经济收入转移维持老年人的收入水平。其二，个人保障。就是指个人在年轻的时候通过储蓄等方式，积累一定的资金，从而维持本人在年老时期的经济收入水平。其三，土地保障。在农业社会，土地是最重要的生产资料。人们在壮年时期，通过土地劳作，既维持生活也获得收入。在进入老年之后，既可以通过土地上的劳作，实现基本生活的自给自足，也可以通过土地转移、租赁、兼并等方式获得收入，应对老年时期的收入风险。社会养老与家庭保障、个人保障、土地保障等保障方式有着本质的区别，这几种方式使得老年人的收入都依赖他人或者他物，一旦被依赖的人、物或者机构自身遭遇经济风险，老年人的收入就无法得到保障，也就是说，这些保障机制本身就是面临风险的。社会养老保险是建立在全社会的代际关系基础上的，老年人的收入不取决于任何人或物，而来源于一种社会化的机制。只要人类还在繁衍，这种机制就能有效地应对老年收入风险。从而应当被称为最可靠、最有效的老年收入保障机制（林闽钢，2014）。

图6-2农业转移人口养老保险数据表明，天津市农业转移人口参加城镇职工养老保险的比例为14.5%，是五城市中最低的一个城市；而北京市有23.4%的样本明确表示有城镇职工养老保险，上海市更是高达35.5%，是天津市的两倍还多。而天津市农业转移人口参加城镇居民养老保险的比例更是只有2.7%，虽然与北、上、广三城市差异不大，但远低于深圳市14.3%的比例。

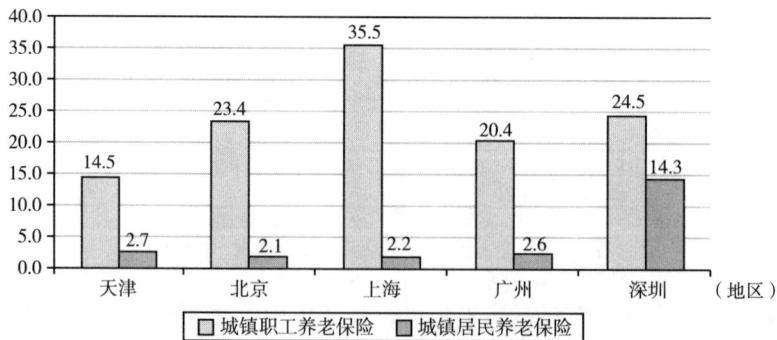

图6-2 农业转移人口养老保险状况（%）

　　失业是现代社会中，经济周期波动、产业结构调整所带来的社会问题，也是各国政府劳动政策关注的焦点。失业保险是世界各国社会保障体系的重要组成部分，是社会保险的主要项目之一。根据不同的原因和特点，一般可将失业分为摩擦性失业、季节性失业、技术性失业、结构性失业、循环性失业、隐藏性失业等。摩擦性失业是指由于劳动市场结构不健全，或基于某些社会性原因（如籍贯、性别、身份和外貌等）使得适合空缺职位的失业者无法立即就业而产生的失业状态。季节性失业是指由于某些行业生产条件、服务或产品受到气候条件或购买习惯影响，使劳动力需求出现季节性变化而导致的失业现象。如建筑业等。技术性失业是指由于使用新机器设备或材料，采用新的生产程序或新的生产管理方式，以致出现社会局部劳动力过剩而导致的失业。主要表现为随着生产技术、资本对劳动力需求的相对减少，半熟练或不熟练工人容易遭遇失业的风险。结构性失业是指大多属于社会经济结构发生变化，如由于经济、产业结构以及生产形式、规模的变化，致使劳动力结构发生相应的调整而导致的失业。循环性失业是指市场经济国家由于经济循环的周期性萎缩而导致的失业。隐藏性失业是指劳动者虽然没有失业，但从事与其专长不符的工作，未能充分发挥其专长。换句话说，劳动力未能充分地使用。

　　失业保险是指国家通过立法实行的，由社会集中建立基金，对因失业而暂时中断生活来源的劳动者提供一定时期物质帮助及再就业服务的社会保险制度。失业保险作为解除劳动者后顾之忧和化解失业带来的不利影响的一种制度安排，其保障对象是社会劳动者，主要采取向失业者提供失业保险金以保障失业期间失业者及其家属的基本生活，通过再就业培训和就业指导帮助失业者尽快实现再就业等手段，来提高劳动者抵御风险的能力。是社会保险系统的重要组成部分。失业保险除了保障失业者的基本生活外，还肩负着尽快实现失业者再就业的功能，包括了失业预防、失业补救和失业保险三个方面（林闽钢，2014）。图6-3农业转移人口失业保险数据表明，天津市农业转移人口参加失业保险的比例只有11.8%，是五城市最低者；次低数据的是上海市，有18.2%的样本明确表示参加了失业保险；而较高的是北京市和深圳市，分别有20.6%和22.9%。

　　随着工业化和城市化的加速发展，人类面临的工业事故和工业伤害风险也在逐渐增加，工伤成为一个被广泛关注的社会问题。工伤保险是指由政府强制实施的，当劳动者在生产经营活动或在特殊环境中，因工作原因而遭受意外伤害、职业病以及因上述原因造成死亡或永久、暂时丧失劳动能力时，劳动者及其直系亲属能够从国家、社会得到一定物质补偿的社会保险制度。与其他社会保险项目相比，工伤保险待遇表现出明显的复合性，是一个集工伤预防、工伤补偿、工伤康复于一体的复合体系。目前"安全第一，预防为主"的生产理念已被社会广泛接受，运用工伤保险基金，采取工业防护措施，实施工伤预防已经成为工伤保险的一项重要内容。做好工伤预防，既可以减少工伤事故的发生，也可以节约工伤保险基金，适应了雇主和劳动者双方的要求。但是，工伤事故不幸发生时，对工伤者进行必要的经济补偿和基本的生活保障，也是工伤保险的应有之义，是建立工伤保险制度最直接的动机。同时，对工伤者进行身体和职业康复，尽快恢复其重返社会的能力，也是工伤保险制度的一项重要内容（林闽钢，2014）。2014年流动人口监测调查数据表明，天津市农业转移人口参加工伤保险的比例有21.8%，与北、上、广三城市保持同样的水平，但远低于深圳市39.8%的水平。

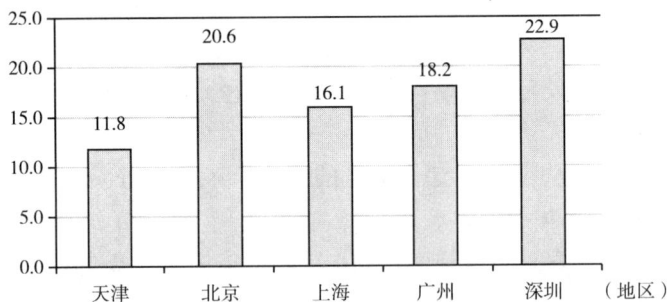

图6-3　农业转移人口失业保险比例（%）

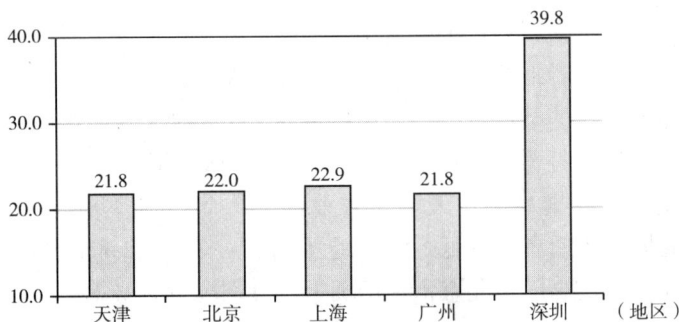

图6-4　农业转移人口工伤保险比例（%）

生育保险（maternity insurance）是国家通过立法，在怀孕和分娩的妇女劳动者暂时中断劳动时，由国家和社会提供医疗服务、生育津贴和产假的一种社会保险制度。生育保险的特点：（1）享受生育保险的对象主要是女职工，因而待遇享受人群相对比较窄。随着社会进步和经济发展，有些地区允许在女职工生育后，给予配偶一定假期以照顾妻子，并发给假期工资；还有些地区为男职工的配偶提供经济补助。（2）待遇享受条件各国不一致。有些国家要求享受者有参保记录、工作年限、本国公民身份等方面的要求。我国生育保险要求享受对象必须是合法婚姻者，即必须符合法定结婚年龄、按婚姻法规定办理了合法手续，并符合国家计划生育政策等。（3）无论女职工妊娠结果如何，均可以按照规定得到补偿。也就是说无论胎儿存活与否，产妇均可享受有关待遇，并包括流产、引产以及胎儿和产妇发生意外等情况，都能享受生育保险待遇。（4）生育期间的医疗服务主要以保健、咨询、检查为主，与医疗保险提供的医疗服务以治疗为主有所不同。生育期间的医疗服务侧重于指导孕妇处理好工作与修养、保健与锻炼的关系，使她们能够顺利地度过生育期。产前检查以及分娩时的接生和助产，则是通过医疗手段帮助产妇顺利生产。分娩属于自然现象，正常情况下不需要特殊治疗。（5）产假有固定要求。产假要根据生育期安排，分产前和产后。产前假期不能提前或推迟使用。产假也必须在生育期间享受，不能积攒到其他时间享用。各国规定的产假期限不同。我国规定的正常产假为90天，其中产前假期为15天，产后假期为75天。（6）生育保险待遇有一定的福利色彩。生育期间的经济补偿高于养老、医疗等保险。生育保险提供的生育津贴，一般为生育女职工的原工资水平，也高于其他保险项目。另外，在我国，职工个人不缴纳生育保险费，而是由参保单位按照其工资总额的一定比例而缴纳。2016年，人社部和财政部联合下发《关于阶段性降低社会保险费率的通知》，确定将实施生育保险和基本医疗保险合并实施工作，但这不影响我们对之前农业转移人口生育保险参加情况的研究。2014年数据显示，天津市农业转移人口生育保险比例为9.5%，仅比上海市高，低于广州的16%，北京的18%以及深圳的23%（见图6－5）。

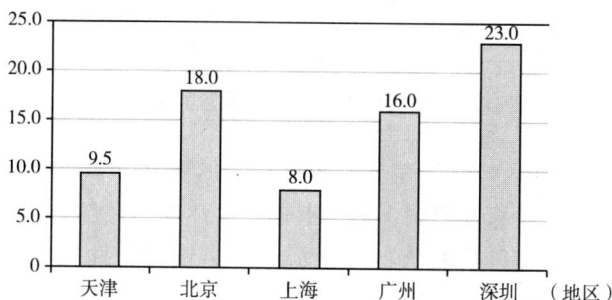

图6－5 农业转移人口生育保险比例（%）

二、社会保险的影响因素分析

描述性分析结果表明，农业转移人口在流入地参加社会保险的比例是非常低的。而且，他们参加社会保险的比例还因代际、性别、教育、职业、身份、城市等因素发生明显的差异和变化。由于篇幅限制，本节只展示医疗保险和养老保险的数据分析结果。

（一）农业转移人口参加医疗保险的影响因素分析

1. 相关分析结果

图6-6农业转移人口代际差异与医疗保险的交互分析结果表明，天津市农业转移人口中，"80后"参加医疗保险的比例是最高的，达18.9%；其次是"70后"，为16.3%；最低的反而是最需要医疗保险的"70前"人群，参加医疗保险的比例仅有12.1%。北、上、广体现了与天津非常类似的规律，比较例外的是深圳市，"70后"农业转移人口参加医疗保险的比例是最高的，其次是"80后"群体。

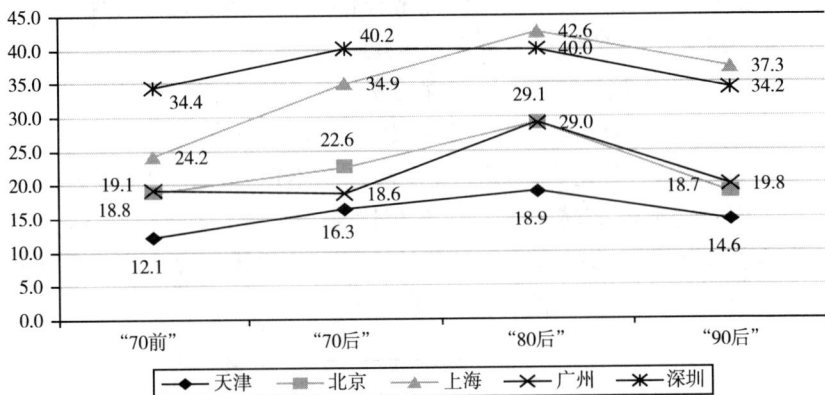

图6-6　农业转移人口代际差异与医疗保险的交互分析结果（%）

图6-7农业转移人口性别差异与医疗保险的交互分析结果表明，与其他城市相比，天津市农业转移人口中，男性群体和女性群体在参加医疗保险的比例上没有明显差异。性别差异比较大的是上海市，男性与女性之间相差7.4个百分点；其次是广州市，男女医疗保险参加率相差3.8个百分点。

图6-8交互分析结果表明，教育程度与参加城镇医疗保险之间存在显著的正向相关关系，教育程度越高，参加比例越高；而教育程度越低，参保比例也越

低。以天津市为例来看，小学及以下农业转移人口参加医疗保险的比例仅为9.9%，初中为13.7%，高中上升到22.9%，大学专科及以上为53.1%。

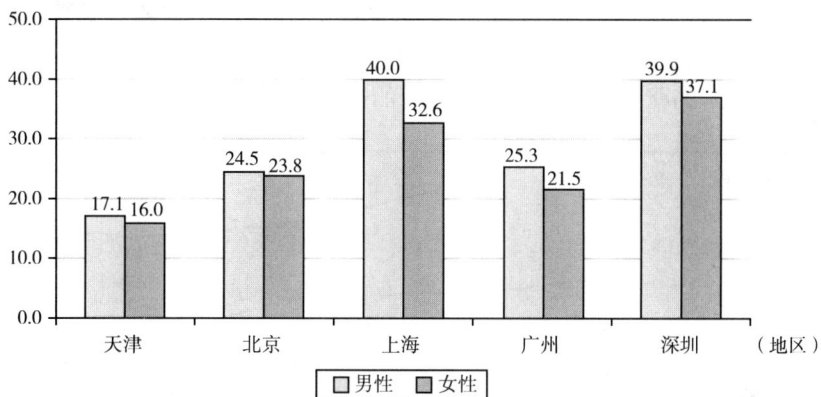

图6-7　农业转移人口性别差异与医疗保险的交互分析结果（%）

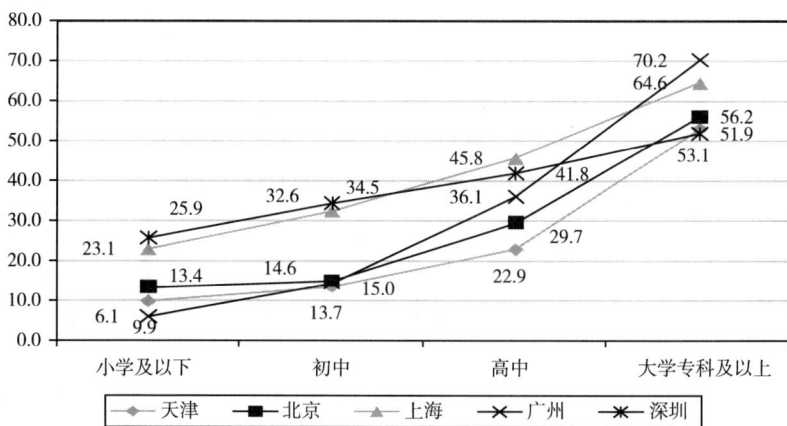

图6-8　农业转移人口教育程度与医疗保险的交互分析结果（%）

图6-9的交互分析结果表明，天津市农业转移人口参加医疗保险的比重并不随流入时间的不同而发生明显的变化。随流入时间变化比较大的是上海市和深圳市。上海市2000年以前流入的人群参加医疗保险的比例较低，而2001年及以后流入的人群参加医疗保险的比例明显上升。而深圳市的数据与上海市截然不同，2005年及以前流入的人群参加医疗保险的比例较高，而2005年以后流入的人群参加医疗保险的比例较低。

表6-1农业转移人口职业类型与医疗保险的交互分析结果表明，天津市负

责技术办事人员参加医疗保险的比例是各职业类型中最高的，为49.2%；其次是其他生产、运输设备操作人员及有关人员，参加医疗保险的比例为40.5%，再次是生产人员，参加医疗保险的比例为23.8%，而经商商贩、餐饮、建筑等职业的参保比例都是较低的，都不足10%。北、上、广、深四城市农业转移人口参加医疗保险的状况也体现了极为相似的规律和分布。

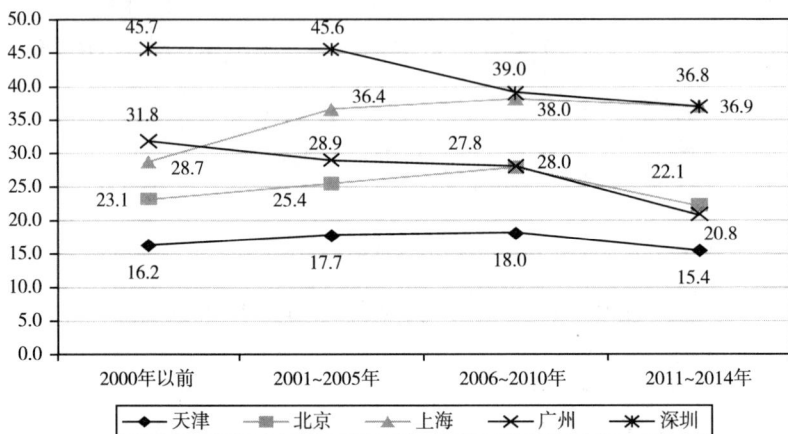

图6-9　农业转移人口流入时间与医疗保险的交互分析结果（%）

表6-1　　　　　　农业转移人口职业类型与医疗保险的交互分析结果　　　　　　单位：%

职业 ＼ 地区	天津	北京	上海	广州	深圳
负责技术办事人员	49.2	64.4	71.3	60.4	64.9
经商商贩	9.0	9.1	19.2	11.6	24.9
餐饮	9.2	21.9	23.2	10.3	23.7
家政保洁保安	15.4	23.1	38.3	22.7	48.4
装修	10.6	7.5	15.7	22.6	24.0
其他商业、服务业人员	17.9	27.1	36.1	43.5	46.0
生产	23.8	44.5	57.7	19.3	55.3
运输	14.4	27.1	27.9	35.7	52.4
建筑	8.8	29.0	16.0	6.9	62.5
其他生产、运输设备操作人员及有关人员	40.5	31.5	60.8	22.0	43.5
其他职业	3.7	20.8	13.3	25.6	28.9
无职业	9.4	8.2	11.4	7.3	18.5

国内外学者对农业转移人口的社会保障问题进行了大量研究。Nielsen 等认为，企业所有制类型显著影响农业转移人口的社会保障获得（Nielsen, et al., 2007；王冉、盛来运，2008）。企业普遍存在少投和漏投农业转移人口社会保障项目的问题，仅允许农业转移人口参加一项或者两项社会保险（郭菲、张展新，2013）。图6 – 10 农业转移人口单位性质与医疗保险的交互分析结果表明，天津市港澳台地区和欧美日韩企业员工参加城镇医疗保险的比重是最高的，约 43.8%；其次是国有集体单位员工，参加医疗保险的比例为 41.5%；较低的是个体工商户人员，仅有7.3%。北京市和上海市的港澳台地区和欧美日韩企业参加医疗保险的比重极为巧合的数据一致，都为 71.8%；而上海市和深圳市农业转移人口在国有集体单位就业的参加医疗保险的比例也较高，分别为 70.6% 和 68.4%；深圳市在私营企业工作的转移人口其参加医疗保险的比例也相对较高，为 55.4%。

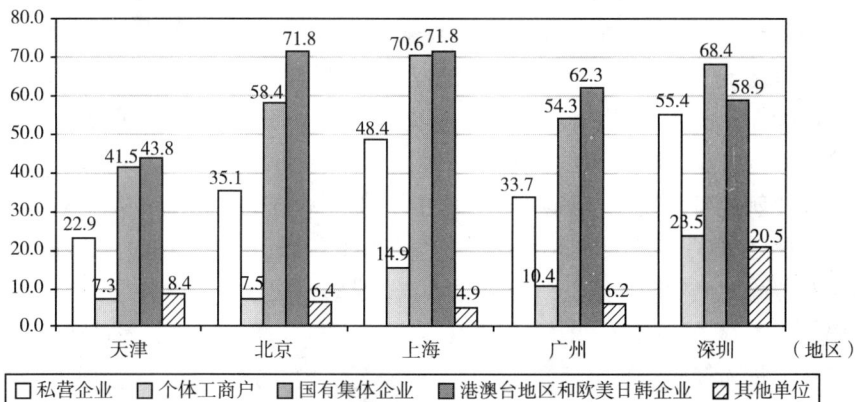

图 6 – 10　农业转移人口单位性质与医疗保险的交互分析结果（%）

图 6 – 11 农业转移人口就业身份与医疗保险的交互分析结果表明，天津市雇员参加医疗保险的比重约为 1/4，而雇主仅为 13.7%，自营劳动者仅为 6.5%。上海和深圳雇员的参保比例要明显升高，都在 50% 左右；深圳市自营劳动者的参保比例是五城市中最高的，达 22.8%；深圳市和上海市的雇主参加医疗保险的比例较高，分别为 28.1% 和 26.1%。

几个相关分析结果表明，代际差异、性别构成、教育水平、职业类型等因素都是影响农业转移人口是否参加社会保险的显著因素，但这些因素的交织影响如何，还有待于模型分析结果的实践与验证。

2. 模型分析结果

表 6 – 2 模型分析结果表明，在控制了其他因素以后，天津市农业转移人口

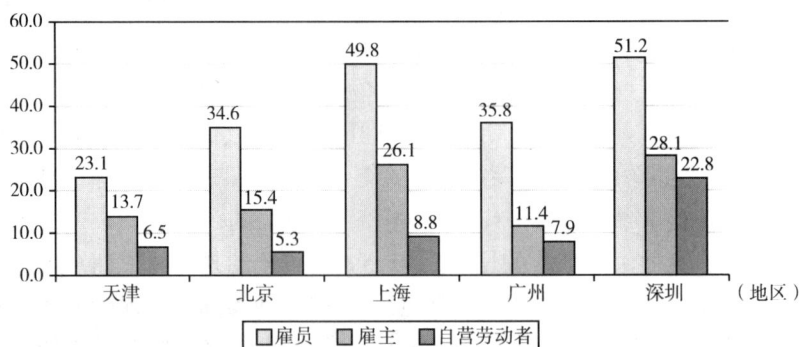

図 6 - 11　农业转移人口就业身份与医疗保险的交互分析结果（％）

是否参加医疗保险并不因年龄差异而发生明显的变化；但五城市的多层模型分析结果表明，"70 后"参保的比例要显著高于参照组，而"90 后"参加医疗保险的比例要显著低于参照组。三类模型结果都表明，性别差异对农业转移人口是否在城镇参加医疗保险没有显著影响。同时，模型分析也验证了前文的相关分析结果，教育程度是影响农业转移人口是否参加城镇医疗保险的显著因素之一，教育程度越高，参保比例越高，教育程度越低，参加医疗保险的概率也越低。从流入时间上来看，与参照组 2000 年流入城市的人群相比，2011 年以后进入城市的农业转移人口参加医疗保险的比例明显降低。职业类型显然是影响农业转移人口是否参加城镇医疗保险的最为显著因素之一，与负责技术办事人员相比，建筑、家政、保洁、保安、餐饮、运输等职业人员的参保比例显著降低。模型分析结果一致表明，与参照组私营企业相比，个体工商户参加城镇医疗保险的比例要显著降低，而国有集体企业、港澳台企业以及外资企业的参保比例要明显增加。从五城市的样本数据来看，雇主和自营劳动者参加城镇医疗保险的比例要明显低于雇员。从城市比较来看，北、上、广深四城市农业转移人口参加医疗的比例都要高于天津市。多层模型分析结果表明，城市中流动人口比重的增加有利于更多的外来人口参加社会保险。

表 6 - 2　　　　　农业转移人口是否参加医疗保险的模型分析结果

变　　量	普通 Logit 模型（天津）		普通 Logit 模型（五城市）		多层 Logit 模型（五城市）	
	系数	标准误	系数	标准误	系数	标准误
个体特征						
年龄类型						

变　量	普通 Logit 模型（天津）		普通 Logit 模型（五城市）		多层 Logit 模型（五城市）	
	系数	标准误	系数	标准误	系数	标准误
"70 前"（参照组）						
"70 后"	0.12	0.15	0.20 **	0.07	0.20 **	0.07
"80 后"	-0.01	0.16	0.11	0.07	0.11	0.07
"90 后"	-0.32	0.19	-0.32 ***	0.08	-0.32 ***	0.08
性别差异						
男性（参照组）						
女性	0.11	0.09	-0.03	0.04	-0.03	0.04
教育程度						
小学及以下（参照组）						
初中	0.28	0.16	0.31 ***	0.07	0.31 ***	0.07
高中	0.84 ***	0.18	0.87 ***	0.08	0.87 ***	0.08
专科及以上	2.03 ***	0.21	1.64 ***	0.09	1.63 ***	0.09
流入时间						
2000 年以前（参照组）						
2001~2005 年	-0.08	0.18	-0.04	0.08	-0.04	0.08
2006~2010 年	0.04	0.16	-0.02	0.07	-0.02	0.07
2011~2014 年	-0.35 *	0.16	-0.33 ***	0.07	-0.33 ***	0.07
职业类型						
负责技术办事人员（参照组）						
经商商贩	-0.68 **	0.23	-0.50 ***	0.10	-0.50 ***	0.10
餐饮	-0.98 ***	0.22	-0.77 ***	0.09	-0.77 ***	0.09
家政保洁保安	-1.10 ***	0.25	-0.90 ***	0.10	-0.90 ***	0.10
装修	-0.74 *	0.30	-1.22 ***	0.13	-1.22 ***	0.13
其他商业、服务业人员	-0.71 ***	0.20	-0.60 ***	0.08	-0.61 ***	0.08
生产	-0.52 **	0.17	-0.33 ***	0.08	-0.33 ***	0.08
运输	-0.96 ***	0.27	-0.68 ***	0.13	-0.68 ***	0.13
建筑	-1.77 ***	0.26	-1.39 ***	0.13	-1.40 ***	0.13
其他生产运输设备人员	0.05	0.19	-0.23 *	0.09	-0.23 *	0.09
其他职业	-2.55 ***	0.41	-1.25 ***	0.15	-1.25 ***	0.15

变　量	普通 Logit 模型（天津）		普通 Logit 模型（五城市）		多层 Logit 模型（五城市）	
	系数	标准误	系数	标准误	系数	标准误
没有工作	− 1.75 ***	0.23	− 2.24 ***	0.10	− 2.24 ***	0.10
单位性质						
私营企业（参照组）						
个体工商户	− 0.86 ***	0.15	− 1.09 ***	0.06	− 1.09 ***	0.06
国有集体企业	1.05 ***	0.14	0.91 ***	0.07	0.91 ***	0.07
港澳台地区和欧美日韩企业	0.84 ***	0.16	0.83 ***	0.07	0.83 ***	0.07
其他单位	− 0.20	0.19	− 1.13 ***	0.11	− 1.13 ***	0.11
就业身份						
雇员（参照组）						
雇主	0.04	0.21	− 0.29 **	0.09	− 0.29 **	0.09
自营劳动者	− 0.60 **	0.18	− 0.81 ***	0.09	− 0.81 ***	0.09
居住城市						
天津（参照组）						
北京			0.33 ***	0.06		
上海			0.95 ***	0.05		
广州			0.38 ***	0.08		
深圳			1.15 ***	0.08		
城市特征						
流动人口比重					0.04 **	0.01
人均 GDP					− 0.08	0.08
截距	− 1.15 ***	0.28	− 0.94 ***	0.13	− 1.03	0.65
Random-effects Parameters						
sd（cons）					0.23	0.07
个体样本量	5180		20077		20077	
城市样本量						
Prob >（Chi2）	0.0000		0.0000		0.0000	
Pseudo R^2	0.2231		0.2513			

注：* p < 0.05；** p < 0.01；*** p < 0.001。

（二）农业转移人口参加养老保险的影响因素分析

1. 相关分析结果

图 6-12 农业转移人口代际差异与养老保险的交互分析结果表明，天津市农业转移人口中，"80 后"参加养老保险的比例是最高的，达 19.3%；其次是"70 后"，为 17.6%；最低的反而是最需要养老保险的"70 前"人群，参加城镇养老保险的比例仅有 11%。北、上、广体现了与天津非常类似的规律，比较例外的是深圳市，"70 后"农业转移人口参加城镇养老保险的比例是最高的，其次是"80 后"群体。

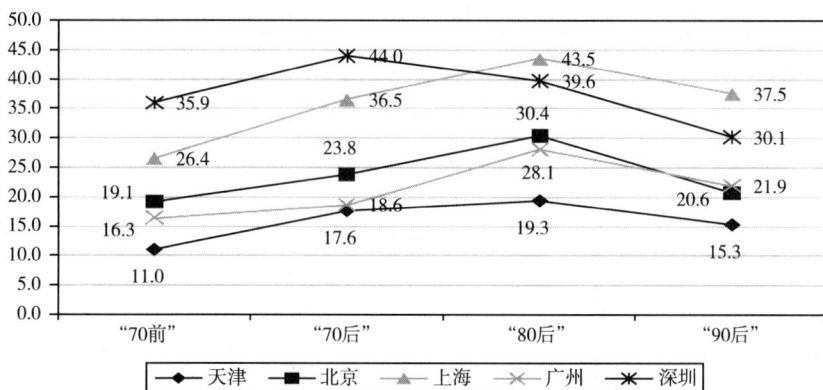

图 6-12　农业转移人口代际差异与养老保险的交互分析结果（%）

图 6-13 农业转移人口性别差异与养老保险的交互分析结果表明，与其他城市相比，天津市农业转移人口中，男性群体和女性群体在参加养老保险的比例上没有明显差异。性别差异比较大的是上海市，男性与女性之间相差 7.5 个百分点；其次是广州市和深圳市，性别之间分别相差 4.2 个百分点和 4.1 个百分点。

图 6-14 交互分析结果表明，教育程度与参加城镇养老保险之间存在显著的正向相关关系，教育程度越高，参加比例越高；而教育程度越低，参保比例也越低。以天津市为例来看，小学及以下农业转移人口参加城镇职工养老保险和城镇居民养老保险的总比例仅为 9.4%，而初中为 14.4%，高中文化程度群体中有近 1/5 参加，而专科及以上有 1/2 以上参保。

图 6-15 的交互分析结果表明，天津市农业转移人口参加城镇养老保险的比重并不随流入时间的不同而发生明显的变化。随流入时间变化比较大的是深圳市农业转移人口。2005 年以前流进深圳市的人群参加养老保险的比重都在 50% 以

上，而 2006～2010 年的比例为 40.2%，2011～2014 年群体参保比例仅为 37.5%。

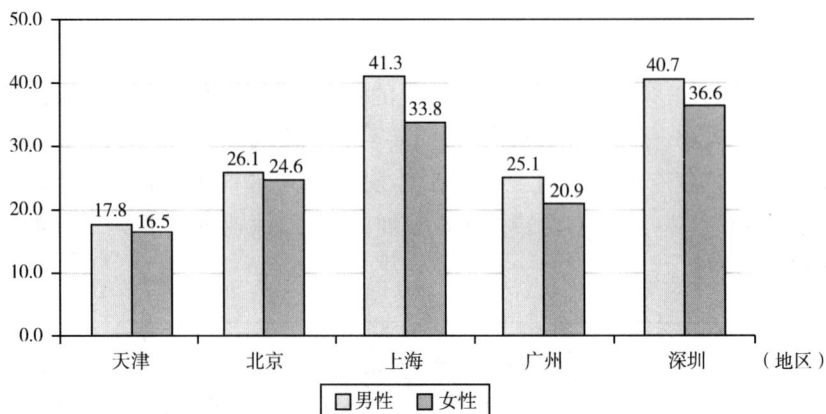

图 6-13　农业转移人口性别差异与养老保险的交互分析结果（%）

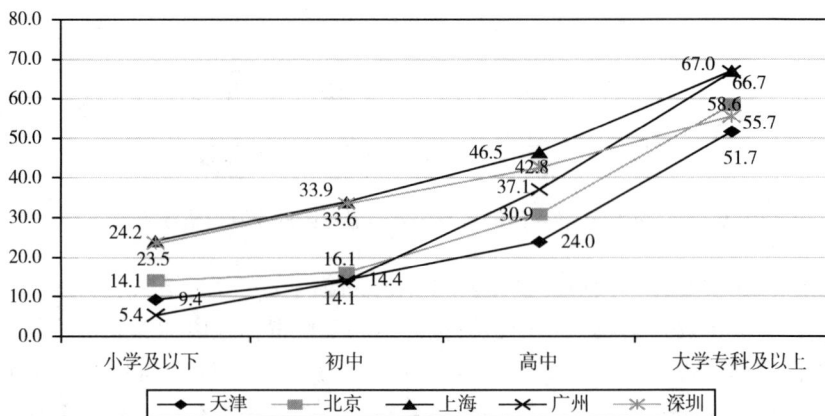

图 6-14　农业转移人口教育程度与养老保险的交互分析结果（%）

　　表 6-3 农业转移人口职业类型与养老保险的交互分析结果表明，天津市负责技术办事人员参加城镇养老保险的比例是各职业类型中最高的，为 52.4%；其次是其他生产、运输设备操作人员及有关人员，参加养老保险的比例为 43%；再次是生产人员，参加城市养老保险的比例为 31%。而经商商贩、餐饮、装修、建筑等职业的参保比例都是较低的，都不足 10%。

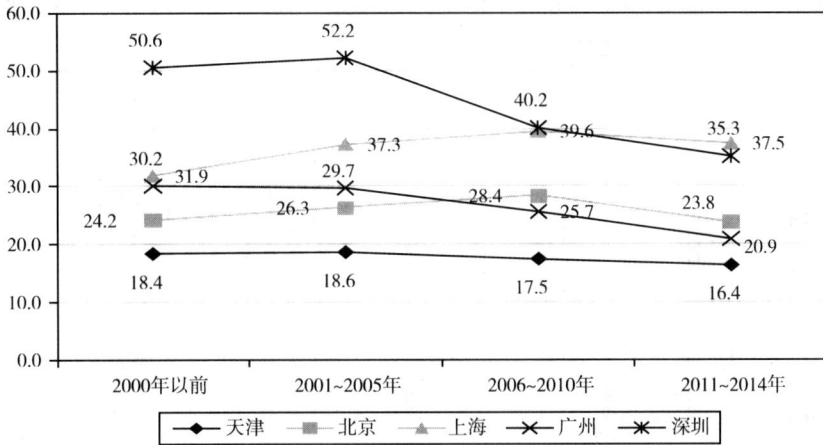

图 6-15　农业转移人口流入时间与养老保险的交互分析结果（%）

表 6-3　　　　　　农业转移人口职业类型与养老保险的交互分析结果　　　　单位：%

地区　　　　职业	天津	北京	上海	广州	深圳
负责技术办事人员	52.4	67.0	73.0	62.3	66.9
经商商贩	8.2	9.3	20.3	10.5	29.5
餐饮	8.7	24.1	22.7	7.9	28.0
家政保洁保安	14.5	23.1	41.5	25.8	51.6
装修	6.9	6.9	19.3	19.4	28.0
其他商业、服务业人员	16.1	28.5	36.7	40.3	46.4
生产	31.0	44.5	60.4	20.2	48.2
运输	13.3	25.9	28.9	32.1	66.7
建筑	7.2	39.5	19.9	10.3	50.0
其他生产、运输设备操作人员及有关人员	43.0	33.3	59.4	23.7	43.5
其他职业	4.2	20.8	13.7	23.3	37.8
没有工作	6.8	10.2	11.22	7.9	14.3

　　图 6-16 农业转移人口单位性质与养老保险的交互分析结果表明，天津市港澳台企业和欧美日韩企业员工参加城镇职工养老保险的比重是最高的，约 1/2；其次是国有集体单位员工，参加城镇养老保险的比例为 44.6%；较低的是个体工商户人员，仅有 7.3%。北京和上海两市的农业转移人口，在港澳台地区和欧

美日韩企业工作的群体参加养老保险的比例更高；而深圳市在国有集体企业工作的员工参加养老保险的比例较高。

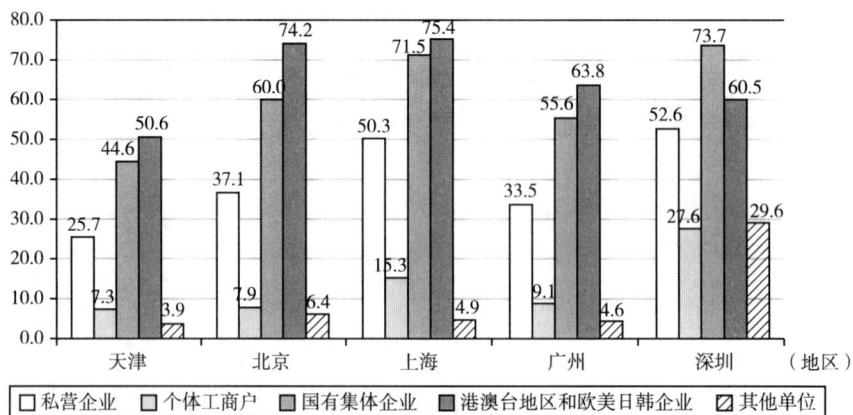

图 6 – 16 农业转移人口单位性质与养老保险的交互分析结果（%）

图 6 – 17 农业转移人口就业身份与养老保险的交互分析结果表明，天津市雇员参加养老保险的比重约为 1/4，而雇主仅为 10% 左右，自营劳动者仅为 6.4%。上海和深圳雇员的参保比例要明显升高，都在 50% 以上。深圳市自营劳动者的参保比例是五城市中最高的，达 27.2%。

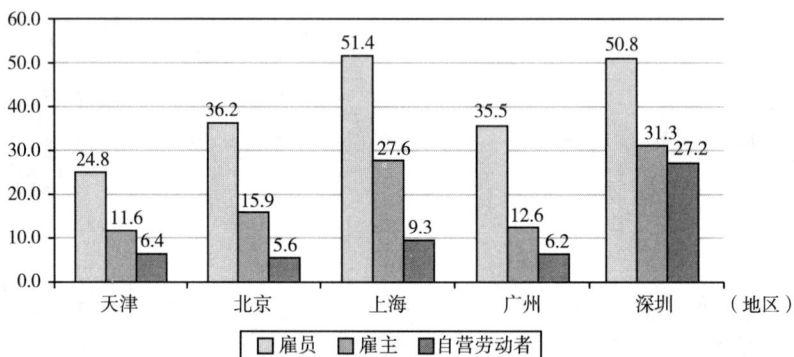

图 6 – 17 农业转移人口就业身份与养老保险的交互分析结果（%）

几个相关分析结果表明，代际差异、性别构成、教育水平、职业类型、就业身份等因素都是影响农业转移人口是否参加城市养老保险的显著因素，但这些因素的交织影响如何，在控制了高层次的城市特征干扰以后影响方向和影响程度如何变化，这些问题还都有待于各类模型分析结果的实践与验证。

2. 模型分析结果

表6-4模型分析结果表明，在控制了其他因素以后，天津市农业转移人口是否参加城镇养老保险并不因年龄差异而发生明显的变化。但五城市的多层模型分析结果表明，"70后"参保的比例要显著高于参照组，而"90后"参加城镇养老保险的比例要显著低于参照组。三类模型结果都表明，性别差异对农业转移人口是否在城镇参加养老保险没有显著影响。同时，模型分析也验证了前文的相关分析结果，教育程度是影响农业转移人口是否参加城镇养老保险的显著因素之一，教育程度越高，参保比例越高，教育程度越低，参加养老保险的比例越低。从流入时间来看，与参照组2000年流入城市的人群相比，2011年以后进入城市的农业转移人口参保比例明显降低，五城市都不例外。职业类型显然是影响农业转移人口是否参加城镇养老保险的最为显著因素之一，与负责技术办事人员相比，建筑、家政、保洁、保安、餐饮、运输等职业人员的参保比例显著降低。与参照组私营企业相比，个体工商户参加城镇养老保险的比例要显著降低，而国有集体企业、港澳台企业，以及外资企业的参保比例要明显增加。从五城市的样本数据来看，雇主和自营劳动者参加城镇养老保险的比例要明显低于雇员。从城市比较来看，北、上、广、深四城市参保比例都要高于天津市。多层模型分析结果表明，城市中流动人口比重的增加有利于更多的外来人口参加养老保险。

表6-4　　　　　　农业转移人口是否参加养老保险的模型分析结果

变　量	普通 Logit 模型（天津）		普通 Logit 模型（五城市）		多层 Logit 模型（五城市）	
	系数	标准误	系数	标准误	系数	标准误
个体特征						
年龄类型						
"70前"（参照组）						
"70后"	0.33 *	0.16	0.26 ***	0.07	0.26 ***	0.07
"80后"	0.13	0.16	0.11	0.07	0.11	0.07
"90后"	-0.15	0.20	-0.32 ***	0.08	-0.32 ***	0.08
性别差异						
男性（参照组）						
女性	0.14	0.09	-0.04	0.04	-0.04	0.04
教育程度						
小学及以下（参照组）						

变　量	普通 Logit 模型（天津）		普通 Logit 模型（五城市）		多层 Logit 模型（五城市）	
	系数	标准误	系数	标准误	系数	标准误
初中	0.38 *	0.16	0.36 ***	0.07	0.36 ***	0.07
高中	0.99 ***	0.18	0.93 ***	0.08	0.92 ***	0.08
专科及以上	2.08 ***	0.22	1.72 ***	0.09	1.72 ***	0.09
流入时间						
2000 年以前（参照组）						
2001～2005 年	-0.22	0.18	-0.12	0.08	-0.12	0.08
2006～2010 年	-0.23	0.16	-0.14	0.07	-0.14	0.07
2011～2014 年	-0.52 **	0.16	-0.44 ***	0.07	-0.44 ***	0.07
职业类型						
负责技术办事人员（参照组）						
经商商贩	-0.93 ***	0.23	-0.58 ***	0.10	-0.58 ***	0.10
餐饮	-1.16 ***	0.22	-0.83 ***	0.09	-0.83 ***	0.09
家政保洁保安	-1.29 ***	0.25	-0.92 ***	0.10	-0.92 ***	0.10
装修	-1.12 **	0.34	-1.31 ***	0.14	-1.31 ***	0.14
其他商业、服务业人员	-0.96 ***	0.21	-0.70 ***	0.08	-0.70 ***	0.08
生产	-0.28	0.17	-0.32 ***	0.08	-0.32 ***	0.08
运输	-1.18 ***	0.28	-0.74 ***	0.13	-0.74 ***	0.13
建筑	-1.98 ***	0.28	-1.27 ***	0.13	-1.27 ***	0.13
其他生产运输设备人员	-0.01	0.19	-0.32 **	0.09	-0.32 **	0.09
其他职业	-2.42 ***	0.40	-1.18 ***	0.15	-1.19 ***	0.15
没有工作	-2.27 ***	0.25	-2.41 ***	0.10	-2.41 ***	0.10
单位性质						
私营企业（参照组）						
个体工商户	-1.03 ***	0.16	-1.14 ***	0.06	-1.14 ***	0.06
国有集体企业	1.12 ***	0.14	0.91 ***	0.07	0.91 ***	0.07
港澳台地区和欧美日韩企业	0.95 ***	0.15	0.94 ***	0.07	0.95 ***	0.07
其他单位	-1.25 ***	0.24	-1.58 ***	0.12	-1.58 ***	0.12
就业身份						
雇员（参照组）						

续表

变　量	普通 Logit 模型（天津）		普通 Logit 模型（五城市）		多层 Logit 模型（五城市）	
	系数	标准误	系数	标准误	系数	标准误
雇主	0.05	0.23	−0.28 **	0.09	−0.28 **	0.09
自营劳动者	−0.12	0.19	−0.71 ***	0.09	−0.71 ***	0.09
居住城市						
天津（参照组）						
北京			0.39 ***	0.06		
上海			0.99 ***	0.05		
广州			0.30 ***	0.08		
深圳			1.13 ***	0.08		
城市特征						
流动人口比重					0.04 **	0.01
人均 GDP					−0.11	0.08
截距	−1.10 ***	0.29	−0.80 ***	0.13	−0.63	0.62
Random-effects Parameters						
sd（cons）					0.21	0.07
个体样本量	5180		20077		20077	
城市样本量						
Prob >（Chi2）	0.0000		0.0000		0.0000	
Pseudo R^2						

注：* $p < 0.05$；** $p < 0.01$；*** $p < 0.001$。

三、有序提高农业转移人口参保率的建议与措施

通过前文数据分析结果表明，大城市农业转移人口的社会保险参保率还很低，交互分析结果和模型分析结果都表明，个体的年龄、性别、受教育程度、流入时间，中观的就业单位、职业类型、就业身份等都是影响农业转移人口社会保险参保率的显著因素。同时，社会保障不仅是个人、企业的权利和责任，同时更是政府的权利和义务。因此，探讨政府、企业、个人三方面的对策和建议，成为提高农业转移人口社会保险参保率，促进农业转移人口市民化的关键点。

（一）政府主导作用

政府在社会保障项目中扮演着极为重要的角色，因为社会保障是利用公共资源实现公共利益的过程，需要政府做好立法与执法工作，做好管理与服务工作，做好财政与资金工作，分类有序推进农业转移人口的社会保障进程。

1. 立法与实施。国际经验表明，无论是发达的欧美国家还是不发达的亚非国家，均依法进行社会保障制度的建设。在欧洲国家社会保障立法具有100多年历史，经过不断的补充和调整已经形成完整的法律体系。完善的社会保险法律是社会保险缴费、数据管理、待遇支付和基金投资运营的坚强后盾，国家、企业和个人责任明确，各个环节有法可依、有章可循。因此，加快社会保障立法，建立健全农业转移人口社会保障制度，修订完善有关法律法规，增加保障农业转移人口权益的实质性内容，完善法规，强化法制维护是从根本上解决农业转移人口权益保护问题的关键。目前，我国的社会保障制度只有单项法规，不同部门、不同地方也出台各自的社会保障政策，城乡之间、地区之间、单位之间的社会保障制度缺乏衔接，且国家层面尚未出台专门的针对农业转移人口社会保障的相关法规。建立全国统一的、可规范操作的、适合转移人口特点的社会保险制度，把农业转移人口真正纳入城市社会保障体系，完善农业转移人口社会保障立法和执法进程是当前工作的重中之重。

2. 管理与服务。健全社会化管理与服务，需要在全国范围内建立一系列基本制度，如社会保障经办机构组织结构与操作规范、统一的社会保险受益人识别号码体系、社会保险费征缴程序、工资报告制度、银行和邮局对社会保障基金流程托管规程等。建立稳固的组织支持系统，引进高层次人才与加强在职岗位培训相结合，提高工作人员队伍素质，强化服务意识，树立社会保险经办机构良好的社会形象。建立可靠的技术支持系统，实现社会保险日常业务管理信息化、网络化，并与银行、税务系统联网；完善个人账户实账管理，建立在职职工和返乡人员的社会保险数据库；逐步建立全国统一的社会保险信息系统，实行现代化管理，保证统计和数据信息的技术准确，为社会保险的正常运行提供可靠的技术支持。

3. 财政与资金。财政资金是农业转移人口社会保障制度运行的血液，没有充足的资金，转移人口社会保障制度就无法运行。其一，应降低转移人口参加社会保险的门槛，即研究确定适合转移人口收入情况的费基、费率，减轻他们参加社会保险的负担。其二，应当提高转移人口社保待遇，农业转移人口是这个社会的弱势群体，应当发挥财政的收入再分配作用，对转移人口的社保基金大力补贴。其三，开辟资金来源新渠道，巧妇难为无米之炊，农业转移人口社会保障体系建设起步晚，相较于城镇劳动者的保障，将面临更大的资金缺口。农业转移人口社保基金的筹集，除了传统的政府财政拨款、用人单位缴纳和农业转移人口缴费外，还可以开辟新的筹资渠道，例如征收社会保障税、发行国债、发行彩票以及大力发展慈善事业，等等。

4. 分类与有序。从现实角度出发，应分类、有序把农业转移人口纳入城镇社会保障范围。可以根据农业转移人口的职业特点、收入状况、流动程度、定居城镇意愿、市民化程度等标准，对农业转移人口群体进行细分，在此基础上采取分层分类的措施，保障农业转移人口的社会保障权益。即对于稳定就业，从事正规就业，建立劳动关系，以及事实劳动关系，有固定收入和住所，在城镇就业生活时间长或有长期居住意愿和就业能力，市民化程度较高的这部分农业转移人口，直接将他们纳入城镇职工的社会保险体系之中。对于到城镇就业或进入城镇定居而让出其承包地、失去土地保障的农业转移人口，可探索、创新土地换保障的做法；对于不稳定就业的农业转移人口，如签订短期合同，频繁流动以及从事各种灵活就业等，可以先建立过渡性质的个人社会保险账户，将本人的社会保障权益直接计入个人账户，而不实行社会统筹保险。按照低水平起步的原则，实行低费率、低保障待遇。随着我国社会保障制度的改革完善，在基础养老金实行全国统筹之后，再考虑如何将农业转移人口逐步纳入统一的城镇社会保障体系的问题。而对于季节性外出的农业转移人口，其市民化的可能性很小，其本质上仍然是农民，故将其纳入农村社会保障体系更为合适。

5. 转移与接续。"碎片化"原为社会传播语境的专业用语，意为完整的东西破成诸多零块，我国的社会保障制度随着时代的发展也逐渐呈现出"碎片化"的特征，如城市与农村分割、区域与区域之间的差异、私人部门与公共部门分立等，导致了多种社会保险制度并存的局面，无法在城乡、区域之间自由转移和接续。因此，国家制定统一的政策与措施，打破分割的管理体制，简化行政办公流程，实现各种社会保险的转移接续。

（二）企业核心责任

一方面，企业是转移人口社会保险参与的核心主体，养老保险单位承担20%，医疗保险单位承担8%，失业保险单位承担2%，工伤保险和生育保险完全是由企业承担的，各在1%左右。另外，为职工缴纳社会保险也是企业的核心责任和重要义务。应加大法制宣传力度，加强企业社会责任感建设，让企业充分认识到为农业转移人口缴纳社会保险的可行性和必要性，提高企业履行义务的自觉性和主体性。具体办法包括：

1. 遵纪守法，保证资质。某些用人单位是无营业执照而营业，未依法登记、备案而从事经营，这类的用人单位本身就存在违法的问题，不可能参加社会保险。有些企业故意违反税收法规、采取伪造、变造、隐匿、擅自销毁账簿、记账凭证、在账簿上多列支出或者不列、少列收入等方法偷税漏税，这类企业和单位也不可能按时给员工缴纳社会保险。因此，各类公私营企业应完善营业资质、遵纪守法、按时足量缴纳各类税款，使自身正规、完善，从而有资格、有条件为工作的员工（包括单位内的农业转移人口）谋取各类福利和社保待遇。

2. 技术进步，持续升级。很多中小企业是以劳动密集型为核心的，缴纳社会保险费将会使企业的劳动成本提高，负担增加，迫使部分企业以低报工资额、欠缴保费、减少劳动力雇用、采用非正式雇用等形式逃避社会责任感。国家可以在税收和金融支出方面进行有目的的倾斜，引导帮助中小企业渡过这一难关。如果企业通过更新技术，建设自主品牌等获得更高的利润，那么为农业转移人口缴纳社会保障费用就不至于成为企业繁重的负担。

3. 提高工资水平，改善职工待遇。农业转移人口由于工资低、收入少，有限的收入在支付日常开支，寄回一部分给留守在农村的亲人后，所剩无几，导致农业转移人口无力缴纳社会保险费，或因经费困难而不得不中断保险关系。因此，技术含量高、经济效益好、营业利润高的企业适当让出一部分利润，逐步提高从业转移人口的收入水平和福利水平，有利于转移人口更有财力、更有资金参加各类保险，从而改善自身和家庭的生活状况，免除后顾之忧，免去医疗、养老的各种顾虑、多种困难。从而更能够全身心投入生产和服务中，为企业创造更好的质量和效益，形成良性循环。

（三）个体主动参保

1. 不断提高自身受教育水平。农业转移人口很多是小学、初中毕业甚至是肄业，受教育水平不高限制了他们人力资本的提高和先进经验技术的学习和掌握，从而收入水平不高，进而无力支付社会保险费用。而且，现有的社会保障在制度设计以及操作上很复杂，让文化程度本就不高的农业转移人口弄不明白目前的缴费和将来收益间的关系，这就很难让他们下决心去参加社会保险。上文模型分析结果也表明，受教育程度越高，社会保险参保率越高；受教育程度越低，社会保险参保率越低。因此，提高自身的教育水平和学习能力成为转移人口解决后顾之忧的关键之钥。

2. 做好规划，稳定就业。在一些机械化耕作水平不高、耕种和收获季节都需要人力的省份,半数以上的青壮年农业转移人口选择"农忙务农,农闲打工"的季节性打工方式。这样,相关社会保险规定就不符合农业转移人口的这一特点。如医疗保险规定,参保人员必须按时足额缴纳基本医疗保险费,年费用一次性缴纳,中断缴费6个月以上的,视为自动"脱保",而农业转移人口的季节性打工特点决定了其根本就无法按时足额缴纳这笔费用。因此,转移人口合理规划好农忙时间和城市就业,做好职业发展规划,尽量加强城市就业的正规性和稳定性,从而更有利于社会保险的参保率。

3. 加强现代社保意识。数据分析结果表明,雇主和自营劳动者参加社保的比例低于雇员。雇主和自营劳动者主要包括从事小型个体、微型私营经济活动或流动的小商小贩。他们到城市多年,生活基本稳定。从收入上来说,这一群体属于中高收入。即使收入较低的小商小贩,由于经营方式灵活,可以随着市场需求的变化迅速调整经营,其收入与一些较稳定的工作相比有时也是相当可观的,基本可以达到月收入千元以上。"自雇型"农业转移人口的经济实力足可以缴纳社会保险费用,但他们却很少参加社会保险,这反映了农业转移人口社保意识低和维权意识淡薄。因此,增强转移人口的危机意识和养老意识,避免侥幸心理,做好长远规划,提高参加社保的主动性和积极性。转移人口也要增强自身的维权意识和保护意识,如果地区或企业没有尽到缴纳社保费用的义务,转移人口要合理的利用法律、申诉等权利,维护好自身社保权益。

本章小结:建立健全社会保障体系是农业转移人口市民化的重要一环,只有解决转移人口的"后顾之忧",他们才能在城市安居乐业、安心发展。本章研究发现,五城市农业转移人口社会保险参保率都非常低,真正"五险"齐全的比例更是不足1/10。定量模型分析结果表明,年龄较小、教育水平较低、流入时间较短的人群社会保险参保水平也更低。同时,职业差异、单位性质、就业身份也是决定他们是否参加社会保障的关键性影响因素。针对这些问题和特征,本章提出了政府加强立法执法、提高管理与服务水平、增加财政资金、做好转移接续等工作;企业遵纪守法、提高员工收入水平、加强主动性和自觉性;个人加强现代社会意识和维权意识等建议。其实,农业转移人口不仅关注自身的就业、居住、社保等状况,他们也更重视下一代的教育与发展问题,因为这是他们的希望。

第七章　随迁子女教育与发展

> 我们希望，不仅是一个人、一些人或许多人，而且是所有的人和每一个人，不论其年龄大小、富贵、贫贱和是男是女，简单地说，就是每一个人，都能受到周全的教育而成为完全的人；总之希望各种人都能受到教育，不论其年龄、地位、性别和国籍。
>
> ——（捷克）扬·阿莫斯·夸美纽斯

20 世纪 90 年代以来，越来越多的农业转移人口不再"单身外出"，而是以"举家迁移"方式进入城市务工经商，家庭化趋势逐步扩大，随迁子女所占比重也逐年增加。在中国社会，所有的家长对子女的教育都有十分强烈的要求，父母将自己全部的希望都寄托在下一代的身上，希望子女能通过学习与教育来改变他们未来的命运，提高他们的社会地位（段成荣、梁宏，2005）。农业转移人口更是对随迁子女的教育报以极大的期望，他们更渴求子女能够上好的学校、取得好的成绩，从而改变整个家庭的社会经济状况。同时，随迁子女的教育过程和教育程度也事关农业转移人口第一代和第二代两代人的市民化进程。本章以农业转移人口随迁子女教育与发展状况为关注重点，在政策梳理和现状研究的基础上，探讨农业转移人口随迁子女上学难、上学贵、辍学率高、教育进程难以为继、教育水平难以提高等问题的原因和影响因素、影响机制，在这些分析的基础上，提出有效的、有利的、有针对性的建议与措施。

一、教育发展的现状与特征

2001 年，在国务院印发的《关于基础教育改革与发展的决定》中针对流动人口子女教育问题提出了"要重视解决流动人口子女接受义务教育问题，以流入地区政府管理为主，以全日制公办中小学为主，采取多种形式，依法保障流动人口子女接受义务教育的权利"。这一规定标志着"两为主"政策的正式提出（李慧，2014）。2003 年 1 月 5 日，国务院办公厅印发了《关于做好农民进城务工就业管理和服务工作的通知》，特别指出要"多渠道安排农民工子女就学"。随后，中共中央国务院发布的《关于进一步加强和改进未成年人思想道德建设的若干意见》、《关于推进社会主义新农村建设的若干意见》、《关于解决农业转移人口问题的若干意见》等政策中都相继提出了保障农民工随迁子女接受义务教育权利的问题，将其作为我国推进教育公平的重要举措。2006 年新修订的《中华人民共和国义务教育法》也规定了"父母或者其他监护人在非户籍所在地工作或者居住的适龄儿童、少年，在其父母或者其他法定监护人工作或者居住地接受义务教育的，当地人民政府应当为其提供平等接受义务教育的条件"。2010年，我国发布《国家中长期教育改革和发展规划纲要（2010～2020 年)》进一步强调农民工随迁子女义务教育阶段要坚持执行"两为主"政策（李慧，2014）。这些政策措施表明政府已经认识到了农业转移人口随迁子女城市就学问题的特殊性，从法律上确认了农业转移人口随迁子女的平等受教育权。政策价值取向从"差别对待"转向"一视同仁"，"两为主"政策的"人本理念"凸显，进城务工人员随迁子女入读公办学校的比率不断上升。但是，随迁子女仍然面临门槛高、上学难、资源少、学校教师不能公平对待、家庭教育环境差、家长教育引导方法不当、众多心理问题等，具体如下：

（一）教育资源不足

研究显示，我国每 4 个城镇儿童中就有 1 个为流动儿童。近年来，随着流动儿童的急剧增加，一些地方的流动儿童数量已经超过了本地户籍儿童数量。有报道称，上海目前 18 岁以下青少年人口已出现"倒挂"现象，即外来人口超过本地人口。流动儿童"长期流动"（在城市生活与学习的时间越来越长）或"不流动"（一直留在城市）的现象开始越来越普遍，给所在城市的学校资源和教学设施带来巨大的压力。如图 7-1 天津市 2010～2014 年小学生数量与学校数量所示，由于外来儿童的迅速上涨，天津全市小学生数量从 2010 年的 50 万人增长到57 万人，5 年间增加了 14%，而学校数量反而呈现下降趋势，从 2010 年的 956所下降到 2014 年的 842 所。不仅是学校数量，包括财政资金、教学设施、从教老师等都远远跟不上学生的增长数量，需求与供给之间的矛盾越来越尖锐。

（二）"入学门槛"种类繁多

对随迁子女的义务教育问题，中央政府的方针是"以流入地政府为主，以公办学校为主"，目前政策上已没有障碍。但在实践中，种种不合理的门槛和限制依然存在。北京、天津、上海、广州、郑州、济南等多地明确规定，进城务工人员随迁子女在流入地公办学校入学需要父母提供"五证"，即城市暂住证、父母务工证明、流入地居住证、流出地无监护人证明、户籍证明等（见资料7-1、资料7-2）。这些手续的办理过程不仅消耗了农业转移人口大量的时间精力，有的还不能在限制时间内办理成功，极大地影响了随迁子女的就学和发展。

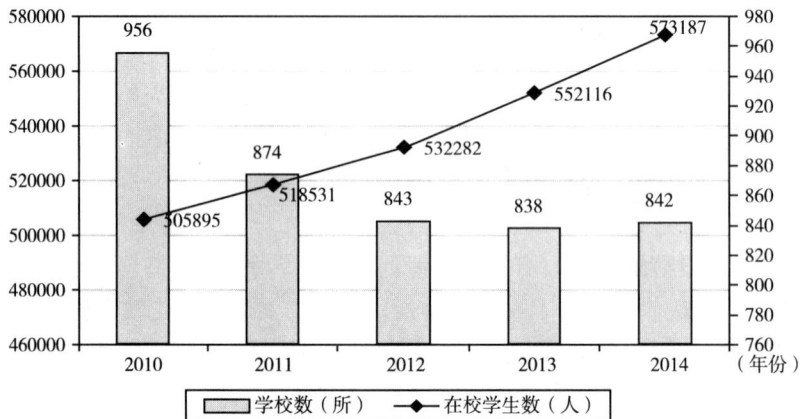

图7-1　天津市2010~2014年小学学生数量与学校数量

资料7-1　非京籍儿童北京念书需办28个证

在北京，截至2014年底，义务教育阶段在校学生为112.8万人，其中非京籍47.08万人，占全市义务教育在校生总数的41.74%。根据北京市发布的《北京市教育委员会关于2015年义务教育入学工作的意见》，非京籍儿童入学提供"五证"的政策基本不变，具体细则由各区县结合实际制定。但在实际执行过程中，细则让"五证"延伸出了多达28个证件，让非京籍家长们有苦难言。

近日一位家长向《人民政协报》讲述了他身边的外来务工人员子女的上学故事。这位家长所在社区的一个孩子家长杜姐，从2015年春节前就开始到处咨询，提前准备。但至今她还无法确定孩子是否可以在北京入学。这位家长为此几乎天天以泪洗面，她说："这几天我泪腺发达，什么也没去想，眼泪就不自觉地掉下来。"该家长在来信中称，北京市规定，非京籍儿童入学要求"五证"齐全，即适龄儿童少年父母或其他法定监护人本人在京务工就业证明、在京实际住所居住证明、全家户口簿、在京暂住证、户籍所在地街道办事处或乡镇人民政府出具的在当地没有监护条件的证明等。然而实际上，"五证"远不止5个证件。据了解，需要办的证件具体可以分为几大类，首先是父母身份证明证件，包括父母双方身份证、父母双方暂住证、全家户口本、儿童户籍所在地无人监护证明；

其次是父母工作证明证件，包括父母双方劳动合同、社保权益记录、在职证明、双方所在单位营业执照、组织机构代码；第三是父母婚姻生育证件，包括结婚证、生育证、流动人口婚育证、孩子医学出生证明；第四是家庭在京住所证明，包括租房合同、房租完税证明、房租完税发票、居住期间的电费单据、水费单据、房东夫妻的身份证、房产证。若没有房产证，还需要村委会开的证明，加盖镇政府公章，并需要有村委会开具的居住证明。细数一下，需要的证明多达28个。

（资料来源：半月谈，2015年6月15日。）

资料7-2　天津市居住证持有人随迁子女在本市接受教育实施细则（试行）

第四条　居住证持有人可以为其共同居住生活的随迁子女申请在本市接受义务教育，应在入学前一年到居住证载明的居住地所属区县教育行政管理部门申请登记，申请登记时间为9月1日至10月31日，应提交下列基本材料：

（一）在有效期内的居住证原件及复印件。

（二）居住证持有人及其随迁子女的居民户口簿原件及复印件。

（三）居住证持有人及其随迁子女在本市合法居所的证明，包括自有住房房地产权证或与配偶、子女共有住房房地产权证原件及复印件，或者房屋租赁登记备案证明原件及复印件；已签订《天津市商品房买卖合同》或《天津市房产买卖协议》尚未取得房地产权证的，提供《天津市商品房买卖合同》或《天津市房产买卖协议》原件及复印件、契税完税证明原件及复印件。

（四）居住证持有人在本市的务工就业证明，包括工商营业执照、税务登记证件、依法签订的劳动合同或确立劳动关系存在的有效证明等的原件及复印件，并提供居住证持有人在本市缴纳社会保险费证明原件及复印件。灵活就业人员需提供工作单位或居住地所在乡镇、街道办事处开具的就业证明原件及复印件。

（五）本市或原户籍地卫生部门签发的随迁子女儿童预防接种证原件及复印件。

（资料来源：《天津市居住证持有人随迁子女在本市接受教育实施细则（试行）2013》。）

（三）异地升学困难

近几年，在持续关注农业转移人口随迁子女义务教育阶段就学问题的同时，农业转移人口随迁子女义务教育后的升学问题也成为关注焦点。由于大多数省市还没有完全实施异地高考，随迁子女只能在户籍地参加高考，因此，很多随迁子女在小学毕业后就会提前返回老家"备战"高考。如图7-2所示，2013年省内跨县1年级学生有94万人，到9年级时只有66万人，减少30%；而跨省学生随着年级增长减少的更多，1年级时有85万人，9年级时仅有34万人。这些在1年级到9年级的时间中"消失"的学生，有的回到老家成为"留守儿童"，有的到外地求学，成为真正的"流动儿童"，见资料7-3。

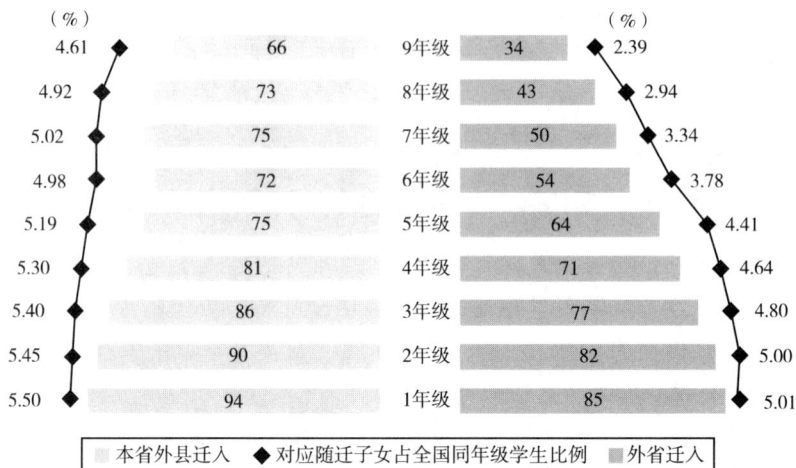

图7-2　2013年中国进城务工人员随迁子女年级结构（万人）

资料来源：新公民计划，中国流动儿童教育现状2016。

资料7-3　上学候鸟族，穿梭两省270公里上学

据中国青年报报道，因为没有北京户籍，一些北京出生打工子弟求学无门，只能每月坐火车往返河北省上学。河北省衡水距离北京270公里，红皮列车3小时零5分的车程。对于那些身在北京却将孩子送去衡水上学的父母而言，这3小时车程着实不近。他们在衡水上学，父母在北京务工。衡水火车站和北京西站，几乎每个月都要迎送这些穿梭两省的读书娃。他们中年龄大的上初中，多数是小学生，有的甚至还在上学前班。对这些跨省上学的学生来说，每次回家都算得上一次规模不小的集体迁徙。一位多年送学生回北京的老师说，"平常坐火车来回的有七八百人。"有时，穿着红色或者蓝色校服的学生可以塞满七八节车厢，就像享受了一趟专属列车。

一位名叫刘建哲的母亲道出内心的纠结："谁不想孩子每天跟自己在一起呢？可没有北京户口，孩子想在北京上个好学校挺难的。最重要的是，不能在这里高考，孩子迟早要送回老家。"于是，反复权衡之后，一些在北京务工的家长作出选择——将孩子送到衡水上学，每月放假回京一次，"待上几天"。在他们

看来，"总好过把孩子扔在家里当留守儿童"。当然，他们选择离北京不算太近的衡水，几乎都有着更务实的考虑。他们愿意相信，舍弃朝夕相处的陪伴，让孩子在高考成绩负有盛名的衡水上学，"今后高考上不吃亏"。这是他们最大的希望，也几乎是唯一的安慰。

（资料来源：半月谈，2015年6月15日。）

（四）学校投入不足和教师重视程度不够

不少城市的公办学校以各种理由拒绝接受农业转移人口子女入学，特别是一些重点学校。即使是接纳进城务工人员随迁子女就学的公办学校，一般也不是拥有较好教育教学设施设备的优质学校，而大多是接近农业转移人口居住地的城郊结合部薄弱学校或乡镇薄弱学校。这些学校一般面积比较小，教室比较少，操场和活动中心很小甚至没有，体育设施设备和图书资料设施设备等也很缺乏。而作为接纳进城务工人员随迁子女就学重要平台的民营民工子弟学校，由于缺少当地政府的相关扶持，与城市一般公办学校相较而言，其教育教学设施设备更是落后。有学生抱怨说："生物课全都是那种需要用显微镜观察的，但是我们学校只有一台显微镜，老师用，不让我们看都。这学校图书馆都没有"（段秀婷，2013）。

当前，由于进城务工人员随迁子女没有城市户籍，大多是以旁听生的身份入读公办学校，其难以获得流入地公办学校的正式学籍。一些地方将对其的教育考核排除在学校和教师的考核体系之外，致使其不能依法获得公正的学业成绩评价和品行评价。一些学校和教师对进城务工人员随迁子女的学习放任不管；一些公办学校为追求升学率等将进城务工人员随迁子女独立编班，不计入学生总基数之中；一些奖励措施（如入队、入团、评优、奖励等）也因进城务工人员随迁子女的特殊身份，而被区别对待（方益权、沙非，2015）。

由于随迁学生的迅速增长，教育资源不足，学校的师资缺口普遍较大，教师学历水平普遍偏低，教师的教育教学经验和教育教学能力不足，校际之间的教师教育教学交流较少，教师接受教育培训等继续教育的机会缺乏。一些打工子弟学校的教师流动性很大，一方面影响了正常的教学秩序，也会让学生产生不安全感，影响良好师生关系的建立，不利于流动儿童的健康发展（方益权、沙非，2015）。有打工子弟学校的学生"爆料"说："这里基本上也没有专业的老师，就是从大马路上挑几个人，都是招聘嘛。我们老师，张老师你知道吧，就不好好教。她说：你们爱学不学，不学拉倒，我只管学的。她只管好学生。有学生问她题，她就说：你要是有一点小毛病别来找我，都不会了再来问我。"接着说：

"这学校没有升学率，校长、老师，都不负责任。校长就是为了收学费，捞钱。我们以后去哪里上学和学校没有关系啊，把你送走了，就没了"（段秀婷，2013）。

而且，一些学校的老师对随迁子女的印象先入为主、以偏概全，认为随迁子女都是学习较差、品德不良的学生。有调研数据显示，仅有 20% 左右的受访教师对随迁子女给予积极的评价，认为这些孩子比本地的孩子更懂事或者与本地孩子没有差异。44% 教师认为这些孩子的学习基础不好，未能形成良好的学习习惯，因此教师在教学时感到吃力。35% 的教师认为这些孩子的家长不够配合，教师压力比较大（陈静静，2014）。曾守锤（2008）的调查显示有 17.9% 的教师不欢迎随迁子女到自己任教的班级就读。教师是教育教学的真正参与者，他们的态度和认识在很大程度上影响教育的方式和效果。教师缺少对随迁子女应有的关爱，进而会影响随迁子女对自身价值的肯定，也会伤害他们的自尊心。部分教师与学生家长沟通不够多，对学生家庭情况了解不充分；教师与家长的联系方式以间接联系为主，很多教师并不做家访等工作，与家长的关系不够密切。这会带来两方面问题：一是教育教学工作得不到家长的全力配合，二是对学生的家庭情况和社会关系缺乏充分的了解，从而不能对随迁学生进行针对性的指导（陈静静，2014）。

（五）家庭环境和家长教育

就像我们都知道的，父母是儿童的第一任老师，作为社会细胞的家庭是儿童心理素质形成的最重要的场所。对大多数随迁子女而言，之所以来到城里过漂泊的生活，就是为了能与父母在一起生活。但大多数农民工家长承受着巨大的生存压力、分身乏术，较难将时间和精力分配到家庭教育上来，而且家庭教育意识淡薄，缺乏有效的家庭教育观念和方法。

其一，家庭学习环境较差。农业转移家庭的家长最担心就是孩子的学习成绩，但殊不知在抱怨孩子不学习的同时，他们又往往会忽略自己是否为孩子打造了一个适合的学习环境。由于收入有限，很多流动儿童家长在租房的面积、子女的教育投入方面要精打细算，大部分孩子没有自己独立的学习和生活空间。一些父母是开小商铺或小作坊的，往往就在父母的店铺或作坊内伴随机器或集市的喧嚣做作业（陈静静，2014）。

其二，缺少沟通与关爱。大部分转移人口由于文化素质不高，在城市中找到的工作比较辛苦或者工作时间较长，他们往往与孩子的沟通较少，缺乏对孩子的关注和关爱。父母为生计起早摸黑地干活，没时间管孩子是转移家庭的普遍状况。广东省数据表明，流动儿童家长中，每周和孩子的相处时间在 7 个小时以上的只占 55% 左右。而对于大多数随迁儿童来说，父母的陪伴就像奢侈品。当被问及"父母带自己出去玩和父母聊天的频率"时，分别有 79.4% 和 62.7% 的孩子选择的答案为"有时会"；而选择"父母经常会和自己聊天"的儿童不到总数的 1/3，选择"父母经常会带自己出去玩"的儿童也只有总数的 1/10 左右（黎蘅、林亦旻，2013）。因此很多随迁子女未能感受到像城市儿童一样多的父母关注，在某种程度上也影响了随迁子女的人际关系。程黎等人（2007）的研究发现，随迁儿童的校园人际关系与随迁儿童的家庭因素密切相关，其亲子关系及父母的夫妻关系越密切，其师生关系及同伴关系越积极。

其三，教育方法不当。亲身感受着显著的城乡差异，随迁子女的家长们开始重视对孩子的教育，希望子女能够通过读书改变命运。但家长们对教育的价值认识还普遍停留在考上大学或者出人头地过好日子，对于孩子人格、素养、情感、兴趣、习惯等方面关注不足。长时间的体力工作会使家长身心疲惫，遇到孩子的问题时很难做到情绪管理，有时也直接把气撒到了孩子身上。会不自觉地使用打骂、讽刺、哄骗等错误的教育方法。一出现问题，唠叨、责骂是最平常的，粗暴地打孩子也是普遍存在的，当孩子开始反抗之后，束手无策的家长又反而开始哄骗，进而放任、溺爱。而家长也往往早已将这些方法固化，认识不到其中的危害性。

（六）随迁子女自身

虽然随迁子女入学难的问题在很大程度上得到了解决，但是在适应和融入城市生活的过程中，面临着学习环境的变化、生活习惯的改变、价值观念的适应等问题，往往会对随迁子女的心理和行为造成一定的冲击。有调研显示，随迁学生在学习中遇到诸多问题，集中表现在学习跟不上（37%），现在学校的要求和老家不一样（17%），作业量太大学习太累（17%）等，这说明这些学生存在着较大的学业压力（陈静静，2014）。而且，从整体上看，流动儿童的心理健康水平比城市定居儿童要低，存在较多的心理和行为问题。由于流动儿童频繁的转学，会使他们缺少老师的肯定和同学的接纳，尤其是在班级活动中，会经常遭到排斥和歧视，因此缺少归属感。遭受歧视的流动儿童往往会出现两种问题：一是变得退缩、恐惧、自卑、自我认同感低、害怕与人交往、同伴关系较差。二是容易导致他们产生行为问题，产生孤独、恐惧、自尊、社交焦虑等问题（米聪，2014）。

总之，随迁子女的教育与发展面临很多的难题和困境，如何妥善解决成为当前研究的重点和关键。美国也是人口流动迁移的大国，他们的经验和教训，非常值得我们学习和借鉴。

二、美国流动儿童的经验与借鉴

作为流动人口大国，美国有着大量的国内季节性流动工人和合法非法的外国移民，且非法移民占流动人口总数的比例正不断攀升，流动人口一方面为整个美国创造了经济福利，另一方面也给美国带来了各种社会压力，其中就包括如何解决上千万流动儿童的教育问题（周国华、陈宣霖，2015）。

（一）美国流动儿童教育所面临的困难

流动学龄人口在美国是一个规模庞大的人口群体，每年大约有 16% 的美国人会选择搬家。大量研究表明，家庭迁移与学生的社会成就和学业成就之间存在负相关关系（张绘、郭菲，2011）。美国审计总署的一份报告指出，频繁转学的三年级学生中有 41% 的学生阅读成绩低于该年级平均水平，31% 的学生数学成绩低于该年级平均水平。家庭流动会使流动儿童接受的教育教学量少于普通儿童，频繁转学最为严重的后果是使流动儿童无法顺利完成学业、获得文凭进入下一阶段学习。流动儿童成年后的教育水平也普遍偏低，使得他们无法面对日益激烈的竞争，也因此无法改善他们以及他们下一代的生活状况和社会地位，陷入恶性循环（张绘、郭菲，2011）。

美国的流动儿童教育中面临的最大困难和压力来自于财政方面。美国各级政府的教育经费拨款一般会采用一系列公式，如定额补助公式、基准补助公式、均等化补助公式等来计算。这些公式中最重要的一个变量就是在读人数，它被定义为平均每天在校的学生人数。这一数字直接决定各学区和学校所能得到的教育经费，因此在读人数的统计是否准确直接影响到每个学区和学校能否得到充足的教育经费。在这样的财政体系下，接收大量的流动学生会给学校和学区带来很大的财政压力，特别是对于经济不发达的地区尤其如此（张绘、郭菲，2011）。在学校层面上，流动儿童的特殊性给学校的行政和教学管理带来了巨大挑战。在管理方面，学生入学时通常要走一系列的行政程序，如入学时要编制入学信息表，进行入学资格认定，重新为其安排课程时间和课程组合等。为克服这些困难，学校需要投入更多的人力及物力，这会导致行政管理成本的上升，进而导致生均教育经费和硬件建设投资的减少。另外，经常性的学生流动还会对教学造成影响，为了照顾插班生，班级甚至学校的正常教学进度需要减慢（张绘、郭菲，2011）。

（二）美国流动儿童教育采取的措施与对策

1. 完善立法。在美国，流动儿童的教育问题很早就引起了社会的关注，早在 1960 年，美国就针对迁移学生的学习问题发起了《迁移者教育计划》，该计划旨在为迁移学生提供补偿教育和服务支持，以降低迁移流动对学生的不利影响。1988 年通过的《学校促进法案》又将年龄范围调整到 3～21 岁。2002 年 1月，美国通过了《不让一个孩子掉队法案》，其使命是保证美国的每一个学生受到成功的学校教育，消除流动学生与非流动学生的差别（石人炳，2005）。

2. 完善服务。从行政上明确划分联邦、州、学区及学校的权责，细化流动儿童教育工作。首先，在联邦层面，美国教育部在初等和中等教育办公室专门设立了流动人口教育办公室来协调管理各州的流动儿童教育工作，其在提供资金保障和技术支持的同时还负责对流动儿童教育项目的实施结果进行评估和问责。为进一步促进各州在流动儿童教育上的合作，美国教育部成立了流动教育协调支持中心，帮助解决流动儿童在州际间流动时所面临的困难（周国华、陈宣霖，2015）。其次，在州层面，州政府主要致力于解决州内流动儿童教育问题和加强州际间合作。如为减少学生流动和学习中断，芝加哥发起了基于学校系统的、保留在原处的计划；为统计流动儿童信息，得克萨斯州与科罗拉多州、伊利诺伊州等，多个州合作建设了专门服务于流动儿童的跨州电子信息转接学生系统。最后，在学区与学校层面，学区和学校主要是强调家长参与、传播教育信息及促进流动儿童社会融入等。如为帮助流动儿童获得学习、社交及情感支持，得克萨斯州的维多利亚独立学区开设了一个面向所有父母的学区父母中心，同时在每个学校确定一名老师作为学生父母联系人负责学生上学、开办家长培训研讨班及家访等工作。印第安纳州福特韦恩地区的社区学校则通过实施家庭帮助家庭计划让有子女在本地至少上学两年的家庭和新来家庭结对子帮助促进流动儿童的社区融入（周国华、陈宣霖，2015）。

3. 信息建设。利用网络传递流动学生信息，保证流动学生学习的连续性。为了便于对迁移学生的跟踪服务，美国于 1995 年建立了"迁移学生记录传递系统"，这是一个由计算机处理的系统，其中收集有迁移学生的相关信息，包括学生家庭、迁移前就读学校、学生已掌握的技能、考试成绩、基本健康状况甚至免疫记录等信息，并不断调整个案和更新记录。无论这些学生迁移的频率高低和距离远近，由于迁移学生记录传递系统能将学生的信息用通信方式在学区间及时传递，这大大促进了迁移学生学习的连续性和稳定性（石人炳，2005）。

4. 学校与教师。学校和教师迎接新同学和他们家庭的活动便于学生平稳地过渡；学校提供给教师对学生学习情况了解和恰当编班的机会。学校开展"密友系统"让老生与新生"结成对子"，帮助新生了解新学校的进度安排和规则等；"促进出勤计划"利用学校和家长支持，了解学生缺课原因并达成一致的促进出勤计划；"走出校门计划"帮助学生父母理解学校政策和目标，建立有利于学习的家庭支持系统，鼓励家庭参与学校决策，为家庭和学生提供有关学校和社区的有用信息。同时，学校与社会服务机构建立伙伴关系，有利于学校和社会服务机构双方共享一些有用的信息（石人炳，2005）。

5. 其他有益的实践。第一，德克萨斯州的维多利亚独立学区，调整战略以保证无家可归小孩和流动学生得到学习上的、社交和情绪上的支持。这里开设了一个向所有父母开放的学区父母中心；他们在安全而且环境清洁的地方设立了临近流动儿童的家庭作业中心，由具有资格的助教在这里供职，并提供免费的快餐和小电脑室；他们还在每个学校确定一个老师作为"学生父母联系人"，负责督促学生到校，确定无家可归者并提供帮助，办家长培训研讨班，进行家访，把家长和学生推荐给社区的社会服务机构，父母联系人将学生、教师、家长和社区联系起来（石人炳，2005）。第二，印第安纳州福特韦恩地区的社区学校，采取了"家庭帮助家庭"计划。该计划就是当一个家庭移到学区来时，让有孩子在本地学校上学至少两年的家庭和新家庭"结成对子"，最好是两家的孩子在同一所学校上学。学校校长通过安排新生家长喝咖啡和新生参加的小组午餐等形式组织一些聚会，使新生能够平稳地融入新的校园文化。为学生安排指导教师和家庭教师，使教师和学生建立联系。提前了解学生的流动可能，早做准备等（石人炳，2005）。第三，明尼阿波利斯公立学校采取的"小孩流动计划"，主要通过社区论坛、研讨会、印发宣传材料等方式将有关信息送到家长手中。了解学生可能的流动情况，为每个学生制定上学目标（石人炳，2005）。第四，有的州要求学校在年度执行报告中要包含学生流动的内容，减少流动对教师、学生和学校的影响等（石人炳，2005）。

三、改善随迁子女教育发展状况的建议与措施

正如美国的经验所启示我们的一样，随迁子女的教育与发展问题涉及政府、社会、学校、教师、家长、子女等多元主体。其中，政府应在立法执法、财政资金等方面做好统筹规划，社会力量要起到有益的补充和社会工作的专业支持，学校和教师应在教学资源和教学方式上不断完善，而家长和子女也应追求更良好的家庭环境和家庭氛围。总之，农业转移人口随迁子女的教育公平问题是一个许多

因素相互交织的复杂问题，因此，只有以政府为主导，多方协作，社会各界共同努力，才能真正实现进城农业转移人口随迁子女的教育公平和人生发展（杨林、张敬聃，2012）。详细如下。

（一）政府多方面的权利与责任

"两为主"等政策对于保证随迁儿童接受义务教育的平等权利和机会发挥了重要的作用。但相关的法律法规还应进一步完善，如将随迁子女的教育纳入流入地教育普及的考核内容，进一步明确流入地的投入、管理责任等（彭飞，2014）。各地逐步将常住人口全部纳入区域教育发展规划，将随迁子女全部纳入财政保障范围。坚持农业转移人口随迁子女义务教育的准公共产品属性，继续完善以财政拨款为主的多元的教育投入体制。以公办学校为主，建立中央及地方的经费分担机制；基于县乡财政财力相对困难的现实，中央财政在农业转移人口子女义务教育投入中发挥主要作用。要求各地在安排中央财政奖励资金时，要按照"重点倾斜、集中投入"的原则，向接收农民工子女较多、条件薄弱的城市学校倾斜。要加强宏观调控，合理分配教育资源，统筹安排预算内外资金，还要尽量地缩小地区间、校际间基础设施建设和师资水平等差距，合理规划学校布局，科学核定教师编制，足额拨付教育经费，提供公平的教育服务（杨林、张敬聃，2012）。建立健全全国联网的中小学生学习信息管理系统，动态跟踪学生的流动，全面及时掌握中小学生的准确情况。各地政府要认真履行职责，创造条件使所有符合当地政府规定条件的随迁子女顺利入学，并接受良好的各阶段教育。继续消除随迁子女就学障碍，流入地教育行政部门和公办中小学要制定或主动公开相关政策，明确随迁子女招生计划、手续、时间等，简化就读手续，规范入学程序。同时，允许一些特大城市、大城市根据国家总体精神，实事求是地安排符合条件的义务教育阶段随迁子女入学，逐步实现免试就近入学和对口直升。例如，上海市针对符合条件的随迁子女（除自主选择自费民办学校外）已实现100%义务教育阶段公办学校或政府购买学位的民办小学就读。只需提供父母农民身份证明、在沪居住证明或就业证明，即可在上海免费接受义务教育（李洁茹、卢世博，2016）。

资料7-4 "阳光乐园"工程

天津市教委、市妇联联合为首批"阳光乐园"授牌，为本区域的外来务工人员子女提供普惠性的学前教育服务。建设"阳光乐园"是天津市实施学前教育"三年行动计划"的一项重要民生工程。2010~2012年天津市将在涉农区县建设 20 所"阳光乐园"。此举将进一步完善本市学前教育公共服务体系,尽力满足外来务工人员子女的入园需求,体现学前教育的公平性、普惠性。天津市教委、市妇联高度重视和支持"阳光乐园"项目,为加强项目建设,双方共同筹集资金为每所"阳光乐园"分别配送 5 万元的设施设备和玩教具。市妇联所属妇女儿童发展基金会积极协调多方争取资金,并得到了刚刚成立不久的中国下一代教育基金会的大力支持,新希望集团给予首批资金支持 10 万元。揭牌仪式上,市教委、市妇联联合出资,为每所"阳光乐园"捐赠首批设备——笔记本电脑和兼扫描复印于一体的打印机。中国下一代教育基金会还为幼儿园的孩子们带来了图书、食品、背包等孩子们喜爱的礼物。据悉,天津市教委、市妇联还将为这 10 所"阳光乐园"提供后续的跟踪服务,全面提升其软硬件设施和师资力量,让每个"阳光乐园"不仅成为孩子们生活学习娱乐的家园,更成为孩子们精神成长的乐园。

(资料来源:天津日报,2011 年 6 月 7 日。)

(二) 引导社会力量办学教学

其一,社会各界的共同努力。社会组织、高等院校、企业工厂、服务机构、社区居委会等社会各界凝聚力量、团结协作,通过线上、线下的多元联结渠道,利用多种方式方法,共同改善随迁子女的教育与发展状况。如市、区少年宫为他们开专属课程;游乐园、图书馆、博物馆等公共服务机构为其开辟绿色通道,让孩子们开阔眼界、寓教于乐;企业对随迁子女的慈善救助活动,大学生社团的对打工子弟学校支教的积极参与,有关媒体的跟踪报道,等等。2011 年,新公民计划建立起打工子弟学校的数据平台在线地图,包括全国 12 个城市 441 所民办打工子弟学校,通过线上线下的支持,帮助更多的企业、基金会和个人参与打工子弟的教育环境改善。目前已支持近百家企业为打工子弟学校提供爱心捐赠和支持。

其二,社区支持。建立社区中心,在课外时间为孩子提供社区教育是在美国、日本、中国香港等国家和地区已经比较成熟和普遍的工作方法。随迁儿童大多居住在城乡结合部,父母忙于工作,放学后无人看管的问题比起城市同龄人更为显著。他们有更多校内教育无法满足的教育空白时段与更多元化的教育需求,都是社区教育工作亟待填补的(袁沅,2015)。根据北京木兰社区活动中心和新公民计划于 2012 年的《打工子女社区教育需求调查报告》,超过 80% 的孩子明确表示喜欢到社区中心参加活动。例如,广州小金雁社会工作服务中心在石碁镇社区建立社区儿童中心,立足社区营造一个舒适的学习和成长环境空间,为社区里的随迁儿童提供课外辅导、儿童影院、兴趣小组、亲子活动，暑期夏令营和生日会等活动，提高流动儿童对所居住社区的适应和归属感，促进社区融合。

其三，社工工作。社会工作是指在一定的社会福利制度框架下，根据专业价值观念、运用专业方法帮助有困难的人或群体走出困境的职业性的活动。专业的社工职业在我国出现的时间并不长，但由于该职业济困助贫的天性，近年来随迁子女服务已成为很多社工项目和机构主要的工作领域之一。在学校里，社工工作经常被划为学校辅导工作范畴，与心理辅导及德育老师共同协助学生，以专业的社会工作方法为在校中学生提供学业、康乐、情绪和人际关系等方面的辅导和服务（袁沅，2015）。同时，针对城市生活适应与身份认同等问题，社工可以设计一系列的主题课程，例如城市生活注意事项、安全主题、自我认知与成长等，通过主题社工课堂，进行城市学习与探索，掌握基本城市生活技能，增强城市适应。还可以组织和带领随迁儿童开展城市主题探访活动，带领他们走出其生活的小小世界，走进城市，坐坐公交和地铁，参观科技馆和博物馆，走进世界公园，探索北京文化……增强他们对城市资源的了解和利用，也在城市探访过程中，注重随迁儿童与其他群体的互动，增强公众对于流动儿童群体的了解和关注（见资料7－5）。

资料7－5 "蒲公英计划"公益活动

由今晚报与市妇联、天津博物馆共同举办的"蒲公英计划"公益活动正式启动。该活动将以天津地区的流动儿童及其家庭为主要服务对象，通过多种形式帮助流动儿童家庭掌握科学的家庭教育知识，建立融洽的亲子关系，认识了解天津文化，更好地融入所在社区、学校和城市的生活，为3万个流动儿童家庭送去精神关爱。下一步，主办方将在流动人口密集社区、流动儿童学校，面向流动儿童家长开展家庭教育专题指导服务，有针对性地帮助家长正确地开展子女教育，养成孩子良好的学习和生活习惯；帮助随迁子女建立自信心，培养良好品格、发展融洽的伙伴关系，全年举办家庭教育公益讲座20场。同时，开展流动儿童"走进名校，感受书香"活动，带领家长、儿童共同寻梦校园；利用美术馆、展览馆、图书馆等公共文化服务设施免费开放的资源，全年开展适合流动儿童需求的亲子实践活动

（资料来源：今晚报，2016年3月7日。）

（三）学校的投入和教师的责任

1. 学校的责任与义务。随迁子女教育是所在学校的重要职责和主要义务。首先，学校应做好管理服务工作。学校要合理规划，做好招生计划、学生数量、

入学区域、毕业计划等，为随迁子女的入学、结业提供充足、高效的准备。学校同时要配置好教育资源、教学设施，在教室安排、教师分配、学习设施、体育场所、实验材料、食堂宿舍等方面为随迁子女提供便利和照顾。其次，规划好教师学生评价体系。在教育评价方面，学校对随迁学生进行多样性的、针对性评价，并对随迁学生教育中表现突出的教师予以奖励，使教师更加关注随迁学生的学习和成长（陈静静，2014）。再次，营造公平公正的学习环境，让所有学生都能体会到自己作为学校一员的重要性，发挥学生的主人公精神。通过课堂课外活动、社团活动、主题班团会等各种方式，使学生之间了解各自的优势，互相尊重、互相理解、互相帮助，共同发展与进步（陈静静，2014）。

2. 教师的责任与义务。教师是在教育一线对随迁儿童影响力最大的群体。首先，应转变旧有眼光，用发展的思路正确看待随迁学生的生活状况和学习情况，让随迁子女感受到来自学校、老师和同学的温暖，尽快适应学校生活，愉快地投入学习中去。其次，日常教育教学中，平等地对待这些学生，让他们在课上课下享受同等的学习机会，并充分挖掘他们的学习潜能，及时给予肯定、表扬，不断提高学业水平和自信力（陈静静，2014）。再次，在教育教学方面，要进一步了解这些学生的学业和心理需求，更新教育教学方法、策略，有意识地创设有利的学习环境，使学生心情愉快，学习主动性增强。开发针对随迁子女的补充课程，加强这些学生的个别化指导，帮助这些学生适应学校的学习和进度（陈静静，2014）。

（四）家长的责任与义务

家庭是儿童的第一个学习场所，家长对孩子的影响是非常重要的。而家庭教育本身就是一个长期工程，它牵动的是家庭内部每一个人的观念和行为。但转移人口家庭面对生存的压力，资源的匮乏，流动性的影响，自身与城市的冲突，传统与现代观念和方法的冲击和家庭内部的情感矛盾，亟须更多的支持与干预。从孩子教育与沟通，到情绪管理，再到夫妻关系，从学习观念到方法到陪伴训练，都是必不可少的。

1. 家庭资源的提升。经济发展和社会环境是影响儿童学习成就的重要因素，而家庭资源的充足和父母的教育投入比社会经济变量更能影响学生的学习成绩（Coleman，1966）。而随迁人口家庭资源的丰富主要依靠人力资本的提高、收入水平的提高、社会交往的扩展等因素。中西方的众多研究都表明，父母教育程度是影响他们资源获得的最为关键的因素，进而也成为影响其子女受教育状况的最为重要的因素。而随迁人口大多数都为初高中毕业，甚至也有很大一部分是小学及以下毕业，他们只能从事最低端的体力和服务劳动，获得最低等的工资收入，自然是居住在狭窄嘈杂的住房，无法也无力为随迁子女安排宽敞舒适的房间进行学习。因此，提高转移人口的人力资本，成为当前的关键和重点。主要途径是职业培训、院校学习和自我学习。转移人口收入水平的提高不仅需要教育水平的提高、职业技能的培养、工资水平的上涨，也需要"大众创业、万众创新"的拼搏，更需要股份、期权、分红、财产等更多获取福利、收入的方法。转移人口的社会交往网络也是他们家庭资源的重要组成部分，有利于他们人际交往、社会联系和困难求助，同时也有利于学校的选择、居住条件的改善等。只有满足这些因素，随迁人口才能为他们的子女创造良好的家庭环境、安静的学习环境、必须的学习用品，从而真正提高他们的教育成就。

2. 时间和精力的投入。有许多研究认为，家长陪读、帮助子女学习是对父母正常的要求和责任（Hoover-Dempsey, Bassler and Burow, 1995），而且，父母的陪读常常比社会经济变量更影响儿童的学习表现（Dauber and Epstein, 1993）。父母的陪读、课外的辅导对子女的学习成绩起到积极的作用（Bandura, 1997），它能从各个方面影响儿童的学习，包括积极的学习态度（Cooper et al., 1998）、学习竞争能力（Xu and Corno, 1998）、学习效率的提高（Hutsinger et al, 1998）、有效的学习策略（Steinberg, Lamborn, Dornbusch and Darling, 1992）等。城市打工人群由于工作时间长、劳动强度大、工作环境恶劣等众多因素的影响，转移人口没有时间和精力照顾子女、陪伴左右、辅导他们的功课，因此带来随迁子女学习成绩的下降、人际交往的偏激、心理的自卑抑郁等。政府、社会、企业以及个体的多元共同努力，是解决转移人口时间和精力不足的良好措施。政府层面应加强对农业转移人口从业环境、工作时间、劳动强度的检查、监督、处罚力度，从根本上减少过长、过劳工作的现象。社会层面应加强对"血汗工厂"、不负责任企业的打击和曝光力度，形成舆论监督和舆论监控，在社会中形成关爱外来务工人员，关注他们就业状况改善的良好氛围。工厂企业也应改变计件、计工等无限制的工作劳动方式，从而避免转移人口为提高工资收入无限制的增加劳动强度，耗尽时间和精力。同时，工厂企业也要努力进行技术改良、改善劳动环境和工作空间，减少高温、噪声、污染、辐射等对职工的损害。当然，家长是掌控自身时间和精力的主体。一方面，家长不应为计件、记工、计数而长时间延长劳动，致使自身没有时间和精力照顾子女、教育子女。另一方面，家长也不能把闲暇时间都用在打牌、游戏、闲聊、逛街、电脑、手机登娱乐事项上，而应把时间和精力留给陪伴子女、亲情交流。

3. 教育方法的提高。其一，保持较高的教育期望。父母的教育期望（父母预期子女真正能够到达的受教育水平）与其子女在学校的教育表现关系密切（Duran and Weffer，1992）。从小学到高中及高中以上，不论学生的种族和民族背景，父母教育期望对子女学习成绩都具有显著影响。子女的受教育程度将会提升到他们父母期望的水平这种思想对社会和学校产生了巨大影响（Harris and Rosenthal，1985；Jussim，1986），保留高期望已经成为提升学生学习成绩的重要方法。有许多研究一致表明在亚洲文化中父母期望与儿童学习成绩之间存在显著正关系（Kim and Chun，1994）。家长应该灌输给随迁子女以正确、合适的学习观念，从而促进子女的学习和发展。其二，亲情交流。家长由于工作、生活等多种压力，对待子女学习成绩不好、学校表现不好等往往使用打骂、讽刺、哄骗、放任、溺爱等不恰当的方式方法。家长应采用更温暖、温馨的方法教育启发子女，用亲情感化子女，用父母的关爱促进子女的学习与成长。

（五）培育随迁子女的内生力

国内外众多研究都一致表明，随迁子女往往学习基础差，有一定的学习焦虑倾向；缺乏交际能力，在交往中显得被动与过于敏感；不够自信，有一定的自卑心理等。需要采取的措施主要有。

其一，提高学习成绩。随迁子女从教育发展落后的农村到教育相对发达的城市，大部分都会面临学习成绩差、上课听不懂、课程难以适应等难题。除了学校、教师、家长应该肩负起各自的责任以外，随迁儿童自身也要想办法提高学习成绩，锻炼各种能力，提高自身素质。第一，上课认真听讲，集中精力，不开小差，不交头接耳，不看课外书籍；下课认真完成各课老师布置的作业和实验，仔细温习复习，不抄袭作业。第二，随迁子女由于文化、语言、习惯等原因，往往羞于向老师、同学请教，这是应该尽力克服的。第三，随迁学生不论是在公办学校，还是在打工子弟学校，不仅要重视学习成绩，而且在德智体美劳等方面也要全面发展。

其二，扩展人际交往。在班内开展"朋友手拉手"活动，"手拉手"的朋友之间在学习、生活、心理、感情等方面互帮互助，共同进步，促进了外地生与本地生的心理融合；在家庭中开展"同住一个家"的活动，即由本地生家庭和农业转移人口家庭结对组成一个"大家庭"，双方子女定期到对方家中居住生活，并共同完成相应任务，朝夕相处的生活促进了孩子之间的了解和友好（鲍国光、俞彩霞，2011）。

其三，树立自信心理。通过学习成绩的提高和人际交往的拓展，随迁子女应在学校和生活中树立自信乐观、积极向上的精神，为更好地适应城市生活，更快地融入流入地社会做好准备。一方面，随迁子女要有清晰的自我认识，虽然他们由农村来到城市，在经济社会地位、文化风俗习惯等方面都处于劣势地位，但他们与城市儿童一样，平等地享有各项权利和义务，不必自卑，也不要怯弱。另一方面，随迁子女随着在流入地时间的延长，学习生活的逐渐适应，家庭资本的不断增长，他们要坚信，通过自身的努力学习和刻苦向上，他们一定也能和城市子女一样，找到自己的特长和优势，取得良好的学习成绩和社会成效，要坚强、要自信。

本章小结：虽然就业、住房、社保等问题是农业转移人口市民化的重要环节，但农业转移人口最为关注的问题一直都是他们子女的教育与发展状况。本章重点使用文献研究和资料分析方法，探讨了随迁子女在流入地面临的教育资源不足、入学门槛高、学习成绩差、升学无门路、学校不重视、家长没办法、自卑缺乏交际等问题。并借鉴美国流动儿童管理与服务的多年经验，提出了政府加强教育资源的合理配置，增加财政投入、简化入学程序；社会多种力量共同投资随迁子女教育，社会做好服务工作、社会积极贡献力量；学校营造平等、和谐的环境，教师平等地对待随迁学生，及时给予肯定、表扬，不断提高他们的学业水平；家长提供良好的家庭环境和家庭氛围，做好子女的第一任老师；随迁子女努力提高学习成绩，德智体美劳全面发展，树立自信自强自立的良好信念等建议。

第八章　农业转移人口市民化意愿

此心安处是吾乡。

——［北宋］苏轼

党的十八大报告提出要走中国特色新型城镇化道路，推进以人为核心的城镇化，推进农业转移人口的市民化。而城镇化、市民化的实现，不仅取决于宏观政策导向，不仅表现在农业转移人口的就业收入、住房居住、社会保障等方面，更重要的是农业转移人口的个体意愿和心理选择，农业转移人口的心理意愿直接影响其市民化行为。正如美国城市社会学研究专家 Park 所说，城市远非只是个人的集合，也非只是各种设施——街道、建筑、电灯、轨道电车和电话——的混合，更非只是各种制度与行政管理设施——法庭、医院、警察和各种市政职能部门——的集合，城市还是一种心智和心理状态（Park，1984）。所谓心理意愿是指一种主观的态度，指农业转移人口对自己是否融入城市所做出的判断（李树茁等，2014）。本章重点关注以下几个问题：（1）转移人口市民化意愿的现状与特征；（2）影响转移人口市民化意愿的因素与机制；（3）有效的建议与措施。这些问题的回答对于准确把握转移人口的态度与行为，详细了解转移人口的身份认同具有重要的作用，从而有利于我们及早规划、提前布置，促进转移人口的城市融入，推动城乡人口的社会融合。

一、天津市农业转移人口市民化意愿分析

在农业转移人口市民化的研究成果中，有关经济融入、社会保障、教育发展等维度的研究较多，而从转移人口的心理意愿角度来分析其市民化进程的研究相对较少。一方面是因为影响转移人口心理意愿的因素比较复杂，另一方面是数据资料获取的难度较大（肖昕如、丁金宏，2009）。但转移人口的心理意愿是涉及转移人口的生存环境、城市公共服务政策和城乡社会经济协调发展等多个方面的社会问题。如何缩小农业转移人口与本地居民之间的心理距离，促进农业转移人

口的城市融入和心理认同，是建设和谐城市、推动城市化健康发展的重要途径（王桂新、武俊奎，2011）。分析我国农业转移人口市民化的战略和模式，必须分析农业转移人口的居留意愿及其影响因素，并重视这些因素对城市化战略和模式的影响（侯红娅等，2004）。

有研究表明，农业转移人口从乡村进入城市，他们生活生产的环境发生了巨大的变换。我国城市主流文化大致包括以下主要内涵：人口密度大、异质性强，市场化、都市化和社会化程度高，第三产业、第二产业发达，社会分工明显等（张继焦，2003）；而农村的社会和经济特征则恰恰与此相反。因此，对于流入城市的农民而言，要面对的是迥然不同的文化，从同质性的、情感性的传统乡土社会进入异质性的、工具性的现代城市社会，面临着一个重新建立"心理认同"的过程（张海波、童星，2006）。尽管农业转移人口中很大部分是长期工作生活在城市中的，已经成为整个城市劳动力的主要组成部分，但在很多转移人口看来，城市社会依然是"外在的"和"他们的"，而并不认为是"我们的"（徐祖荣，2008），往往将拥有城市户口的人称为"他们城里人"，而称自己为"我们外地农民"（陈映芳，2005；赵晔琴，2007）。转移人口时刻扮演着城市的"陌生人"角色，源于转移人口在心理上与城市和市民群体之间的距离感：置身于城市，却不是城里的人；离得很近，实际却很远。转移人口中这种漂泊的感受和心态是的确存在的，在心理上会感到自身和市民差异很大，对城市的认同度不高，归属感不强（李立文、余冲，2006）。当然，不同的学者也有不同的看法，如钱文荣、张忠明（2006）对浙江的调查就表明外来人口有着融合城市的强烈愿望，他们中有很大一部分人希望增加与城市居民的交往，并且希望成为城市居民中的一分子。周建芳（2008）也持有同样的看法，她认为绝大多数流动人口期待与流入城市的融合，不仅认同流入城市的生活比家乡好，对于自己的经济会有更好的改善，而且认为在流入城市会对下一代更为有利。

近年来针对转移人口心理意愿这一问题，学术界也开展了一些相关研究。这些研究包括对以农业转移人口为主体的流动人口在城镇心理意愿的调查分析（裴谕新，1999；苏群、周春芳，2005），对流动转移人口居住和养老模式的纵向动态研究（任远，2007）及理论解释（陈文哲、朱宇，2008）对转移人口心理认同影响因素的探讨（王春兰、丁金宏，2007）等。上述文献从流动人口的融入意愿、居住意愿、迁户意愿、养老意愿等方面进行了阐述，也对影响转移人口身份认同的各种因素进行了详细地探讨，为我们进一步研究这些问题提供了良好的基础条件。但这些研究也存在指标单一、缺乏深层次分析、结论互相矛盾等问题，针对这些问题，本章利用2014年天津市民生调查数据，重新进行了分析。

（一）单变量分析结果

从表 8 - 1 的调查数据表明，农业转移人口融入意愿比例最高，超过 85% 的人口愿意融入本地社会，成为天津人口的一员。有七成人口打算在天津长期居住，但愿意迁入户籍的仅有一半左右。而打算在本地养老的比例最低，仅有不到 1/5。

表 8 - 1　　　　　　　天津市农业转移人口市民化意愿　　　　　　　单位：%

市民化意愿	问题设置	是	否
融入意愿	愿意融入本地社会，成为其中的一员	85.7	14.3
居留意愿	是否打算在本地长期居住	70.5	29.6
迁户意愿	若没有任何限制，您是否愿意把户口迁入本地	54.8	45.2
养老意愿	是否打算在本地养老	19.2	80.8

（二）市民化意愿影响因素与作用机制分析

目前，关于流动人口身份归属影响因素的大多数研究立足于宏观层面和制度背景，指出城乡二元结构的削弱但依然存在导致了农业转移人口的心理认同危机。一方面，城市二元结构的削弱使得农村人口实现了从农民到工人的角色转换；另一方面，城乡二元壁垒依然存在又阻碍政府对其身份的制度认同。于是角色转换与身份转换的背离使得转移人口陷入身份归属的困境，身份归属呈现模糊化、不确定现象（甘满堂，2001）。以农业转移人口为主体的流动人口其乡土认同在减弱，但仍具有一定的家乡归属感，而这更多的是靠对家乡亲人的情感寄托来维系的。他们的生活方式正逐渐地远离农村生活，在农村的交往圈子越来越小，对农业生产越来越缺乏兴趣，对农村的一些生活方式已经表现出某种不认可，甚至表现出反感和否定。然而，现实表明，当他们在对农村生活日益疏远的同时，却又无法在城市主流社会寻找到归属感和认同感，只能在农村社会和城市社会的夹缝之间谋生存、求发展。这种在两类社会形态中间游离的"双重边缘人"状态（王春光，2003；许传新，2007；魏晨，2006），无疑会影响到其未来的归属选择。

已有研究表明流动人口年龄的大小与市民化的意愿倾向呈负相关的关系，年龄越大其市民化意愿越弱，年龄越小则市民化意愿倾向越强（李兴华、戴健华、曾福生，2007）。年轻人一般更具冒险性，更容易适应新环境、接受新文化，因此其市民化意愿强（王桂新、陈冠春、魏星，2010；叶鹏飞，2011）；随着年龄的增加，流动人口由于受回乡创业、乡土观念和子女教育等因素的制约，市民化意愿倾向越来越弱（王毅杰，2005；侣传振、崔琳琳，2010；续田曾，2010）。国外研究也表明较年长的迁移者更愿意选择回流而不是定居下来。从性别差异来看，一般来说，男性流动人口可能更愿意在城市定居，社会往往对男性赋予了更多的责任和角色期待，更倾向于期待男性事业有成、取得更大的成功，因此男性转移人口市民化意愿更强（王桂新、陈冠春、魏星，2010）。而女性转移人口可能由于需要照顾子女或父母因而定居城市意愿相对低于男性转移人口（毛丰付，2009）。

教育向来都是决定迁移流动的重要因素，更高的受教育水平会使迁移流动者更容易获得工作信息并降低迁移的心理成本。而且由于受教育程度高的转移人口就业比较稳定，收入较高，适应城市的能力也较强，因而受教育程度也与市民化意愿正相关，即受教育程度越高的转移人口市民化意愿越高（黄乾，2008；李楠，2010；熊彩云，2007；熊波、石人炳，2007）。在流入地生活时间越长，农业转移人口对城市社会的理解力、融入性越强，社会网络资本积累越多，经济活动机会和收入增加，对城市生活的适应性和对流入地的认同程度越高，其居留和养老意愿也就越强（王毅杰，2005；吴兴陆，2005）。所从事职业的不同类型会影响转移人口的市民化意愿，所从事职业的层次和声望越高，转移人口市民化意愿越强；从事职业的层次和声望越低，转移人口市民化意愿也越弱（孟兆敏，2009；黄乾，2008）。收入水平影响流动人口在城市的生活负担水平和生活质量及其对未来城市生活的预期，因而，收入水平在很大程度上决定了转移人口在城市定居的可能性。当转移人口在城市获得较高的经济收入时，就可以支付城市生活所需的各项支出，如房屋、子女教育、医疗费用等，因此将可能倾向留城定居而不是返回家乡。而低收入的转移人口由于无法支付有关生活成本，将倾向返回家乡而不是留城定居（朱宇，2004；姚俊，2009）。

在众多文献研究的基础上，本章探讨了年龄差异、性别差异、教育程度、职业类型、收入水平等因素对农业转移人口市民化意愿的影响机制和影响途径。图8-1天津市农业转移人口融入意愿和交互分析结果表明，30～39岁人群的融入意愿最高，其次是40岁以上人群，20～29岁农业转移人口的融入意愿相对较低。从性别比较的视角来看，女性打算融入本地的比例更高，这与前面文献论述的结果正好相反。从受教育程度的分类来看，高中文化程度的农业转移人口融入意愿最为强烈，而初中及以下文化程度的融入意愿要明显降低。从职业类型来看，公司职员愿意融入的比例最高，其次是学生，无职业的融入意愿明显较弱。从收入水平来看，没有收入和2000～3000元人群的融入意愿较为强烈，收入在5000元以上的人群的融入意愿反而并不强烈。

图8-2天津市农业转移人口长期居留意愿的交互分析结果表明，30～39岁人群的长期居留意愿最高，其次是20～29岁人群，40岁及以上农业转移人口的

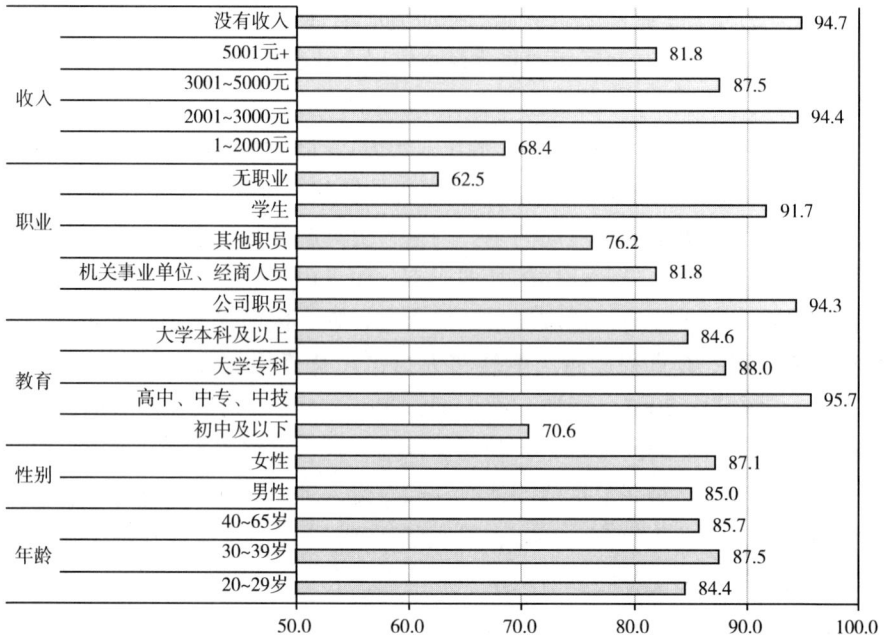

图 8-1 天津市农业转移人口融入意愿的交互分析结果 （%）

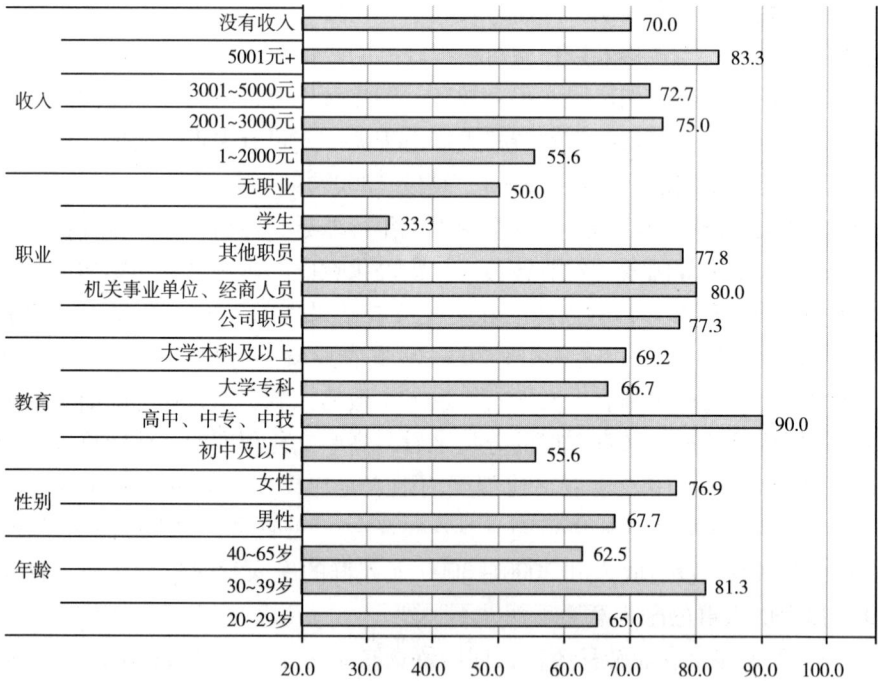

图 8-2 天津市农业转移人口长期居留意愿的交互分析结果 （%）

长期居留意愿相对较低。从性别比较的视角来看，女性打算长期居留的比例更高，近80%的女性都打算在流入地长期居留，而男性要低10个百分点。从受教育程度的分类来看，高中文化程度的农业转移人口居留意愿最为强烈；而初中及以下和专科及以上的居留意愿要明显降低。从就业情况来看，有工作的居留比例都较高，而没有工作的长期居留比例较低。从收入水平来看，5000元以上人群的长期居留比例明显较高，而2000元以下人群的长期居留比例明显降低。

图8-3天津市农业转移人口迁户意愿的交互分析结果表明，40岁以上人群的迁户意愿最高，其次是20~29岁人群，30~39岁农业转移人口的迁户意愿相对较低。从性别比较的视角来看，女性打算迁入户籍的比例明显高于男性，有近六成女性打算迁入户口，而男性仅五成左右。从受教育程度的分类来看，高中及以上文化

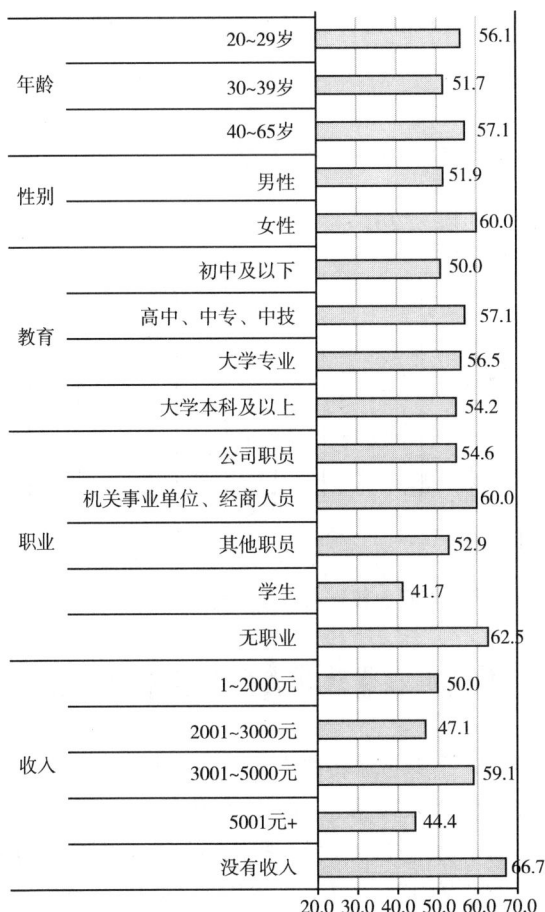

图8-3 天津市农业转移人口迁入户口意愿的交互分析结果（%）

程度的农业转移人口迁户意愿最为强烈，而初中及以下文化程度的迁户意愿明显降低。从就业状况来看，无职业人员迁入户口的意愿最为强烈，其次是机关事业单位工作人员和商业经商人员，最低的是学生。从收入水平来看，没有收入人员打算迁入户籍的比例最高，而收入超过 5000 元的人群打算迁入户口的比例反而是最低的。

图 8-4 天津市农业转移人口本地养老意愿的交互分析结果表明，30~39 岁人群的本地养老意愿最高，达 1/4；其次是 20~29 人群，有 16%；40 岁以上农业转移人口的本地养老意愿相对较低，仅为 14.3%。从性别比较的视角来看，女性打算本地养老的比例明显高于男性（33.3% 与 13.5%）。从受教育程度的分类来看，专科及以下人群的养老意愿相差不大，本科及以上人群的本地养老意愿显著升高。从就业情况来看，公司职员打算在本地养老的比例明显要较高。从收入水平来看，5000 元以上人群打算在本地养老的比例明显较高。

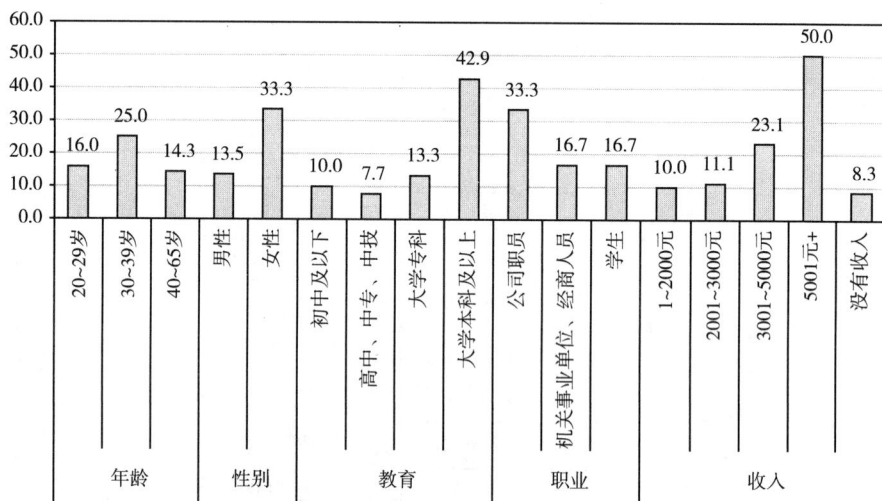

图 8-4　天津市农业转移人口养老意愿的交互分析结果 (%)

二、五城市农业转移人口长期居留意愿分析

虽然有些研究表明，不少农业转移人口对流入地产生一定程度的地域归属感，但同时也有很大一部分转移人口希望回到家乡生活。对于转移人口的长期居留意愿，由于调查地区不同，访问样本各异，提问方法各有视角，因此得到的转移人口的居留比例也相差很大，从 20%（朱宇，2004）到 30%、40%（王春兰、丁金宏，2007；叶鹏飞，2011），再到 50% 左右（梅建明，2006），甚至也有得出 60%、70% 的转移人口打算在流入地长期居留的调查（李兴华、戴健华、曾福生，

2007）。农业转移人口由于工作、就业等原因，虽然暂时没有回到流出地的打算，但是他们对难以融入城市的现状往往具有比较清醒的认识，因而对定居于城市、成为流入地居民不抱奢望，对于未来归宿仍然没有明晰、一致的想法和选择（李强等，2009）。有研究表明转移人口对于自己将来的居留常常是"走一步算一步"或"不清楚"（张祝平，2011）。有学者还将转移人口区分为"回乡型、徘徊型、融入型"三种类型（朱力，2000）。具体情况如何，还要靠实践数据的验证与支持。

（一）相关分析结果

从图8-5五城市农业转移人口长期居住比例的分析结果来看，上海市农业转移人口的居留意愿最为强烈，有六成打算在沪长期居住；北京、深圳、天津三地的长期居留意愿相差不大，有一半左右的农业转移人口打算长期居住；广州是五城市中最低的，仅为45.4%。

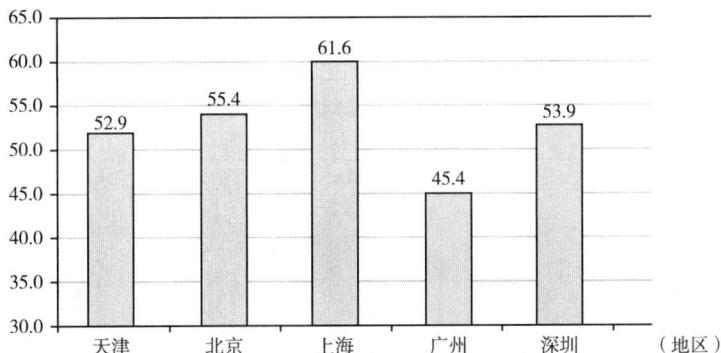

图8-5 农业转移人口长期居住比例（%）

图8-6五城市农业转移人口代际差异与长期居留意愿的交互分析结果表明，北京、上海、天津、深圳四城市"70后"打算在流入地长期居留的比例最高，其次是"70前"，再次之的是"80后"，最低的是"90后"，仅四成的"90后"农业转移人口打算在流入地长期居留。广州市的数据与其他城市稍有差异，年龄与意愿之间呈现明显的线性关系，年龄越大，长期居留意愿越强，年龄越小，长期居留意愿越弱。

图8-7五城市农业转移人口性别差异与长期居留意愿的交互分析结果表明，性别之间的居留差异不大，但各城市之间也有所不同，上海市男性农业转移人口的居留意愿强于女性人口，其他城市都是女性居留比例高于男性，特别是天津市和广州市，分别高出3.4个百分点和3.5个百分点。

图8-8五城市农业转移人口教育程度与长期居留意愿的交互分析结果表明，

初中文化程度的农业转移人口在城市的居留意愿是最低的。与大家认为的不一致的是，小学文化程度的居留意愿要高于初中文化程度，甚至在北京小学文化程度农业转移人口的居留意愿要高于高中文化程度人口。当然，大学专科及以上文化程度人群的长期居留意愿是最强烈的。

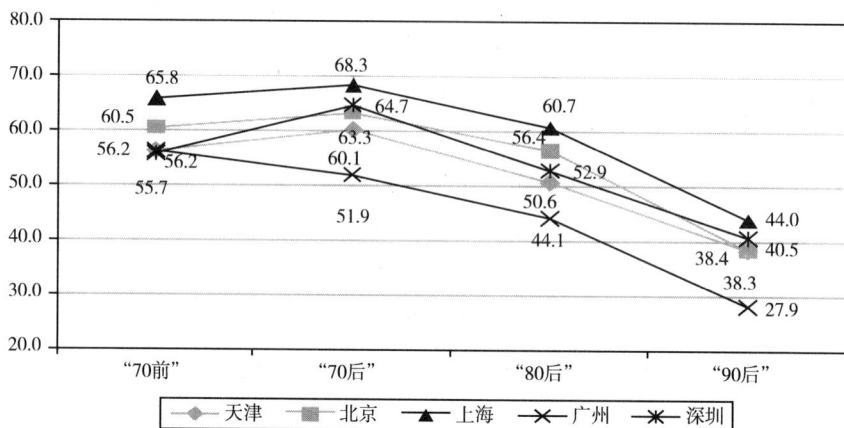

图 8-6　农业转移人口代际差异与长期居留意愿的交互分析结果（%）

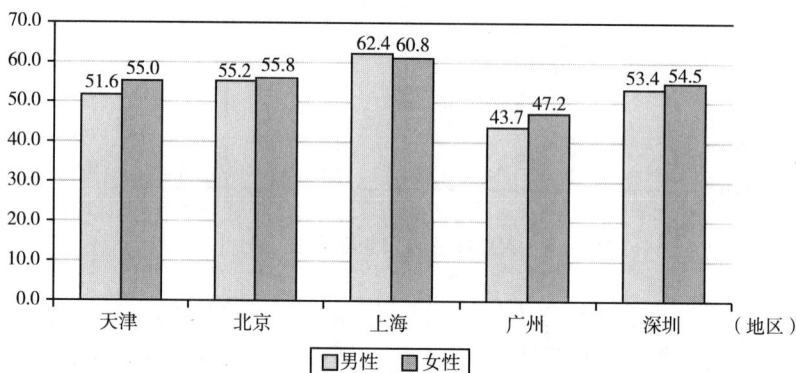

图 8-7　农业转移人口性别差异与长期居留意愿的交互分析结果（%）

　　图 8-9 五城市农业转移人口流入时间与长期居留意愿的交互分析结果表明，流入时间与居留意愿之间呈现显著的正向相关关系，流入时间越长，打算在城市长期居住的比例就越高，流入时间越短，打算在流入地长期居留的比例就越低。例如，天津市 2000 年以前流入的人口打算在本地长期居住的比例为 86.3%，而 2011 年以后流入的人群打算在流入地长期居留的比例仅为 33.4%。

　　表 8-2 五城市农业转移人口职业类型与长期居留意愿的交互分析结果表明，天津市和深圳市的建筑业农业转移人口打算在流入地长期居留的比例是较低的，

仅有 1/4 左右人群选择在流入地长期居住；更低的还有广州市，打算在本地长期居住的比例仅有 13.8% 。从北京和上海两市的数据来看，生产人员居留意愿最弱。五城市的交互分析结果还显示，餐饮、家政、保洁、保安人员的居留比例也是相对较低的。

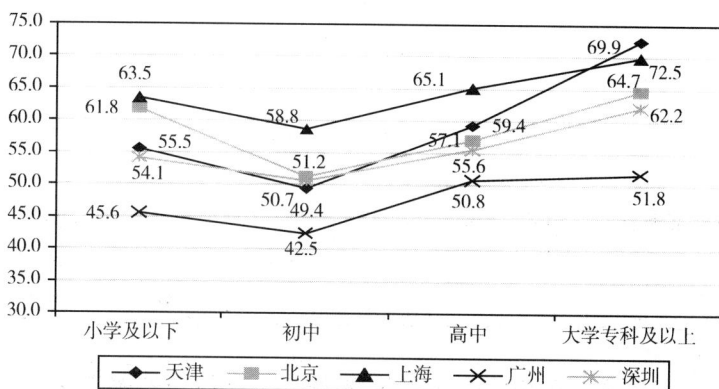

图 8 - 8　农业转移人口教育程度与长期居留意愿的交互分析结果（%）

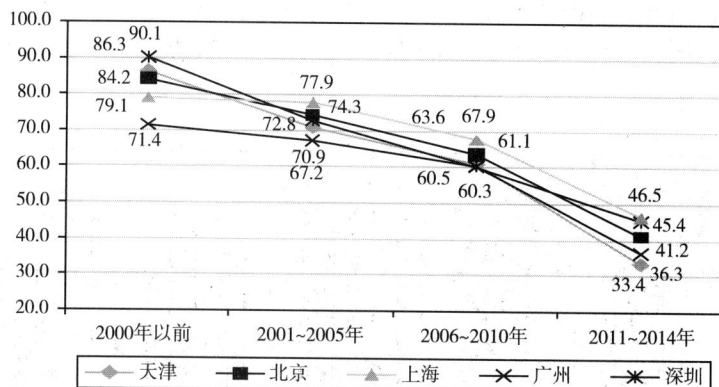

图 8 - 9　农业转移人口流入时间与长期居留意愿的交互分析结果（%）

表 8 - 2　　　　　　农业转移人口职业类型与长期居留意愿的交互分析结果　　　　　　单位：%

地区职业	天津	北京	上海	广州	深圳
负责技术办事人员	65.6	66.4	71.6	46.1	66.9
经商商贩	63.1	67.0	77.3	61.8	65.6
餐饮	51.5	46.3	52.5	38.1	49.5

地区 职业	天津	北京	上海	广州	深圳
家政保洁保安	53.9	45.9	60.4	40.9	48.4
装修	51.9	52.6	67.3	54.8	48.0
其他商业、服务业人员	60.0	54.0	62.1	48.2	51.0
生产	43.8	39.3	49.0	33.8	40.8
运输	59.7	60.0	71.6	50.0	71.4
建筑	25.5	58.8	56.3	13.8	25.0
其他生产、运输设备操作人员及有关人员	43.8	44.1	63.6	39.0	47.8
其他职业	43.5	58.5	55.0	58.1	62.2
没有工作	59.8	53.5	61.5	36.7	49.4

图 8 - 10 五城市农业转移人口单位属性与长期居留意愿的交互分析结果表明，个体工商户和国有集体企业员工的居留比例较高，私营企业人员的居留比例较低。从天津市的数据结果来看，个体工商户人员打算在津长期居住的比例为60％，国有集体企业也有58％，而个体工商户、外资企业以及其他企业此比例仅为45％左右。

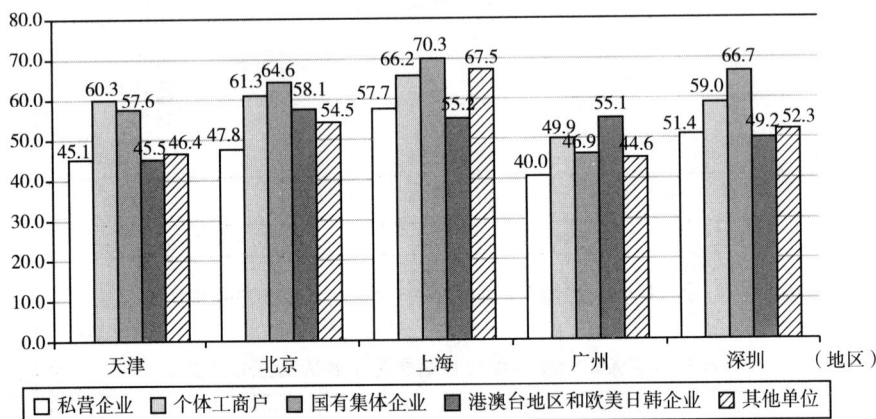

图 8 - 10　农业转移人口单位属性与长期居留意愿的交互分析结果（％）

图 8 - 11 五城市农业转移人口就业身份与长期居留意愿的交互分析结果表明，雇主在城市的居留意愿最强，其次是自营劳动者，最低的是雇员。以天津市为例来看，雇主有 73.5％ 打算在津长期居留，而雇员仅为 45.4％。

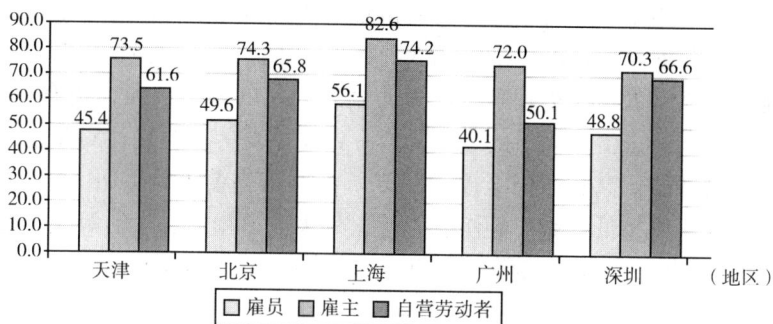

图 8 – 11 农业转移人口就业身份与长期居留意愿的交互分析结果（%）

（二）模型分析结果

相关（交互）分析将为我们提供自变量与因变量之间是否存在关联和存在怎样关联的信息。数据分析的第二步应是使用模型分析方法，探讨自变量与因变量之间的独立关系，以及其他因素对自变量与因变量之间关系的干扰与调节作用。表 8 – 3 五城市农业转移人口长期居住意愿的多层 Logit 模型分析结果显示，在控制了其他因素以后，年龄是影响居留意愿的显著因素，居留意愿最强的是"70后"人群，而"90 后"人群的居留比例要显著降低，与参照组"70 前"相比，"90 后"打算长期居留的概率仅为 67%。尽管天津市普通 logit 模型分析结果显示性别之间没有显著差异，但从五城市的综合分析结果来看，普通 logit 模型和多层 logit 模型都显示女性的长期居留意愿要高于男性。教育程度是影响农业转移人口居留意愿的显著因素，差别主要体现在高中以上和高中以下，高中以上文化程度的居留意愿显著高于小学和初中文化程度人群。相比参照组，高中居留意愿提高 34%，大学专科及以上提高 81%。模型结果与相关分析结果一致表明，流入时间是影响农业转移人口居留意愿的最为显著因素之一，流入时间越长，居留意愿越强，流入时间越短，居留意愿越弱；这也就是有研究所表明的"居留决定居留"（任远，2006）。职业类型是影响农业转移人口心理意愿的显著因素，与参照组（负责技术办事人员）相比，生产、建筑、餐饮、家政保洁保安等的长期居留意愿显著降低。从单位性质来看，在控制了年龄、教育等个体因素以后，私营企业、外资企业、港澳台企业等和个体工商户之间没有显著差异，但国有集体企业的居留意愿显著高于参照组。从就业身份来看，雇主、自营劳动者的长期居留意愿显著高于雇员。从五城市的对比结果来看，北京、天津的农业转移人口长期居留意愿没有显著差别，上海农业转移人口的居留意愿要显著高于参照组天津市，而广州市农业转移人口的居留意愿要显著低于天津市。从多层模型城市特征的分析数据来看，城市中流动人口比重越大，外来转移人口打算长期居留的比例越高。流动人口比重越高，代表着外来人口的权重越大，越有一个开放、包容的环境和氛围；流动人口的老乡同学、亲戚朋友等社会交往对象也越多，有利于社会认同感的提高和居留意愿的提高。而城市当前人均 GDP 越高，转移人口的长期居留比例越低。城市经济越发达，外来人口租房、生活等花费越高，不利于他们的经济融入和社会融合，因此，他们的居留意愿反而不高。

表 8 - 3 农业转移人口长期居留意愿模型分析结果

变 量	普通 Logit 模型（天津）		普通 Logit 模型（五城市）		多层 Logit 模型（五城市）	
	系数	标准误	系数	标准误	系数	标准误
个体特征						
年龄类型						
"70 前"（参照组）						
"70 后"	0.28 *	0.11	0.11 *	0.05	0.11 *	0.05
"80 后"	0.12	0.11	- 0.05	0.05	- 0.05	0.05
"90 后"	- 0.34 *	0.14	- 0.40 ***	0.06	- 0.40 ***	0.06
性别差异						
男性（参照组）						
女性	0.07	0.07	0.13 ***	0.03	0.13 ***	0.03
教育程度						
小学及以下（参照组）						
初中	- 0.02	0.10	- 0.06	0.05	- 0.06	0.05
高中	0.35 **	0.13	0.29 ***	0.06	0.29 ***	0.06
专科及以上	1.01 ***	0.18	0.60 ***	0.08	0.59 ***	0.08
流入时间						
2000 年以前（参照组）						
2001 ~ 2005 年	- 0.96 ***	0.16	- 0.48 ***	0.08	- 0.48 ***	0.08
2006 ~ 2010 年	- 1.35 ***	0.14	- 0.91 ***	0.07	- 0.91 ***	0.07
2011 ~ 2014 年	- 2.38 ***	0.14	- 1.75 ***	0.07	- 1.75 ***	0.07
职业类型						
负责技术办事人员（参照组）						

续表

变 量	普通 Logit 模型（天津）		普通 Logit 模型（五城市）		多层 Logit 模型（五城市）	
	系数	标准误	系数	标准误	系数	标准误
经商商贩	−0.52 **	0.19	−0.32 ***	0.08	−0.32 ***	0.08
餐饮	−0.45 *	0.18	−0.54 ***	0.08	−0.54 ***	0.08
家政保洁保安	−0.37	0.21	−0.56 ***	0.09	−0.56 ***	0.09
装修	−0.48 *	0.23	−0.33 **	0.10	−0.34 *	0.10
其他商业、服务业人员	−0.20	0.18	−0.27 ***	0.07	−0.61 ***	0.07
生产	−0.49 **	0.17	−0.61 ***	0.07	−0.61 ***	0.07
运输	−0.29	0.22	−0.02	0.12	−0.02	0.12
建筑	−1.17 ***	0.21	−0.79 ***	0.11	−0.79 ***	0.11
其他生产运输设备人员	−0.55 **	0.19	−0.36 ***	0.09	−0.36 ***	0.09
其他职业	−0.88 ***	0.22	−0.57 ***	0.11	−0.57 ***	0.11
没有工作	0.03	0.19	−0.20 *	0.08	−0.20 *	0.08
单位性质						
私营企业（参照组）						
个体工商户	0.08	0.11	−0.03	0.05	−0.03	0.05
国有集体企业	0.43 **	0.13	0.45 ***	0.06	0.45 ***	0.06
港澳台地区和欧美日韩企业	0.14	0.16	0.08	0.07	0.08	0.07
其他单位	−0.20	0.13	−0.18 *	0.07	−0.18 *	0.07
就业身份						
雇员（参照组）						
雇主	1.00 ***	0.16	1.02 ***	0.08	1.02 ***	0.08
自营劳动者	0.51 ***	0.11	0.58 ***	0.06	0.58 ***	0.06
居住城市						
天津（参照组）						
北京			0.07	0.04		
上海			0.37 ***	0.04		
广州			−0.18 **	0.06		
深圳			0.14 *	0.06		
城市特征						
流动人口比重					0.02 **	0.00

续表

变　量	普通 Logit 模型（天津）		普通 Logit 模型（五城市）		多层 Logit 模型（五城市）	
	系数	标准误	系数	标准误	系数	标准误
人均 GDP					$-0.12\,^{***}$	0.03
截距	$1.67\,^{***}$	0.24	$1.26\,^{***}$	0.12		
Random-effects Parameters						
sd（cons）					0.07	0.03
个体样本量	5180		20077		20077	
城市样本量						
Prob > chi2	0.0000		0.0000		0.0000	
Pseudo R^2	0.1428		0.1112		0.0000	

注：* p < 0.05；** p < 0.01；*** p < 0.001。

三、提高市民化意愿，促进心理认同的建议与措施

本章以农业转移人口的心理意愿为工具，探索影响农业转移人口主观意愿的影响因素和影响机制，以数据分析结果为基础，结合未能以数据反映的各种宏观和政策因素，提出加强农业转移人口市民化意愿，提高他们长期居留比例，促进身份认同的建议与措施。

（一）心理意愿的差异性和复杂性

根据天津市的调查数据发现，农业转移人口回答愿意融入和长期居住的比例非常高，但转移人口愿意迁入户口仅一半左右，愿意在城市养老的比例仅有1/5。转移人口差异性答案事实上反映的是他们的矛盾心理。转移人口大多希望改变自己的农民身份，成为城市中的一员；但现实情况是，转移人口在流入地收入低、消费高、没有住房、没有社会保障，随迁子女受教育过程艰难艰辛，这一道道的难题限制了转移人口在城市融入的心理愿意。更进一步来讲，转移人口在流入地的经济社会条件欠佳，客观条件满足不了他们的融入意愿，带来了他们进退两难的归属困境和模糊不清的身份认同，因此，才会出现流动人口的融入意愿、居住意愿、养老意愿逐次下降的现象。必须高度重视农业转移人口复杂的心理意愿和市民化意愿，如果引导得好，他们将会更加愿意融入城市生活中，在城市中定居

养老；而如果处理不当，农业转移人口将有很大一部分将回流流出地，给新型城镇化建设带来新的问题和阻碍。

（二）分类、有序提高农业转移人口市民化意愿

其一，融入群体。从计量数据分析结果来看，青壮年、受教育程度较高、流入时间较长、职业声望较高的转移人口，他们市民化意愿较强，返乡意愿较弱。针对这些市民化意愿很强的转移人口，城市社会应在就业、住房、社保等方面把他们作为户籍人口同等待遇，满足他们长期居住、迁入户口、将来养老的各种需求。其二，徘徊群体。"70后"、"90后"、受教育程度中等、职业类型一般、经济社会状况"凑合"的群体，他们对于"落叶归根"还是"落地生根"具有不确定性和不稳定性。针对市民化意愿徘徊的群体，流入地应在就业、住房、社保等方面给予他们更优厚的待遇和措施，吸引他们更愿意留在城市居住和生活。其三，返乡群体。年龄较大、受教育程度较低、流入时间较短、职业声望较低的转移人口，他们市民化意愿较弱，返乡意愿较强。针对这些返乡意愿强烈的转移群体，流入地一方面要为这些群体做好管理和服务工作，另一方面也要做好他们回乡后的接续工作。

（三）政府做好调查规划和管理服务工作

由于农业转移人口市民化意愿的异质性和复杂性，同时也由于不同特征农业转移人口市民化意愿的差异性和动态性，政府应采用动态调查系统和现代信息化管理技术，加大资金投入力度和相关政府部门投入，及时、有效、准确地了解和掌握农业转移人口融入、居留、迁移等意愿的现状以及其特征和未来变化趋势，为政治、经济、社会、文化等各项工作提供信息支持和决策支持。做好就业、居住、社保、教育等方面的管理和服务工作。大城市经济社会更加发达，教育医疗等公共服务水平更高，农业转移人口自然是愿意融入以及长期居留的（可能不愿意在本地养老），但由于就业居住、子女教育等方面的不公正待遇和较低的经济社会地位，使得他们的态度和意愿发生排斥甚至是逃离。因此，政府应在破除劳动力市场分割、开放和增加保障性住房、提高社保参保率以及完善公平、公正教育工作等方面继续努力，通过这些措施提高转移人口市民化意愿。

（四）社会和企业承担更多的责任和义务

理论分析结果和实践分析结果都表明，职业类型是影响农业转移人口市民化的最为显著因素之一，特别是建筑、生产、家政、保洁、保安等职业的员工，他

们融入城市的意愿、他们长期居留的比例都显著较低，应特别加强这些转移人口的市民化意愿。一方面，改善生产、建筑等企业、工厂的就业环境和工作环境。转移人口工作时间较长，而生产工厂、建筑工地常常噪声、污染、辐射、高温等，降低了工人的生活满意度和幸福感，也很大程度上降低了转移人口的市民化意愿。另一方面，家政、保洁、保安等服务人员工资过低、收入太少是制约他们市民化意愿的重要因素。因此，各单位特别是私营、个体企业适当让出一部分利润提高保安、保洁、家政等人员的工资收入是促进转移人口身份认同的有效手段。同时，家政保洁保安等职业声望不高、经济社会地位较低也是他们市民化意愿不强的关键因素。因此，多宣传他们的经济社会贡献，提高他们的社会地位也是促进市民化的重要措施。

（五）转移人口要合理规划未来意愿和去向

农业转移人口要根据现实发展情况和自身家庭状况合理设想好和规划好自身的居留时间、迁户意愿和养老意愿等。农业转移人口要综合考虑经济收入水平、文化风俗习惯、社会交往网络、子女教育发展等多种因素，比较在流入地大城市和流出地农村地区的优势、劣势，决定是否要在城市长期居留，打算居住多长时间，是否要把户口迁入，未来在哪里养老等问题。只有把这些问题考虑清楚，把意愿和现实结合好，农业转移人口才能有序实现市民化进程。

本章小结： 农业转移人口在城市的市民化不仅包括职业、收入、社会保障等显性内涵，而更深层次的、表明流动人口真正融入流入地社会的主要指标还在于心理意愿、身份认同。本书研究结果表明，农业转移人口融入意愿比例最高，超过85%的人口愿意融入本地社会，成为天津人口的一员。有七成人口打算在天津长期居住，但愿意迁入户籍的仅有一半左右。而打算在本地养老的比例最低，仅有不到1/5。而因素分析显示，代际差异、性别构成、教育程度、流入时间、职业类型、单位性质、就业身份、城市特征等都是影响农业转移人口市民化意愿的显著机制。在这些研究的基础上，本书提出了要重视农业转移人口市民化意愿，关注他们是"落地生根"还是"落叶归根"等建议和措施。但农业转移人口市民化，不是转移人口一个群体的问题，还涉及本地居民的态度和行为，下一章将重点关注户籍人口与转移人口的社会距离，探讨促进两类群体社会融合的建议与措施。

第九章　户籍居民与农业转移人口的社会距离

和合故能谐，谐故能辑。

——《管子》

城市社会的主体是本地户籍人口和外来农业转移人口两类人群，而两类人群能否和睦、和谐相处成为农业转移人口市民化的关键问题（陈志光、李华香，2012）。衡量不同人群社会关系的指标有很多，其中最常用的概念就是"社会距离（Social distance）"。社会距离是指"存在于行动者心理空间中的，行动者与其他行动者之间的心理距离"（郭星华、储卉娟，2004）。如果社会距离较大，表明群体之间的社会关系紧张，社会融合困难；而如果社会距离较小，则表明群体之间的社会关系融洽，易于实现社会融合。因此，"社会距离"也成为衡量本地户籍人口与外来农业转移人口社会融合程度的最常用指标之一。考察和分析城市群体间社会距离的大小及其影响因素成为政治学、社会学、人口学、心理学等众多学科关注的热点与焦点问题。

一、社会距离的概念与测量

关于社会距离的概念，在理论上向来有主观性与客观性的争论。当 Tarde 在《Law of Imitation》一书中首次使用社会距离概念的时候，表示的是阶级差异。进而，社会距离被用来表征群体异质、文化差异和人际互动等（王桂新、武俊奎，2011）。这时，社会距离是一个客观性的概念，强调的是不同民族、不同群体之间的客观差异性。Simmel（1964/1902）在研究现代城市群体隔阂、心理排斥、社会交往稀少等人际关系时，认为社会距离是人与人之间心理距离的直接反应，赋予了社会距离主观色彩。芝加哥学派的 Park 继承并发扬了 Simmel 有关社会距离的主观概念，并将其运用到美国民族和族群关系的理解上，使得社会距离成为区分"内群体"与"外群体"的重要标志（史斌，2009）。

后来的 Williams、Bogardus 等人对社会距离的研究基本都是遵循 Park 的相关定义（王启富、史斌，2010）。而测量社会距离的最常用指标是社会距离量表，社会距离量表也称为鲍格达斯量表（Bogardus Social Distance Scale），是由美国社会心理学家鲍格达斯于 1925 年创建。这种量表过去一直广泛用于测量人们对种族群体的态度。现在，它也被用来测量人们对职业、社会阶层、宗教群体等事物的态度。博加德斯量表由一组表示不同社会距离或社会交往程度的陈述组成。按从最近社会距离到最远社会距离排列开来，如可以结亲（1）、可以作为朋友（2）、可以作为邻居（3）、可以在同一行业共事（4）、只能作为公民共处（5）、只能作为外国移民（6）、应被驱逐出境（7）。括号内分值越大表示社会距离越大。在这一组问题中，实际上蕴含着一种超强的逻辑结构。除了某些例外情况外，量表本身的逻辑结构使我们能够得出这样的结论：即当一个人拒绝了量表中一项关系，那么它也必将拒绝这一关系后面所有更强的关系。鲍格达斯量表测量所得到的结果，既可以用来比较具有不同特征的人们对某一群体的社会距离的大小，也可以用来比较具有相同特征的人们对不同群体的社会距离的大小。

随着城镇化的迅速发展、农业转移人口规模的不断增长，城市本地人口与农业转移人口这两大异质性社会群体如何相处、共存、融合成为当前市民化发展的重要环节。卢国显在国内率先用社会距离这一概念对两类群体的社会关系进行了研究（卢国显，2003）。之后，多篇研究从农业转移人口角度考察了他们与城市居民的社会距离大小、程度及其影响因素（郭星华、杨杰丽，2005；许传新、许若兰，2007；史斌，2010；梁汉学，2011）。也有研究从市民角度考察了他们与农业转移人口之间的社会距离大小（王桂新、武俊奎，2011）。还有从这两个角度都进行测量和分析的研究成果（张海辉，2004；王毅杰、王开庆，2008）。如前所述，关于社会距离的概念国外研究比较充分和丰富，也有效地论证了"社会距离"在表达客观群体差距和主观心理距离等方面的重要作用。但这些研究都是以各国、各地自身的社会背景、群体特征为基础的，能否适用于国内的群体关系，还有待于实践的检验。国内的许多研究对城市市民和农业转移人口之间的社会距离进行了调查和研究，实际测量了两类群体社会距离的大小及得分，拓展了许多新的发现和结论。但这些研究多为农业转移人口角度，缺乏市民角度的详细分析；对社会距离的测量多为线性回归，缺乏分类模型的分析。本章以城市户籍居民角度的社会距离为研究变量，使用天津市民生调查数据，考察差异性的社会距离及其经济社会影响因素，探寻缩小社会距离、促进户籍人口与农业转移人口和合能谐的有效方法。

鲍格达斯量表是测量社会距离的最常用工具，本书在借鉴其应用的基础上，考虑到当前研究的适用性和可行性，以"是否愿意交朋友"、"是否愿意做邻居"和"是否愿意通婚"三个指标综合衡量社会距离的分异和大小。表9－1户籍人口与农业转移人口社会距离的分析结果表明，户籍人口不愿意和农业转移人口交朋友的比例有近1/5（8.8%＋10.0%），而不愿意做邻居的有近1/4（9.2%＋15.7%），不愿意做亲属的比例达四成（14.6%＋25.1%）。

表9－1　　　　　　　　户籍人口与农业转移人口的社会距离　　　　　　单位：%

	很不愿意	不愿意	愿意	很愿意
愿意与农业转移人口交朋友	8.8	10.0	54.0	27.3
愿意与农业转移人口做邻居	9.2	15.7	51.8	23.3
愿意自己或亲人与农业转移人口通婚	14.6	25.1	43.9	16.4

从数据分析结果来看，本地户籍人口与农业转移人口之间的社会距离还较大，社会关系并不十分融洽。因此，探讨社会距离的影响因素和作用机制，找到缩小社会距离、促进城市协调的路径成为下一步的工作重心。

二、社会距离的影响因素分析

本地居民是一个异质性很大的群体，他们对待外来人口的态度也各不相同，哪些人群欢迎农业转移人口，哪些人群不欢迎转移人口，哪些人群没有明确态度，哪些人群漠不关心等？为什么产生这些不同的对待，是哪些因素在内在起到主导作用？年龄、性别、教育、收入？交互分析结果和模型分析结果将回答这些问题。

（一）交朋友的影响因素分析

表9－2的分析结果表明，年龄是影响是否愿意交朋友的显著因素，特别是50～65岁的户籍人群，他们更排斥与外来农业转移人口交往和交朋友。从性别比较的视角来看，男性更倾向于选择"完全不同意"，而女性更愿意选择"不同意"选项。从城乡户籍的差异来看，农业人口更倾向于选择"完全不同意"，而城镇户籍人口更愿意选择"不同意"选项。户籍人口的教育程度与其对农业转移人口的排斥程度成反比，教育程度越低，对农业转移人口的交往意愿越弱；而教育程度越高，对农业转移人口的交往意愿越强。从就业情况来看，无职业人员不愿意和农业转移人口交朋友的比例最高，其次是机关事业单位和经商人员，公

司职员愿意与农业转移人口交朋友的比例最高。从收入差异的比较结果来看，收入水平在3000元以下的户籍人口对外来农业转移人口的社会交往意愿较弱，而收入在3000元以上的户籍人员愿意与农业转移人口交朋友的比例较高。从住房资产的分析角度来看，富有阶层，即有两套及以上房产的人群更不愿意与外来人口交朋友，这可能是"门不当户不对"的结果。

表9－2　　　　　　户籍人口与农业转移人口交朋友的交互分析结果　　　　单位:%

变　　量	完全不同意	不同意	基本同意	完全同意
年龄				
20～29岁	8.1	11.1	52.9	27.9
30～39岁	7.5	8.9	54.8	28.9
40～49岁	8.6	8.6	57.2	25.7
50～65岁	12.9	13.7	47.6	25.8
性别				
男性	11.1	6.5	48.7	33.7
女性	7.1	12.5	57.7	22.8
户籍				
农业	6.6	13.1	45.1	35.3
非农业	9.1	9.4	55.5	26.0
教育				
初中及以下	16.1	21.0	42.0	21.0
高中、中专、中技	10.6	10.6	51.8	27.1
大学专科	7.5	11.7	55.9	24.9
大学本科及以上	6.4	5.5	57.2	30.9
职业				
公司职员	5.1	7.7	58.6	28.6
企业工人	10.3	11.2	45.8	32.7
机关事业单位、经商人员	13.1	9.0	55.7	22.1
其他职员	4.4	10.9	55.8	29.0
学生	11.8	2.9	50.0	35.3
无职业	14.1	14.8	49.0	22.2

变　　量	完全不同意	不同意	基本同意	完全同意
收入				
1～2000 元	9.3	12.2	53.7	24.9
2001～3000 元	9.5	13.7	48.2	28.6
3001～5000 元	7.6	9.2	53.3	29.9
5001 元 +	8.5	3.7	54.9	32.9
没有收入	8.7	7.6	59.8	23.9
住房				
一套住房	7.7	10.1	56.4	25.8
二套及以上住房	15.1	9.6	52.1	23.3
父母住房	7.9	10.5	56.1	25.4
租房、借住等	9.6	8.9	45.2	36.3

从表 9-3 城市户籍人口与农业转移人口交朋友的一般化定序 Logit 模型分析结果来看，在控制了其他因素以后，年龄并不是影响交朋友概率的显著因素。但性别差异明显，女性完全不同意与外来农业转移人口交朋友的概率更高。从户口性质来看，非农业人口完全不同意与农业转移人口交朋友的概率显著低于农业户籍人口。从受教育程度的差异性结果来看，受教育程度越高，不同意的概率越高；受教育程度越低，不同意的概率越低。与参照组公司职员相比，机关事业单位人员、商业人员不同意的比例明显减少。在控制了年龄、性别、户籍等因素以后，收入水平并不是影响户籍人口与农业转移人口社会交往的限制性因素。有两套及以上住房的社会交往情况发生显著变化，他们完全不同意和不同意的概率显著降低，与前述的相关关系形成完全相反的结果。

表 9-3　户籍人口与农业转移人口交朋友的一般化定序 Logit 模型分析结果
（以"完全同意"为参照组）

变　　量	完全不同意		不同意		基本同意	
	系数	标准误	系数	标准误	系数	标准误
年龄						
20～29 岁（参照组）						
30～39 岁	0.30	0.46	0.37	0.28	0.06	0.24

变　量	完全不同意		不同意		基本同意	
	系数	标准误	系数	标准误	系数	标准误
40～49 岁	0.19	0.47	0.54	0.32	0.11	0.27
50～65 岁	-0.39	0.56	0.63	0.39	0.48	0.35
性别						
男性（参照组）						
女性	0.96 **	0.34	-0.24	0.20	-0.54 **	0.17
户籍						
农业（参照组）						
非农业	-1.61 **	0.50	-0.08	0.26	-0.53 *	0.22
教育						
初中及以下（参照组）						
高中、中专、中技	-0.02	0.43	0.73 *	0.30	0.49	0.33
大学专科	0.23	0.50	0.80 *	0.33	0.28	0.34
大学本科及以上	0.09	0.56	1.45 ***	0.35	0.60	0.34
职业						
公司职员（参照组）						
企业工人	-0.24	0.44	-0.40	0.32	0.19	0.26
机关事业单位、经商人员	-0.66	0.43	-0.76 *	0.30	-0.46	0.27
其他职员	0.40	0.52	0.05	0.32	0.18	0.25
学生	-0.59	0.77	-0.10	0.56	0.45	0.43
无职业	-0.94 *	0.46	-0.74 *	0.31	-0.10	0.28
收入						
1～2000 元（参照组）						
2001～3000 元	-0.35	0.43	-0.20	0.27	0.22	0.25
3001～5000 元	0.65	0.42	0.21	0.29	0.37	0.25
5001 元 +	-0.61	0.59	0.70	0.43	0.55	0.33
没有收入	-0.72	0.45	0.50	0.28	0.1	0.25
住房						
一套住房（参照组）						
二套及以上住房	-1.28 **	0.44	-0.67 *	0.33	-0.33	0.32
父母住房	-0.22	0.42	-0.12	0.25	0.04	0.22

续表

变　量	完全不同意		不同意		基本同意	
	系数	标准误	系数	标准误	系数	标准误
租房、借住等	0.06	0.41	-0.25	0.28	0.46*	0.23
截距	4.34***	1.21	1.06	0.72	0.02	0.64
样本量			823			
LR chi2			128.47			
Prob > chi2			0.0000			
Pseudo R²			0.0690			

注：*p < 0.05；**p < 0.01；***p < 0.001。

（二）做邻居的影响因素分析

表9-4 户籍人口与农业转移人口做邻居的交互分析结果表明，年龄是影响是否愿意做邻居的显著因素，特别是50～65岁的户籍人群，他们更排斥与外来农业转移人口做邻居。从性别比较的视角来看，男性更倾向于选择"完全不同意"，而女性更愿意选择"不同意"选项，但综合计算来看，女性不愿意和外来人口做邻居的比例更高。从城乡户口的差异来看，非农业本地人口完全不同意与外来农业转移人口做邻居的比例更高，社会疏远程度更为强烈。户籍人口的教育程度与其对农业转移人口的排斥程度成反比，教育程度越高，对农业转移人口的邻居意愿越强；而教育程度越低，对农业转移人口的邻居意愿越弱；特别是初中及以下文化程度的本地人口，更不愿意和外地人口做邻居。从就业情况来看，无职业人员不愿意和农业转移人口做邻居的比例最高，其次是机关事业单位和经商人员，学生和公司职员愿意与农业转移人口做邻居的比例最高。从收入差异的比较结果来看，收入水平越高，愿意与农业转移人口做邻居的比例越高；收入水平越低，愿意与农业转移人口做邻居的比例越低。从住房属性来看，有房阶层更不愿意与外来农业转移人口做邻居，而无房阶层更愿意与农业转移人口做邻居。

表9-4　　　　户籍人口与农业转移人口做邻居的交互分析结果　　　　单位：%

变　量	完全不同意	不同意	基本同意	完全同意
年龄				
20～29岁	8.7	14.0	51.7	25.6
30～39岁	7.9	14.4	53.4	24.3

续表

变　　量	完全不同意	不同意	基本同意	完全同意
40~49 岁	9.0	13.5	54.5	23.0
50~65 岁	13.7	25.0	42.7	18.6
性别				
男性	11.7	11.7	47.2	29.3
女性	7.5	18.5	55.0	19.1
户籍				
农业	7.4	15.6	46.7	30.3
非农业	9.6	15.7	52.6	22.1
教育				
初中及以下	14.8	30.9	38.3	16.1
高中、中专、中技	9.2	15.6	52.8	22.5
大学专科	8.5	15.0	53.1	23.5
大学本科及以上	8.4	12.2	53.7	25.7
职业				
公司职员	5.9	12.8	57.5	23.8
企业工人	10.3	15.9	50.5	23.4
机关事业单位、经商人员	13.1	15.6	50.0	21.3
其他职员	5.8	18.1	51.5	24.6
学生	11.8	2.9	47.1	38.2
无职业	14.1	21.5	45.0	19.5
收入				
1~2000 元	10.2	16.1	51.2	22.4
2001~3000 元	9.5	17.9	50.0	22.6
3001~5000 元	8.2	15.8	53.3	22.8
5001 元 +	9.8	8.5	50.0	31.7
没有收入	8.7	16.3	53.3	21.7
住房				
一套住房	8.2	17.0	54.0	20.7
二套及以上住房	13.7	13.7	45.2	27.4
父母住房	8.8	16.7	53.5	21.1
租房、借住等	10.3	11.6	46.6	31.5

从表9-5城市户籍人口与农业转移人口做邻居的一般化定序Logit模型分析结果来看，在控制了其他因素以后，年龄并不是影响做邻居概率的显著因素。但性别差异明显，女性完全不同意与外来农业转移人口做邻居的概率更高。从户口性质来看，非农业人口完全同意与农业转移人口做邻居的概率显著高于农业户籍人口。从受教育程度的差异性结果来看，受教育程度越高，不同意的概率越高；受教育程度越低，不同意的概率越低。与参照组公司职员相比，机关事业单位人员、商业人员不同意的比例明显降低。在控制了年龄、性别、户籍等因素以后，收入水平并不是影响户籍人口与农业转移人口做邻居的显著性因素。从住房的影响来看，有两套及以上住房的情况发生显著变化，他们完全不同意做邻居的概率显著下降。

表9-5 户籍人口与农业转移人口做邻居的一般化定序Logit模型分析结果
（以"完全同意"为参照组）

变 量	完全不同意		不同意		基本同意	
	系数	标准误	系数	标准误	系数	标准误
年龄						
20~29岁（参照组）						
30~39岁	0.24	0.41	0.13	0.25	0.02	0.25
40~49岁	0.06	0.46	0.19	0.28	0.02	0.28
50~65岁	-0.39	0.53	-0.21	0.34	0.04	0.37
性别						
男性（参照组）						
女性	0.73**	0.28	-0.12	0.18	-0.53**	0.17
户籍						
农业（参照组）						
非农业	-0.45	0.39	-0.19	0.24	-0.49*	0.23
教育						
初中及以下（参照组）						
高中、中专、中技	0.29	0.42	0.87**	0.29	0.50	0.36
大学专科	0.00	0.45	0.78*	0.30	0.45	0.37
大学本科及以上	0.04	0.44	0.86**	0.31	0.51	0.37

续表

变 量	完全不同意		不同意		基本同意	
	系数	标准误	系数	标准误	系数	标准误
职业						
公司职员（参照组）						
企业工人	− 0.39	0.44	− 0.30	0.29	− 0.02	0.28
机关事业单位、经商人员	− 0.64	0.40	− 0.54 *	0.26	− 0.22	0.28
其他职员	− 0.01	0.47	− 0.21	0.27	0.15	0.26
学生	− 0.64	0.73	0.55	0.55	0.85 *	0.43
无职业	− 0.53	0.42	− 0.60 *	0.27	− 0.04	0.29
收入						
1 ~ 2000 元（参照组）						
2001 ~ 3000 元	− 0.05	0.39	− 0.10	0.25	0.08	0.27
3001 ~ 5000 元	0.77	0.43	0.03	0.26	0.09	0.27
5001 元 +	0.36	0.52	0.27	0.36	0.47	0.33
没有收入	0.37	0.38	0.01	0.25	− 0.12	0.25
住房						
一套住房（参照组）						
二套及以上住房	− 0.96 *	0.42	− 0.30	0.31	0.17	0.31
父母住房	− 0.42	0.36	− 0.21	0.22	− 0.05	0.23
租房、借住等	− 0.60	0.40	0.04	0.25	0.45	0.24
截距	2.24 *	1.01	1.19	0.67	− 0.12	0.67
样本量	823					
LR chi2	91.52					
Prob > chi2	0.0000					
Pseudo R^2	0.0467					

注：* p < 0.05；* * p < 0.01。

（三） 通婚的影响因素分析

表9-6户籍人口与农业转移人口通婚的交互分析结果表明，年龄是影响是否愿意通婚的显著因素，特别是40岁以上的户籍人群，他们更排斥与外来农业转移人口通婚；其次是20~29岁人群，最低的是30~39岁人群。这样的分析结果可能是生命历程有关系，20~29岁人群正是自己结婚的时期，而40岁以上特

别是 50 岁以上人群考虑更多的是子女的婚姻问题，他们可能对婚姻问题考虑更多，顾虑更多，带来通婚的排斥性。从性别比较的通婚意愿来看，女性更不愿意与外来农业转移人口通婚。从城乡户口的差异来看，非农业人口不同意与外来农业转移人口做邻居的比例更高，社会疏远程度更为强烈。从教育差异的角度来考察，初中及以下人群对农业转移人口的排斥程度最高，有一半以上不愿意和外地人口通婚做亲属，而本科及以上人群对农业转移人口的社会排斥程度相对较低，不愿意通婚的比例仅有 36%。从就业情况来看，学生、无职业人员不愿意和农业转移人口通婚的比例最高。从收入差异的比较结果来看，收入水平越高，愿意与农业转移人口通婚的比例越高；收入水平越低，愿意与农业转移人口通婚的比例越低。从住房属性来看，有房阶层更不愿意与外来农业转移人口通婚，而无房阶层更愿意与农业转移人口通婚。

表 9-6　　　　　　户籍人口与农业转移人口通婚的交互分析结果　　　　单位：%

变　　量	完全不同意	不同意	基本同意	完全同意
年龄				
20~29 岁	13.4	27.9	43.0	15.7
30~39 岁	12.5	22.0	44.9	20.7
40~49 岁	14.4	24.3	47.3	14.0
50~65 岁	21.8	29.8	36.3	12.1
性别				
男性	13.2	20.8	44.3	21.7
女性	15.6	28.0	43.6	12.9
户籍				
农业	13.9	19.7	44.3	22.1
非农业	14.7	26.0	43.8	15.6
教育				
初中及以下	22.2	28.4	39.5	9.9
高中、中专、中技	15.6	22.9	45.0	16.5
大学专科	16.4	25.4	42.3	16.0
大学本科及以上	10.6	25.4	45.3	18.7
职业				
公司职员	11.7	25.3	45.4	17.6
企业工人	13.1	26.2	42.1	18.7

变　量	完全不同意	不同意	基本同意	完全同意
机关事业单位、经商人员	16.4	25.4	45.1	13.1
其他职员	9.4	23.2	50.7	16.7
学生	20.6	23.5	35.3	20.6
无职业	22.8	25.5	36.9	14.8
收入				
1~2000 元	16.6	23.9	43.4	16.1
2001~3000 元	13.1	28.6	42.9	15.5
3001~5000 元	14.1	28.3	38.6	19.0
5001 元 +	11.0	19.5	50.0	19.5
没有收入	15.8	22.3	47.8	14.1
住房				
一套住房	14.9	26.9	44.7	13.6
二套及以上住房	21.9	23.3	37.0	17.8
父母住房	12.3	28.1	45.6	14.0
租房、借住等	13.7	16.4	42.5	27.4

从表9-7城市户籍人口与农业转移人口通婚的一般化定序 Logit 模型分析结果来看，在控制了其他因素以后，年龄并不是影响群体之间通婚概率的显著因素。但性别影响显著，在控制了其他因素以后，女性不同意与农业转移人口通婚的概率要显著低于男性。计量模型结果表明，在其他因素都置于同一水平时，户籍差异、教育水平、职业类型、收入水平等都不是影响通婚意愿的显著性因素。住房类型是影响通婚意愿的显性因素，与有房阶层相比，无房群体愿意与外来转移人口通婚的比例相对降低。

表9-7　户籍人口与农业转移人口通婚的一般化定序 Logit 模型分析结果
（以"完全同意"为参照组）

变　量	完全不同意		不同意		基本同意	
	系数	标准误	系数	标准误	系数	标准误
年龄						
20~29 岁（参照组）						

续表

变　　量	完全不同意		不同意		基本同意	
	系数	标准误	系数	标准误	系数	标准误
30~39 岁	0.01	0.31	0.27	0.22	0.38	0.29
40~49 岁	0.04	0.35	0.15	0.24	0.02	0.34
50~65 岁	-0.11	0.41	-0.10	0.31	0.19	0.44
性别						
男性（参照组）						
女性	-0.18	0.22	-0.36*	0.16	-0.59**	0.20
户籍						
农业（参照组）						
非农业	-0.18	0.30	-0.33	0.22	-0.48	0.26
教育						
初中及以下（参照组）						
高中、中专、中技	0.34	0.36	0.45	0.28	0.75	0.43
大学专科	0.13	0.38	0.22	0.29	0.54	0.44
大学本科及以上	0.69	0.41	0.43	0.30	0.71	0.44
职业						
公司职员（参照组）						
企业工人	0.05	0.36	-0.08	0.25	0.20	0.32
机关事业单位、经商人员	-0.32	0.32	-0.19	0.23	-0.37	0.33
其他职员	0.49	0.37	0.27	0.24	0.12	0.30
学生	-0.82	0.53	-0.33	0.41	0.53	0.52
无职业	-0.42	0.31	-0.25	0.24	0.17	0.32
收入						
1~2000 元（参照组）						
2001~3000 元	0.23	0.31	-0.06	0.22	-0.08	0.31
3001~5000 元	0.18	0.32	-0.14	0.23	0.34	0.30
5001 元 +	0.46	0.44	0.35	0.31	0.23	0.39
没有收入	0.11	0.29	0.08	0.22	-0.17	0.29
住房						
一套住房（参照组）						
二套及以上住房	-0.53	0.35	-0.32	0.27	0.19	0.35

续表

变　量	完全不同意		不同意		基本同意	
	系数	标准误	系数	标准误	系数	标准误
父母住房	0.24	0.28	0.02	0.19	0.04	0.27
租房、借住等	0.09	0.31	0.35	0.22	0.77**	0.26
截距	1.98*	0.82	1.16	0.60	-0.95	0.78
样本量	823					
LR chi2	82.28					
Prob > chi2	0.0000					
Pseudo R^2	0.0389					

注：$* p < 0.05$；$** p < 0.01$。

三、缩小社会距离，促进社会融合的建议与措施

在城镇化进程中，由于大量农业转移人口的涌入，形成了本地人口和外来人口两大异质群体混合工作、生活的复杂环境（秦广强、陈志光，2012）。两群体由于经济水平、社会地位、文化背景等各方面的显著差异，极易产生矛盾与冲突，影响到社会的安定与有序。本书结合专项调查数据，以群体社会距离为主要关注对象，考察城市户籍人口与农业转移人口之间社会距离的大小及其影响因素，探寻缓和社会关系的有效途径，主要结论有：

（一）社会距离的重要意义

Bogardus（1925）认为几乎所有的社会问题都与社会距离有关，并且坚信通过缩小社会距离可以有效改善人与人之间的种种冲突和矛盾。而在把推进农业转移人口市民化作为新型城镇化建设首要任务的今天，城市本地居民与农业转移人口的社会距离也成为制约市民化推进、社会安定有序的关键因素。从本书调查数据的分析结果来看，40%本地居民与农业转移人口有较大或很大的社会距离。这一比例非常高，对社会的和谐发展带来了较大的阻碍作用。因此，减小不同群体之间的社会距离，缓和社会关系成为当前城市建设的重点与关键点。

（二）促进两类群体的认可与接纳

社会关系的缓和、社会距离的缩小、社会融合的实现是双向的、互动的，需

要多个群体的共同努力。而农业转移人口融合于城市社会的意愿能否早日实现，除了个人努力、政府推动外，还必须要有本地人的接纳。本书交互分析结果和模型分析结果都表明，女性居民与农业转移人口之间的社会距离较大。因此，我们应合理引导和提高城市居民（特别是女性市民）接纳农业转移人口市民化的意愿，使本地居民认识到外来人口特别是农业转移人口为本地的经济社会发展做出了突出贡献，"下过大力、出过血汗"，应得到政府、社会、本地居民的认可和接纳。特别是加强不同群体之间的文化交流与文化融合。文化差异是影响本地居民是否接纳农业转移人口的关键因素和核心变量，文化因素的作用甚至大于经济收入的影响，文化的交互与融合能够显著推动两类群体社会融合的进程与速度。

（三）教育水平的提高有利于缩小社会距离

数据分析结果表明，本地居民的教育程度与他们对农业转移人口的接纳程度呈现正向关系。教育程度越低，社会距离越大，接纳程度越低；教育程度越高，社会距离越小，接纳程度越高。由此结论可以得知，应加强本地居民接纳外来人口的宣传教育工作。其一，从学前教育、义务教育、高等教育、成人教育等各阶段加强市民化教育。其二，通过电视、报刊、微博、微信等媒体的宣传与教育，带动社会包容性的发展和社会融合思想的进步。

（四）户籍隔离增大社会距离

模型结果表明，非农业户籍人口与农业转移人口的社会距离更大。换言之，户籍身份的异质性带来了社会关系的疏远与社会距离的增大。因此，应加快户籍改革的步伐，推进农业转移人口市民化，逐步把符合条件的农业转移人口转为城镇居民。按中共十八届三中全会要求，全面放开建制镇和小城市落户限制，有序放开中等城市落户限制，合理确定大城市落户条件。从这些措施出发，促进更多农业转移人口户籍身份的变更，从而打破户籍障碍，实现身份的一致和平等，落实基本公共服务均等化，更有利于社会距离的缩小和社会群体的互融。

（五）居住隔离增大社会距离

数据分析结果表明，有房（包括父母住房）户籍人口与农业转移人口的社会距离要显著增大。由于外来农业转移人口大多数都没有自己的住房，很多都是在棚户区、城中村、工棚、宿舍等地租房居住，与有房的市民形成了明显的居住隔离，而这种空间上的隔离自然会带来群体间社会关系的疏远和社会距离的增大。应增加农业转移人口与本地居民集中居住、共同居住的比例，加强双方的接触机会和交往频率，从而不断增加信任程度。

（六）需长期努力，社会距离才能有效减小

不同群体之间社会距离的缩小是一个长期、缓慢的过程，不能抱有一步到位、一蹴而就的思想。Bogardus 在 20 世纪 40 年代利用社会距离量表测量了美国人对几种民族的社会距离；其他的学者又在 20 年后的 1964 年进行了一项历时性研究，所得的群体间社会距离与 20 年前的大致相同。此例充分表明了社会距离变化的缓慢程度（卢国显，2005；史斌，2009）。因此，城市中缩小本地人口和外来人口之间的社会距离不仅需要有针对性的应对措施和解决对策，也需要长远目光、长期规划、长期努力，保障规划的前瞻性、制度的连续性、措施的衔接性。经过两到三代人的不懈努力，真正实现本地人口和农业转移人口社会距离的缩小、社会关系的融洽。

本章小结：农业转移人口市民化的进程不是他们"一厢情愿"的事情，而需要转移人口和当地原有居民"两情相悦"，才能实现"和合能谐"。但其实内在主动权不在外来人口手中，而由本地人口的态度和行为决定。本章研究结果表明，户籍人口不愿意和农业转移人口交朋友的比例有近 1/5，不愿意做邻居的有近 1/4，不愿意做亲属的比例达 40%。这表明户籍人口与转移人口之间的社会距离较大，社会关系并不亲密。而模型结果表明，性别、户籍、教育、职业、住房等因素是影响本地人口对外来人口社会距离的显性因素；没有显著影响的是年龄、收入等因素。针对这些研究分析，本章提出了建设性的建议和措施。

第十章 总结讨论与建议措施

21世纪影响世界进程和改变全球面貌的两件重要事件：一是美国高科技产业的发展；二是中国的城市化进程。

——［美］斯蒂格利茨

大规模农业转移人口是我国城乡二元体制、经济发展不平衡的必然结果，转移人口现象将长期存在于我国社会经济发展过程中。同时，转移人口的合理分布和有序流动，促进了劳动力资源的优化配置，提高了生产率，推动了我国经济的高速发展，为城市化、现代化顺利发展奠定了基础，为中国综合实力提升、人民生活质量提高做出了巨大贡献。但是，转移人口自身的生存发展却始终处于弱势、不利地位，属于"半城市化""半市民化"状态。因此，尽快提高农业转移人口的生产生活水平，努力促进他们的市民化进程，成为事关我国经济发展、城乡统筹、社会和谐的重大战略问题。本书以众多专家学者的研究为基础，以劳动力分割理论、住房供给需求理论、社会保障理论、教育公平理论、社会排斥理论、社会融入理论等为指导，以2014年流动人口动态监测调查、2014年天津市民生调查等数据为支撑，以OLS模型、多层模型、一般化序次Logit模型等方法为工具，以各地法律法规、政策措施、新闻访谈等资料为辅助，描述和阐述了北、上、广、深、津五个特大城市农业转移人口市民化的基本现状与主要特征，分析和探讨了影响转移人口市民化的多层多元因素，并提出了有针对性的、有效的建议与措施。

一、农业转移人口市民化的基本情况和主要特征

虽然研究流动人口、农业转移人口的文章、书籍以及报告有很多，但使用大样本数据，系统、完整、详细描述和刻画农业转移人口生存发展状态的研究还较少。本书使用权威部门的权威调查数据，选取最受关注的北、上、广、深、津五城市，从就业、居住、社保、心理等多个方面准确、详实的描述了农业转移人口

的生活就业状态和心理意愿，为了解他们的情况、促进他们的市民化提供了一手的数据和分析。

（一）农业转移人口基本特征

从代际分布来看，农业转移人口中"80后"人员最多，占到40%以上；其次是"70后"群体，比例在30%左右；而"70前"人员和"90后"人员都在10%左右。从性别构成上来分析，天津、北京男女比例在6∶4左右，而上海、广州、深圳男女比例在5∶5左右。从受教育程度来看，农业转移人口以初中为主、其次是高中教育水平。从婚姻状况来看，七成以上转移人口再婚，未婚比例北京最高，有24%，天津最低，为14%。农业转移人口流入时间分析数据表明，2000年以前流入的有10%左右，2001～2005年流入的比例也有10%，2006～2010年流入的比例大约在1/3左右，2011年以后流入的比例在40%左右。

（二）农业转移人口就业与收入

由于劳动市场分割，大部分农业转移人口被排斥到相对低端的次级劳动力市场工作，主要集中在制造业、批发零售业、居民服务业以及住宿餐饮业等；从事金融业、信息软件业、科学研究业的比例很少。超过70%的在个体工商户和私营企业中工作；其中，60%以上为雇员，10%自己创业。从收入水平来看，深圳最高，月均近5000元；上海、北京相差不大，都在4000元以上；天津、广州收入水平较低，仅在3500～4000元之间。

（三）农业转移人口住房与居住

北、上、广、深、津等一线城市农业转移人口租房居住的占70%～90%，已购商品房的仅为5%～10%，能够享受到廉租房、公租房、政策性保障房的不足1%。从转移家庭的住房支出来看，天津、上海、广州住房支出在800元左右，而北京、深圳稍高，平均在1000元以上。从北、上、广、深、津五城市的数据来看，住房支出占总支出的比重在20%～30%之间，住房支出占总收入的比重在15%左右。

（四）农业转移人口的社会保障

从医疗保险状况来看，上海和深圳的参保比例较高，在40%以上；北京和广州的参保比例次之，在30%左右；天津市农业转移人口参加医疗保险比例最低，仅20%。养老保险也体现了类似的情况，上海、深圳养老保险参加比例最高，在40%左右；北京、广州都在20%以上，而天津仅为17%。从失业保险来看，天津最低，仅12%，北、上、广、深都在20%左右。从工伤保险来看，北上广津都在20%左右，深圳独高，为40%。天津市农业转移人口生育保险比例为9.5%，仅比上海市高，低于广州的16%，北京的18%，深圳的23%。综合来看，一线城市农业转移人口参加社会保险的比例较低，社会保障状况堪忧。

（五）随迁子女教育与发展

各地随迁子女入学证明材料种类繁多，涵盖了"身份证""暂住证""劳务合同"等十余种。这些手续的办理过程不仅消耗了农业转移人口大量的时间精力，有的还不能在限制时间内办理成功。一些公立学校的老师对随迁儿童的印象先入为主、以偏概全，认为流动儿童都是学习较差、品德不良的学生。大多数农民工家长一方面承受着巨大的生存压力、分身乏术，较难将时间和精力分配到家庭教育上来，另一方面家庭教育意识淡薄，缺乏有效的家庭教育观念和方法。随迁学生在学生中遇到诸多问题，例如学习成绩差、学习压力大、缺少朋友、人际交往困难、孤僻、自卑的人格特点等。

（六）农业转移人口市民化意愿

2014年天津市民生民情调查数据表明，农业转移人口融入意愿比例最高，超过85%的人口愿意融入本地社会，成为天津人口的一员；有七成人口打算在天津长期居住，但愿意迁入户籍的仅有一半左右；而打算在本地养老的比例最低，仅有不到1/5。

（七）户籍人口与转移人口之间的社会距离

农业转移人口的市民化进程不仅取决于他们自身的经济社会心理发展状况，也取决于流入地原有人口对外来人口的态度和行为。本书研究发现，北、上、广、深、津等一线城市的户籍人口不愿意和农业转移人口交朋友的比例有近1/5，而不愿意做邻居的有近1/4，不愿意做亲属通婚的比例达四成。

总之，理论论述和实践数据一致表明，农业转移人口的生产生活虽然有了很大的进步和发展，但他们仍处于就业状况差、收入水平低、住房设施缺、社保参与低、子女教育难、居留意愿弱、社会距离大的"半市民化"阶段。因此，探讨影响农业转移人口市民化的影响因素，找到导致他们低市民化状况的影响机制，成为本书的重点关注内容。

二、农业转移人口市民化的影响因素及作用机制

虽然现在有较多文献对农业转移人口市民化问题从年龄、性别、教育程度、流入时间等特征的多个方面进行了分析和论证，但这些研究多为描述性分析和相关关系分析，缺少回归模型的分析；多为单层次的分析，缺少多层次的城市分析；多为单纯的调查数据分析，缺少宏观社会背景和相关政策措施的机制分析。本书以回归统计模型控制各种影响因素，结合宏观政策法律文件，深刻揭示影响农业转移人口市民化的多重因素，这些因素的影响方向与影响程度，是否受到其他因素的干扰和调节等。

（一）代际比较

前述理论假设 1 假定代际差异是影响农业转移人口市民化程度的显性因素，从就业收入、住房居住、社会保障、心理意愿等多方面的验证结果表明，农业转移人口市民化的进程确实会因代际差异而有显著不同："70 后"、"80 后"收入水平明显较高，而"70 前"和"90 后"农业转移人口收入水平明显下降。与收入水平相对应的是住房支出、社会保险也呈现同样规律的代际差异。比较不同的是市民化意愿的代际差异，"70 前"和"70 后"农业转移人口市民化意愿较高，其次是"80 后"，最低的是"90 后"。

（二）性别差异

理论假设 2 认为女性在迁移转移中一向处于劣势和附属地位，进而减缓了其在城市的市民化进程。但模型分析结果没有完全验证这一理论假设，虽然女性农业转移人口的每月收入相比男性要少 800 元左右；但在控制了其他因素以后，即在同等条件下，女性农业转移人口的市民化意愿要强于男性农业转移人口。

（三）教育程度

人力资本和教育水平毫无疑问是影响农业转移人口市民化的最为显著因素之一，理论假设 3 得到各类模型的充分验证。从收入水平来看，大城市农业转移人口受教育程度每提高一个等级，收入提高 300～400 元。社会保险参保率更是与受教育水平呈现显著的正向相关关系，受教育水平越高，参保率越高；受教育水平越低，参保率越低。同样关系密切的还有随迁子女教育与发展状况，更是与父母受教育水平直接相连。而从长期居留意愿的分析结果来看，初高中是明显的分

界界线；初中及以下转移人口的居留意愿明显降低，而高中及以上转移人口的居留意愿明显上升。

（四）流入时间

流入时间代表着工作经验的丰富、社会环境的熟悉、交往网络的扩展等，因此，前面提出了流入时间越长，农业转移人口市民化程度越高的假设。计量数据和定性分析也验证了这一假设，流入时间每相差 5 年，收入水平相差 100～150元。流入时间越长，农业转移人口越倾向于租住私房，住房支出水平和比例也相应增长。流入时间也是决定转移人口是否参加社会保险的关键因素，多层 Logit 模型结果表明，流入 5 年以上的转移人口参加社会保险的概率显著增加，相反，流入时间不足 5 年的人群参加各类社会保险的比例还较低。流入时间自然也是转移人口市民化意愿改变的显著影响因素，流入时间越长，市民化意愿越强；流入时间越短，市民化意愿越弱。

（五）职业类型

就业是民生之本，是转移人口背井离乡、流迁千里的主要动机，因此，理论假设 5 得到充分验证，转移人口在城市所从事的职业类型对其市民化有根本作用。从模型分析结果来看，家政、保洁、保安、生产、餐饮等转移人口的收入水平较低、住房条件较差、社保参保率较低、市民化意愿较弱。而单位负责人员、技术工作人员、运输、装修、经商商贩等职业的市民化进程相对较快一些。

（六）单位性质

与理论假设 6 一致的是，单位性质是影响收入水平、社会保险以及市民化意愿的显著因素。定量数据分析表明，私营企业和港澳台企业、欧美日韩企业员工的收入最高，其次是国营、集体企业，最低的是个体工商户。社会保险参保率的结果与收入不一样，个体工商户职工的参保率最低，其次是私营企业人员；国营集体企业和港澳台企业、欧美日韩企业的参保率较高。从长期居留意愿的模型分析结果来看，国营集体企业员工的居留意愿显著高于其他单位人员。

（七）就业身份

与理论假设 7 非常一致，定量和定性分析结果都表明就业性质是影响转移人口收入水平的最为显著因素之一，与雇员相比，自营劳动者每月收入高出 1000元，而雇主高出 3000～4000 元。当然，就业身份不同，住房支出也有显著高低，与雇员相比，雇主每月多支出近 500 元。但从社会保险的参与率分析，雇员的参保率最高，其次是雇主，最低的是自营劳动者。从居留意愿来看，雇主最高、其次是自营劳动者，雇员最低。

（八）城市特征

由于城市政治、经济、社会环境都不相同，其中的农业转移人口市民化进程自然也各不相同。各章分析结果表明，理论假设 8 和理论假设 9 部分得到验证，部分结果与理论假设正好相反。收入水平的多层模型结果显示，人均 GDP 并没有显著正向作用，反而是流动人口比例越高，收入水平越高。五城市数据表明，城市特征对住房支出的影响不显著。但城市人口特征对社会保险的参保率具有显著影响，流动人口比重越大，农业转移人口参加社会保障的比例越高，流动人口比重越小，农业转移人口参加社会保障的比例越低。多层模型分析结果表明，城市人口特征和经济特征都是影响农业转移人口市民化意愿的显著因素，但两者的影响方向完全相反：流动人口比重越大，转移人口的居留比例越高；城市人均 GDP 越高，农业转移人口长期居留意愿越弱。

三、有序推进农业转移人口市民化的建议与措施

农业转移人口的市民化需要政府、社会、企业、学校等多元主体的共同努力和配合，也涉及政策法律、行政措施、财政资金、社会观念、群际关系等众多内容，需要更为专业、更为具体、更有针对性的对策与措施。本书在前期数据实证的基础上，参考众多现有政策与措施，总结好的规律与经验，改进已有的模式和案例，提出了更为有效和更为普适的建议与措施，现总结和简化如下：

（一）进一步认识推进农业转移人口市民化的重要性和紧迫性

改革开放以来，农业剩余劳动力转入城市二三产业带来的农业转移人口是我国历史上最大规模的人口迁移流动。大规模的转移人口，促进了现代化的发展，带动了城市化的提高，推动了社会的繁荣。转移人口是我国实体经济体系的人力资源基础，它作为最活跃的生产要素推动了我国经济的高速发展。农业转移人口不再只是一个关系自身的问题，他们将对我国社会经济的可持续发展、新型城镇化的建设产生重大而深远的影响，应该把推进农业转移人口市民化问题放在全局性、战略性和长期性的角度加以重视。

其一，农业转移人口是我国经济平稳高效增长的动力源泉。转移人口为流入

地带来了廉价的劳动力、丰富的人力资源、使企业充分发挥了劳动力资源的比较优势，降低了生产成本、提高了生产利润，推动了经济的快速增长。同时，大量农业转移人口在城市地区的生产和生活，进一步促进了产业、人口的双集聚。而且，转移人口也带来了巨额的消费资源，促使流入地迅速发展。同时，农业转移人口为流出地带来了资本和技术，推动了流出地扩大生产资本，提高生产技术，带来了流出地的高速发展。

其二，农业转移人口是我国社会发展繁荣昌盛的重要力量。农业转移人口对于缓解流入地人口老龄化、劳动力大龄化具有重要作用。而且，转移人口的流入，对于流入地焕发生活活力、促进文化发展、带来社会进步具有重要作用。同时，农业转移人口为流出地引入了先进的生产观念，发达的文化传播，文明的生活方式，现代的婚育观念等，这些均有利于农村地区的文化发展和社会进步。

其三，农业转移人口有利于亿万家庭的发展和提高。人口转移不仅为自身带来了人力资本的积累和人口素质的全面的提高，而且，转移人口为家庭成员也带来了发展和推动，促进了留守家庭成员经济水平的提高和物质生活的改善。人口转移也为随迁子女带来了接触新观念、新事物的机会，而新的发展机遇带动了整个转移家庭的发展和提高，进而更好地推动人口的均衡发展和人的全面发展。

（二）建立健全动态信息系统

其一，建立健全综合信息系统。一是充分利用计生、统计、公安、劳动保障、农业等部门的信息资源和数据基础，建立和完善流动转移人口生产生活的信息管理系统，实现转移人口信息跨部门、跨系统、跨地区共享，提高转移人口的服务管理效能。二是构建全国、省市、区县、乡镇四级的转移人口信息资源库，使转移人口信息系统形成多元、多层、多级服务管理平台，形成人口服务管理区域的"一盘棋"。三是建立农业转移人口集中、集聚区域与全国主要流出地、来源地的资源、信息共享机制。通过流出地与流入地政府和组织的互通有无、相互协作、共享共用，切实掌握转移人口及其家庭成员流出前、流出后的社会经济状况及其心理、行为变化情况，从而更好、更快地提高转移人口的管理服务水平。

其二，建设动态监测调查系统。一是借鉴各地"以房管人""以企管人""以片管人"的模式与经验，构建农业转移人口动态监测统计系统，掌握转移人口的基本信息和流动前后的变化状况。二是构建经济增长、社会发展、环境变化等指标与人口转移相关关系的动态统计监测，研究经济背景、产业变动、人口分布之间的互动关系和因果关系，为政府调控、企业决策、人口选择提供有力的数据支撑和动态基础。三是以家庭为单位，构建流动家庭的动态监测统计系统。加强对以家庭为单位的转移人口状况的统计监测和动态调查，对于促进转移家庭的全面协调发展、和谐幸福稳定具有不可替代的重要作用（杨菊华，2013）。

（三）分类、有序推进农业转移人口市民化

农业转移人口是一个规模庞大、异质性很强的群体，特别是在北、上、广、深、津等特大城市里面，农业转移人口之间更是千差万别，千型百态，因此，农业转移人口市民化的推进措施不可能简单采取"一刀切"，要从农业转移人口的现实情况和各自的心理意愿等方面综合考量，对不同类型的农业转移人口采取不同的、有所侧重的市民化促进措施，分类、有序提高农业转移人口市民化程度。

分类原则是指根据农业转移人口就业状况、收入水平、心理意愿等标准，大致分为三类：第一类，有较好的就业单位，职业上有较高的专业技能，收入多样并较高，有条件较好的居所，已在固定城市工作和居住多年，随迁子女在公立学校学习并成绩良好，愿意在流入地长期居留和养老，有很强的迁入户口的意愿。第二类，有固定的就业单位，职业上有一定专业技能，收入相对固定，有稳定的住所，但市民化意愿属于"徘徊性"，既想融入城市，又想返回家乡。第三类，没有稳定的就业单位，农闲时节外出打零工，收入较少，居住条件较差，在农村参加各类社会保险，子女在户籍地成为留守儿童，没有在流入地长期居留的意愿等。

有序原则是指合乎事物发展的内在规律和外在模式，按照最优化的顺序和步骤推进农业转移人口市民化。受我国现行户籍管理制度和城市公共服务体制所限，推进农业转移人口市民化将是一项长期、复杂而艰巨的任务，不可能一步到位，须基于现实情况和通过政策完善分步、有序解决。首先，优先、集中精力解决农业转移人口面临的重要、突出的难题和困难，例如转移人口被拖欠的工资、异地医疗保险、随迁子女的入学等；其次，及时有效的解决农业转移家庭面临的突发、紧急的困难和问题，例如工伤保险的赔付，住房摆摊拆除等；再次，做好制度设计和长远规划，多元主体共同努力，解决转移人口的长期困难和制度障碍，如户籍制度改革、劳动力市场分割、社会保障转移接续等重要问题；最后，重视农业转移人口的市民化意愿、养老保障等事项，尊重个人选择和社会发展规律，逐步推进转移人口的心理融合和身份认同。

（四）改善就业状况、提高收入水平

正如2016年天津市农业转移人口专项调查数据所说明的一样，农业转移人口的就业与收入问题是他们最关心的问题之一，也迫切需要政府、企业等为农业

转移人口提供更多的服务和帮助。

1. 政府做好管理服务工作。进一步调整户口迁移政策，统一城乡户口登记制度，取消农业户口与非农业户口的区分和由此衍生的蓝印户口等户口类型，全面实施居住证制度，体现户籍制度的人口登记管理功能。改进城区人口500万以上的城市现行落户政策，建立完善的积分落户制度。根据综合承载能力和经济社会发展需要，以具有合法稳定就业和合法稳定住所、参加城镇社会保险年限、连续居住年限等为主要指标，合理设置积分分值。建议有关部门继续完善职业资格证书和技能鉴定制度，建立公平、公正的考核和证书发放制度，健全农业转移人口职业技能鉴定体系，确保转移人口获取职业资格证书的权威性和有效性。人力社保部门及有关单位要将劳动者和用人单位的有效对接作为重点内容，多渠道、多方式提供服务。组织有特色的招聘活动，有针对性地帮助进城求职的农村劳动者尽快实现就业。充分利用信息网络、平面媒体、移动通信等手段，广泛发布各种就业服务、政策法律信息，为农村劳动者提供更便捷服务。把贫困乡镇、村有转移就业需求的农村劳动者作为帮扶重点，送政策、送岗位下乡到村。做好跨区域劳务合作的组织协调工作，完善工作机制，通过举办跨区域劳务招聘会的方式，促进输出地、输入地之间的劳务合作和供需对接。以政府投入为主，坚持多渠道筹措资金，积极利用资源整合、金融、税收等方式支持转移人口职业能力建设。通过组织专家进行调查，对职业能力建设起步晚、发展速度较慢的地区给予财政倾斜；摸清投入少、见效快的行业和企业，投入专项资金，扶持转移工人技能提升。对开展"新型学徒制"的企业、职工参加脱产、半脱产专项职业能力培训的单位等实行财政补贴。对知识文化程度较高、职业发展潜力较大、专业技术精湛的转移工人给予专项补贴；对在技术改进、工艺进步、仪器操作、发明专利等方面做出突出贡献的一线转移工人给予专项补贴。

2. 推进农业转移人口的"大众创业、万众创新"。进一步转变政府职能，增加公共产品和服务供给，为农业转移人口创业者提供更多机会。把创业精神培育和创业素质教育纳入职业教育体系，实现转移人口创业教育和培训制度化、体系化。加强创业创新知识普及教育，使"大众创业、万众创新"深入人心。加强创业导师队伍建设，为转移人口开设适合他们的培训课程。打造农业转移人口创业创新公共服务平台，加强创业创新信息资源整合，建立创业政策集中发布平台，完善专业化、网络化服务体系，增强创业创新信息透明度。鼓励开展各类针对农业转移人口、外来人口的公益讲坛、创业论坛、创业培训等活动，丰富创业平台形式和内容。鼓励有条件的地方出台各具特色的支持政策，积极盘活闲置的商业用房、工业厂房、企业库房、物流设施和家庭住所、租赁房等资源，为转移人口创业者提供低成本办公场所和居住条件。支持有条件的地方政府设立农业转移人口创业基金，扶持转移人口创业创新发展。在确保公平竞争前提下，鼓励对转移人口创业的办公用房、用水、用能、网络等软硬件设施给予适当优惠，减轻创业者负担。鼓励银行提高针对创业创新企业的金融服务专业化水平，不断创新组织架构、管理方式和金融产品。

3. 企业是促进转移人口职业化的核心主体。搭建职工成长成才平台，采取更为合理、有效的管理和组织办法，加强日常工作的规范性和条理性；强化劳动纪律、转变劳动作风、提高劳动效率；加强对设备、设施、工具、护具、仪器、仪表等的维护和维修；强化品质观念和工作责任心。突出培训再教育工作。把职工的职业技术培训纳入企业发展规划和经费支出中，有效保障职工的培训权利；并采取多种方式，如日常培训、周末培训、夜校培训，高级技师带徒、讲座研讨会、集中学习班、职业技能竞赛等，提高员工的技术技能。加强合作与交流工作，采取"走出去"和"引进来"的策略，一方面鼓励员工多参加国内外学校、协会、企业组织的各种技能培训班、技术讨论会、产品展示会等，开阔眼界、扩展思维；另一方面，把职业技术好、生产经验丰富、有威望有权威的人才引进我们的企业中，进行"传、帮、带"，力争培养一个人，带动一大片，加速青年技能人才的成长。发挥激励导向作用，提高转移人口的基本工资，使工资增长速度能够跟得上经济社会发展水平和物价上涨水平；其次，增加技术员工的奖金额度，确保奖励政策向生产一线岗位、重点突出岗位、艰苦危险岗位倾斜，使技术职工在薪酬福利方面有明显的改善和提高；给在管理组织、生产技术、制造工艺、发明专利等方面做出突出的职工给予大幅的薪酬奖励和物质激励；最后，使用股权、期权、分红等方式激励员工的工作热情和工作干劲。提高员工在企业工厂中的社会地位，在先进党员、劳动奖章、技术先进、突出贡献奖等方面给予倾斜和照顾。

4. 职业教育是提高转移人口技能的关键因素。改革职业教育课程设计，确立以职业能力为本位的教学课程体系，更加突出"专业基础课＋专业技术课＋实践课"模式的与时俱进性，减少文化课的数量和考核，减轻专业理论知识的难度，提高专业技术的时代性和现代化，使课程学习紧跟国内外最新的生产技术和生产工艺。加强实践操作能力，增加在实验室、实习基地、制造车间等实习、操作场所的时间和课程，使理论基础和专业技术在实践中有机结合和相互促进，推进转移工人职业技能的不断进步。校企合作，实施"现代学徒制"。一是招工与招生一体化。招生和招工的紧密结合更有利于技术人才的选拔和录取，也更有利于拓宽技术技能人才培养和成长通道。二是课程内容与产业需求对接。学校专业设置、教程内容、教学过程与企业的技术水平、生产进程、产品设计等相结合，有利于产教融合、工学结合，有利于加强学生的实践操作能力，也有利于增加工人的理论知识。三是校企共建师资队伍。学校教师、博士硕士导师与企业首席工人、技术先进能手等师资力量的合并与合作，能够最大限度地增加教学力量，推动职业教育体系和劳动就业体系互动发展，构建现代学徒制培养体系，全面提升技术技能人才的能力和水平。

5. 农业转移人口自身努力。转移工人自身应不断加强主动学习意识和终身学习意识，掌握新知识新方法，根据自身的特点、兴趣、社会需求和企业的发展，有计划、有目标的熟练掌握一门或几门实践操作技术。培养农业转移人口成就动机，使转移人口懂得人人都可能成功；引导转移人口正确认识自我，找准定位，不断创造自我。在工作中保持自信乐观的态度，意志坚定、努力工作、积极进取，理性辨别诱因，积极地看待挫折，辩证地对待得失。培养情绪控制能力，理智看待社会中的各种不公平现象，特别是对各种歧视外地人的现象保持理智，既不能表现过激，甚至产生冲突；也要有理有据有节的维护自己的权益。

（五）改善住房环境、提高居住水平

1. "以租为主"是化解当前农业转移人口城市住房问题的现实选择。首先，在增加低端租房房源供应上，应按照"政府主导、市场运作"的原则，由政府牵头、引导社会力量建设符合农业转移人口特点的住房。政府应在租房建设选址、供地及相关配套设施建设方面予以支持，增强租房建设的市场激励，优化住房建设品质和空间布局，使租房供应基本上切合农业转移人口的实际需求，方便其通勤并节省通勤成本。同时可考虑设立低端住房补贴基金，向缺乏基本住房可支付能力的农业转移人口提供救济。此外，还应充分挖掘城市闲置住房资源的利用效率，鼓励居民利用自有住房向农业转移人口出租。其次，城市政府在进行城中村改造的过程中，要充分考虑到农业转移人口的租住需求。在改建的新房中，应规定一定比例的住房专门用于向农业转移人口出租，或在原有土地上配建一定数量的农业转移人口公寓，以该群体可承受的较低租金出租。《国务院关于解决城市低收入家庭住房困难的若干意见》也强调，城中村改造时，要考虑农业转移人口的居住需要，在符合城市规划和土地利用总体规划的前提下，集中建设向农业转移人口出租的集体宿舍。要采取切实措施，防止城中村改造变相"移花接木"，形成事实上对农业转移人口的排斥和驱逐。最后，规范租房市场管理，加强对租房市场的法制化调节和租房标准建设。加强租房建设和管理的相关立法，制定租房条件最低标准。加强对市场房租价格的监管，规范私人业主住房租赁行为，保障农业转移人口租户的合法权益。政府应努力搭建农业转移人口城市租房的信息发布平台，低价或免费向他们提供租房信息服务，减少农业转移人口搜寻房源的中间成本，增加其租房的选择空间。促进租房资源的合理配给，提高住房有效利用率，增加农业转移人口对城市住房的可及性。

2. 适时有序推动将农业转移人口纳入城市住房保障体系。农业转移人口住房问题事关重大，而同时他们又是城市住房困难群体，将他们纳入城市住房保障体系是必然趋势。当前应适经济发展阶段和财力承受能力情况，量力而行，循序渐进地予以推进。国外城市化过程中转移人口住房保障实践表明，在城市化发展的初期阶段，城市新增流动人口的住房主要依靠政府兴建保障性住房、并以低租金出租的方式解决。我们也应以"住房公建"来弥补低收入群体住房支付能力的不足，集中社会资源增加对农业转移人口家庭的住房供给，保障转移人口市民化所需的安居住房条件。针对目前我国城市廉租房仅适用于城市低收入家庭、公共租赁房主要以城市居民为保障对象的制度阻碍，应在财力增长的基础上，打破农业转移人口城市住房和市民住房保障之间的壁垒，推动城市公共租赁房、廉租房向农业转移人口开放，逐步将农业转移人口纳入城市住房保障体系之中。同时政府应加大公共住房建设投资，制定城市公共住房发展规划，兴建符合农业转移人口群体经济特点和满足其基本居住需求的保障性住房，增加对外来人口住房的有效供给。

3. 探索和完善农业转移人口宅基地、承包地与其城市住房的衔接置换办法。应进一步探索和开发农业转移人口的土地权益对其市民化过程的支撑性功能，建立农业转移人口城市购房与农村住房退出相衔接的体制机制，进行制度创新，形成多渠道化解农业转移人口城市住房"瓶颈"的制度合力。农业转移人口以放弃在农村的土地承包权益和宅基地永久使用权换取与市民的同等待遇，进入城市住房保障体系。政府将农业转移人口退出的宅基地及其建设用地指标转让，所得资金用于补偿退出宅基地的农民在城镇购房和其他保障基金。就宅基地换住房实践中出现的有关补偿置换标准的争议，应做好换房前的沟通协调工作，加强房产置换政策的宣传力度与透明度；完善换房后农业转移人口就业、子女就学、社会保障等方面的政策，解除其"入城、上楼"的后顾之忧。应明确参与换房计划的农业转移人口的市民身份，保证其市民待遇，防止出现"要农村的地、不要农村的人"这种蛮横式剥夺的"伪城市化"现象。

4. 重点关注"70后"、"80后"家庭，及时解决初来人口的居住问题。首先，在购买、置换商品房、租赁住房、申请保障性住房等方面优先考虑"70后"、"80后"的需求，因为他们最急迫、最困难，意义也最重大。其次，由于

"70后"、"80后"人员是当前生产生活的主力军，同时也是家庭的顶梁柱、主心骨，他们必须兼顾工作和家庭。因此，要合理推进产城融合，解决好外来人口工作场所和居住住房的统筹与协调，做好产业规划和社区建设规划的有机结合。最后，由于"70后"、"80后"转移家庭人口规模大、人员构成复杂、家庭需求多样，因此，需要做好住房户型、面积、装修等设计工作，多建设单元式的、公寓式的家庭住房，满足老人、青壮年、小孩的不同需求。在转移人口初来流入地时，各级政府要做好住房问题解决的管理和服务工作。政府在人口流入集中的时间段和空间点加大土地和住房的供给，为转移家庭的购房、租房提供稳定可靠的供给支撑。社会各界和房产所有者也加大住房的出售、出租数量，并适当让利给初来本地的转移人口。转移人口集中的工厂和企业要及时为新入员工安排宿舍、免费住房、租赁补贴等；住房中介公司也要及时、有效、有针对性地为外来人口提供房源信息、房产租赁信息、房产详细介绍等，使外来人口能够迅速安好家、落好户。

5. 多元措施改善生产建筑服务业职工的居住状况。首先，政府、社会、企业等多方面合作，在转移人口集中居住的区域或企业为他们建设集体宿舍或集体公寓，例如天津滨海新区实施的"蓝白领公寓"等。集体宿舍和集体公寓的修建和实施，虽然存在居住隔离、内部矛盾冲突增多、不利于社会融入等问题，但不失于是缓解住房矛盾、短期解决生产建筑工人居住问题的应急、有效措施。其次，加强配套设施建立健全。转移人口集中区域往往住房配套设施缺乏，因此，加强农业转移家庭集中区域的医院、市场、学校、公园等居住配套设施建设成为改善转移人口居住环境，加强居住融入的关键性措施。最后，加强居住安全。加大对转移人口居住安全的宣传，不私自搭建房屋，不违章扩建，注意防火防水，定期打扫住房卫生，合理改善自身的居住环境。

（六）分类、有序提高农业转移人口社会保险参保率

1. 政府主导作用。完善的社会保障法律是社会保障缴费、数据管理、待遇支付和基金投资运营的坚强后盾，国家、企业和个人责任明确，各个环节有法可依、有章可循。因此，加快社会保障立法，建立健全农业转移人口社会保障制度，修订完善有关法律法规，增加保障农业转移人口权益的实质性内容，完善法规，强化法制维护是从根本上解决农业转移人口权益保护问题的关键。

健全社会保障社会化管理与服务，在全国范围内建立一系列基本制度，如社会保障经办机构组织结构与操作规范、统一的社会保险受益人识别号码体系、社会保险费征缴程序、工资报告制度、银行和邮局对社会保障基金流程托管规程

等。建立稳固的组织支持系统，引进高层次人才与加强在职岗位培训相结合，提高工作人员队伍素质，强化服务意识，树立社会保险经办机构良好的社会形象。建立可靠的技术支持系统，实现社会保险日常业务管理信息化、网络化，并与银行、税务系统联网；完善个人账户实账管理，建立在职职工和返乡人员的社会保险数据库；逐步建立全国统一的社会保险信息系统，实行现代化管理，保证统计和数据信息的技术准确，为社会保险的正常运行提供可靠的技术支持。

财政资金是农业转移人口社会保障制度运行的血液，没有充足的资金，转移人口社会保障制度就无法运行。其一，应降低转移人口参加社会保险的门槛，即研究确定适合转移人口收入情况的费基、费率，减轻他们参加社会保险的负担。其二，应当提高转移人口社保待遇，农业转移人口是这个社会的弱势群体，应当发挥财政的收入再分配作用，对转移人口的社保基金大力补贴。其三，开辟资金来源新渠道、"巧妇难为无米之炊"、农业转移人口社会保障体系建设起步晚、相较于城镇劳动者的保障将面临更大的资金缺口。农业转移人口社保基金的筹集，除了传统的政府财政拨款、用人单位缴纳和农业转移人口缴费外，还可以开辟新的筹资渠道，例如征收社会保障税、发行国债、发行彩票以及大力发展慈善事业，等等。

从现实角度出发，应分类、有序把农业转移人口纳入城镇社会保障范围。可以根据农业转移人口的职业特点、收入状况、流动程度、定居城镇意愿、市民化程度等标准，对农业转移人口群体进行细分，在此基础上采取分层分类的措施，保障农业转移人口的社会保障权益。即对于稳定就业，从事正规就业，建立劳动关系或事实劳动关系，有固定收入和住所，在城镇就业生活时间长或有长期居住意愿和就业能力，市民化程度较高的这部分农业转移人口，直接将他们纳入城镇职工的社会保险体系之中。对于到城镇就业或进入城镇定居而让出其承包地、失去土地保障的农业转移人口，可探索、创新土地换保障的做法。对于不稳定就业的农业转移人口，如签订短期合同，频繁流动以及从事各种灵活就业等，可以先建立过渡性质的个人社会保险账户，将本人的社会保障权益直接记入个人账户，而不实行社会统筹保险。

2. 企业核心责任。各类公私营企业应完善营业资质、遵纪守法、按时足量缴纳各类税款，使自身正规、完善，从而有资格、有条件为工作的员工（包括单位内的农业转移人口）谋取各类福利和社保待遇。技术含量高、经济效益好、营业利润高的企业适当让出一部分利润，逐步提高从业转移人口的收入水平和福利水平，有利于转移人口更有财力、更有资金参加各类保险，改善自身和家庭的生活状况，免除后顾之忧，免去医疗、养老的各种顾虑、多种困难。从而更能够全身心投入生产和服务中，为企业创造更好的质量和效益，形成良性循环。

3. 个体主动参保。转移人口合理规划好农忙时间和城市就业时间，做好职业发展规划，尽量加强城市就业的正规性和稳定性，从而更有利于社会保障的参保率。增强转移人口的危机意识和养老意识，避免侥幸心理，做好长远规划，提高参加社保的主动性和积极性。转移人口也要增强自身的维权意识和保护意识，如果地区或企业没有尽到缴纳社保费用的义务，转移人口要合理的利用法律、申诉等权利，维护好自身社保权益。

（七）改善随迁子女教育与发展状况

1. 政府多方面的权利与责任。"两为主"等政策对于保证随迁儿童接受义务教育的平等权利和机会发挥了重要的作用，但相关的法律法规还应进一步完善。各地应逐步将常住人口全部纳入区域教育发展规划，将随迁子女全部纳入财政保障范围。坚持农业转移人口随迁子女义务教育的准公共产品属性，继续完善以财政拨款为主的多元的教育投入体制。以公办学校为主，建立中央及地方的经费分担机制；基于县乡财政财力相对困难的现实，中央财政在农业转移人口子女义务教育投入中发挥主要作用。要求各地在安排中央财政奖励资金时，要按照"重点倾斜、集中投入"的原则，向接收农民工子女较多、条件薄弱的城市学校倾斜。要加强宏观调控，合理分配教育资源，统筹安排预算内外资金，还要尽量地缩小地区间、校际间基础设施建设和师资水平等差距，合理规划学校布局，科学核定教师编制，足额拨付教育经费，提供公平的教育服务。建立健全全国联网的中小学生学习信息管理系统，动态跟踪学生的流动，全面及时掌握中小学生的准确情况。各地政府要认真履行职责，创造条件使所有符合当地政府规定条件的随迁子女顺利入学，并接受良好的各阶段教育。继续消除随迁子女就学障碍，流入地教育行政部门和公办中小学要制定或主动公开相关政策，明确随迁子女招生计划、手续、时间等，简化就读手续，规范入学程序。

2. 引导社会力量办学。社会组织、高等院校、企业工厂、服务机构、社区居委会等社会各界凝聚力量、团结协作，通过线上、线下的多元联结渠道，利用多种方式方法，共同改善随迁子女的教育与发展状况。如市、区少年宫为他们开专属课程；游乐园、图书馆、博物馆等公共服务机构为其开辟绿色通道，让孩子们开阔眼界、寓教于乐；企业对随迁子女的慈善救助活动，大学生社团的对打工子弟学校支教的积极参与，有关媒体的跟踪报道，等等。建立社区中心，在课外时间为孩子提供社区教育是在美国、日本、中国香港等国家和地区已经比较成熟和普遍的工作方法。充分利用社工的专业性和职业性，设计一系列的主题课程，帮助随迁儿童掌握城市生活技能，增强城市适应性和认同感。

3. 学校的投入和教师的行为。随迁子女教育是学校的重要职责所在。因此，学校应转变思路，用发展的眼光正确看待随迁学生，并为其提供高质量的教育机会。让随迁子女感受到来自学校、老师和同学的温暖，尽快适应学校生活，愉快地投入学习中去。在教育评价方面，学校应对随迁学生进行多样性的、针对性评价，并对随迁学生教育中表现突出的教师予以奖励，使教师更加关注随迁学生的学习和成长。在人际环境方面，学校营造平等、和谐的环境，让所有学生都能体会到自己作为学校一员的重要性，发挥学生的主人公精神。通过课堂课外活动、社团组织、主题班团会等各种方式，使学生之间了解各自的优势、互相尊重、互相理解，互相帮助，共同学会理解、分享和创造。

教师是在教育一线对孩子们影响力最大的群体。在教育教学方面，要进一步了解这些学生的学业和心理需求，更新教育方法、策略，有意识地创设有利于学习环境，使学生心情愉快，学习主动性增强。教师开发针对随迁子女的补充课程，加强这些学生的个别化指导，帮助这些学生适应课堂的学习和城市的生活。日常教育教学中，平等地对待这些学生，让他们在课堂上享受同等的学习机会，并充分挖掘他们的学习潜能，及时给予肯定、表扬，不断提高学业水平和自信力。

4. 家长的责任与义务。经济发展和社会环境是影响儿童学习成就的重要因素，而父母的教育投入是比经济社会因素更能影响子女教育发展的变量。一方面，家长不应只顾劳动和工作，致使自身没有时间和精力照顾子女、教育子女。另一方面，家长也不能把闲暇时间都用在打牌、游戏、闲聊、逛街、电脑、手机等娱乐事项上，而把时间和精力留给陪伴子女、亲情交流。家长应该教给随迁子女以正确、合适的学习观念，采用更温暖、温馨的方法教育启发子女，用亲情感化子女，用父母的关爱促进子女的学习与成长。

5. 培育随迁子女的内生力。其一，提高学习成绩。上课认真听讲，集中精力，不开小差，不交头接耳，不看课外书籍；下课认真完成各课老师布置的作业和实验，仔细温习复习，不抄袭作业。其二，扩展人际交往。为了促进外地生与本地生的融合，加快学困生的进步步伐，激发学生互相帮助的兴趣，可以开展"朋友手拉手""同住一个家"等活动。其三，树立自信心理。通过学习成绩的提高和人际交往的拓展，随迁子女应在学校和生活中树立自信乐观、积极向上的精神，为更好地适应城市生活，更快地融入流入地社会做好准备。

（八）提高市民化意愿，促进心理认同

1. 政府做好调查规划和管理服务工作。由于农业转移人口市民化意愿的异质性和复杂性，同时也由于不同特征农业转移人口市民化意愿的差异性和动态性，政府应采用动态调查系统和现代信息化管理技术，加大资金投入力度和相关政府部门投入，及时、有效、准确地了解和掌握农业转移人口融入、居留、迁移等意愿的现状以及其特征和未来变化趋势，为政治、经济、社会、文化等各项工作提供信息支持和决策支撑。做好就业、居住、社保、教育等方面的管理和服务工作。大城市经济社会更加发达，教育医疗等公共服务水平更高，农业转移人口自然是愿意融入以及长期居留的（可能不愿意在本地养老），但由于就业居住、子女教育等方面的不公正待遇和较低的经济社会地位，使得他们的态度和意愿发生排斥甚至是逃离。因此，政府应在破除劳动力市场分割、开放和增加保障性住房、提高社保参保率以及完善公平、公正教育工作等方面继续努力，通过这些措施提高转移人口市民化意愿。

2. 社会和企业承担更多的责任和义务。理论分析结果和实践分析结果都表明，职业类型是影响农业转移人口市民化的最为显著因素之一，特别是建筑，生产、家政、保洁、保安等职业的员工，他们融入城市的意愿、他们长期居留的比例都显著较低，应特别加强这些转移人口的市民化意愿。一方面，改善生产、建筑等企业、工厂的就业环境和工作环境。转移人口工作时间较长，而生产工厂、建筑工地常常噪声、污染、辐射、高温等，这降低了工人的生活满意度和幸福感，也很大程度上降低了转移人口的市民化意愿。另一方面，家政、保洁、保安等服务人员工资过低、收入太少是制约他们市民化意愿的重要因素。因此，各单位特别是私营、个体企业适当让出一部分利润提高保安、保洁、家政等人员的工资收入是促进转移人口身份认同的有效手段。同时，家政保洁保安等职业声望不高、经济社会地位较低也是他们市民化意愿不强的关键因素。因此，多宣传他们的经济社会贡献，提高他们的社会地位也是促进市民化的重要措施。

3. 转移人口要合理规划未来意愿和去向。农业转移人口要根据现实发展情况和自身家庭状况合理设想好和规划好自身的居留时间、迁户意愿和养老意愿等。农业转移人口要综合考虑经济收入水平、文化风俗习惯、社会交往网络、子女教育发展等多种因素，比较在流入地大城市和流出地农村地区的优势、劣势，决定是否要在城市长期居留，打算居住多长时间，是否要把户口迁入，未来在哪里养老等问题。只有把这些问题考虑清楚，把意愿和现实结合好，农业转移人口才能有序实现市民化进程。

(九) 缩小社会距离，促进社会融合

1. 教育水平的提高有利于缩小社会距离。其一，从学前教育、义务教育、高等教育、成人教育等各阶段加强市民化教育。其二，通过电视、报刊、微博、微信等媒体的宣传与教育，带动社会包容性的发展和社会融合思想的进步。

2. 户籍制度改革有利于缩小社会距离。加快户籍改革的步伐，推进农业转移人口市民化，逐步把符合条件的农业转移人口转为城镇居民。按中共十八届三中全会要求，全面放开建制镇和小城市落户限制，有序放开中等城市落户限制，合理确定大城市落户条件。

3. 混合居住有利于缩小社会距离。增加农业转移人口与本地居民集中居住、共同居住的比例，加强双方的接触机会和交往频率，从而不断增加信任程度。

4. 需长期努力，社会距离才能有效减小。不同群体之间社会距离的缩小是一个长期、缓慢的过程，不能抱有一步到位、一蹴而就的思想。需要长远目光、长期规划、长期努力，保障规划的前瞻性、制度的连续性、措施的衔接性。

四、结　语

大规模农业转移人口是我国城乡二元体制、经济发展不平衡的必然结果，转移人口现象将长期存在于我国社会经济发展过程中。同时，转移人口的合理分布和有序流动，促进了劳动力资源的优化配置，提高了生产率，推动了我国经济的高速发展，为城市化、现代化顺利发展奠定了基础，为中国综合实力提升、人民生活质量提高做出了巨大贡献。但是，转移人口自身的生存发展却始终处于弱势、不利地位，他们的城市市民化进程一直都是较低、甚至是很低程度，属于"半城市化""半市民化"状态。因此，尽快提高农业转移人口的生产生活水平，努力促进他们的社会融入程度，成为事关我国经济又快又好发展、城市化体系建设、社会和谐与稳定的重大战略问题。

本书以众多专家学者的研究为基础，以经济、社会、文化、教育等理论为支撑，以权威调查数据为支持，以定量模型、资料分析等方法为工具，描述和阐述了农业转移人口市民化的现状与特征，分析和探讨了影响转移人口市民化的多层多元因素，并提出了有针对性的、有效的建议与措施。可能的创新与发展之处主要在于：第一，厘清了一线城市农业转移人口市民化的基本进程和主要特征。尽管涉及农民工、农业转移人口的研究有很多，但把北、上、广、深、津等焦点城市作为主要关注对象，系统分析这些城市农业转移人口就业收入、住房居住、社

会保障、子女教育、心理意愿、社会距离的著作和文章还很少。第二，使用计量模型、资料分析等多种研究方法，探究影响农业转移人口市民化的多层多元因素。影响农业转移人口市民化的因素有很多，并且涉及不同的层次和模式，本书使用 OLS 模型、多层 Logistic 模型、一般化定序 Logistics 模型等计量方法，深入探析影响市民化进程的影响机制和作用因素。第三，在定量研究的基础上，结合政策法规、统计公报、新闻报道等多种资料，探讨政府、社会、企业、学校、个体等多元主体在市民化所需承担的责任和义务，以及可行的、可及的长期规划与近期路径，为有序推进农业转移人口市民化进程提供数据支持和决策参考。存在的不足和缺点包括：第一，由于数据的不可得性、变量的难以量化性等困难，计量模型没有包括一些可能很重要的变量，例如各城市不同的政策措施、农业转移人口的职业技术能力等。第二，正由于计量模型不可避免的缺失性以及市民化问题的复杂性，各章建议与措施的提出并不仅仅局限于数据分析的结果，还包括过往的研究成果、各地值得借鉴的经验教训、笔者自己的思考等内容，使得一些建议不衔接、缺乏完整性。当然，其具体的实用价值也还有待于检验和评估。

　　总之，农业转移人口问题是一个涉及各级政府、多个部门、亿万家庭的问题，有序推进农业转移人口市民化也是一个涉及社会学、人口学、经济学、管理学等多学科的复杂课题，仅靠一个主体难以解决问题，仅靠一个学科也难以把研究做的清晰透彻。还需多部门、多学科的联合、共同和持久的努力，才能把转移人口问题真正研究好、服务好、管理好，从而真正发挥农业转移人口的巨大潜力，促进城乡的协调统筹发展，实现社会的和谐与稳定。

参 考 文 献

［1］白暴力．农民工工资收入偏低分析——现实、宏观效应与原因．经济经纬，2007．

［2］白云，龚毅，回凤雯．浅谈我国社会保障制度．企业技术开发，2011．

［3］鲍国光，俞彩霞．进城务工人员随迁子女与本地生的新融合教育："和合教育"的研究与实践．中国特殊教育，2011．

［4］蔡昉．人口转变、人口红利与刘易斯转折点．经济研究，2010．

［5］蔡禾，王进．"农民工"永久迁移意愿研究．社会学研究，2007．

［6］曹景椿．加强户籍制度改革，促进人口迁移和城镇化进程．人口研究，2001．

［7］陈广娟．如何从公文中发现新闻．传媒观察，2012．

［8］陈静静．公办学校在随迁子女教育中的主体责任及其实现——以上海市浦东新区为例．教育科学，2014．

［9］陈文哲，朱宇．流动人口定居意愿的动态变化和内部差异——基于福建省4城市的调查．南方人口，2008．

［10］陈映芳．"农民工"：制度安排与身份认同．社会学研究，2005．

［11］陈志光，李华香．中国省际人口流动的区域性研究．兰州学刊，2012．

［12］邓曲恒．城镇居民与流动人口的收入差异——基于 Oaxaca-Blinder 和Quantile 方法的分解．中国人口科学，2007．

［13］董昕．中国农民工的住房政策及评价（1978~2012 年）．经济体制改革，2013．

［14］董延芳，刘传江，胡铭．新生代农民工市民化与城镇化发展．人口研究，2011．

［15］段成荣，梁宏．关于流动儿童义务教育问题的调查研究．人口与经济，2005．

［16］段成荣，梁宏．我国流动儿童状况．人口研究，2004．

［17］段成荣，孙磊．流动劳动力的收入状况及影响因素研究——基于 2005

年全国 1% 人口抽样调查数据．中国青年研究，2011．

［18］段秀婷．流动儿童升学意愿的认知影响因素分析．中国青年政治学院硕士学位论文，2013．

［19］段媛媛，殷京生．城市流动人口：中国城市社会中的弱势群体．新疆社科论坛，2002．

［20］樊秀丽，王红丽，王慧．进城务工人员随迁子女受教育权的平等机会再思考——基于对北京市进城务工人员随迁子女教育活动的田野调查．广西师范大学学报（哲学社会科学版），2014．

［21］方蔚琼．我国农民工城镇住房保障研究．福建师范大学博士学位论文，2015．

［22］方益权，沙非．进城务工人员随迁子女教育平等权保障研究．浙江社会科学，2015．

［23］风笑天．"落地生根"？——三峡农村移民的社会适应．社会学研究，2004．

［24］风笑天．社会学研究方法（第二版）．北京：中国人民大学出版社，2005．

［25］冯倩．社会排斥理论研究综述．中共桂林市委党校学报，2010．

［26］甘满堂．城市农民工与转型期中国社会的三元结构．福州大学学报（哲学社会科学版），2001．

［27］高洪．当代中国人口流动问题．复旦大学博士论文，2003．

［28］格丽娅．农村富余劳动力转移和融入城市问题．前沿，2007．

［29］顾栋，羌怡芳．统筹城乡妇女就业的主要障碍与对策思考．兰州学刊，2005．

［30］顾海兵，翟敏．"统计年鉴"系统：对比与差异．首都经济贸易大学学报，2012．

［31］郭丛斌．二元制劳动力市场分割理论在中国的验证．清华大学教育研究，2004．

［32］郭菲，张展新．农民工新政下的流动人口社会保险：来自中国四大城市的证据．人口研究，2013．

［33］郭星华，储卉娟．从乡村到都市：融入与隔离——关于民工与城市居民社会距离的实证研究．江海学刊，2004．

［34］郭星华，杨杰丽．城市民工群体的自愿性隔离．江苏行政学院学报，2005．

[35] 国务院发展研究中心课题组. 农民工市民化：制度创新与顶层政策设计. 北京：中国发展出版社，2011.

[36] 海闻，于菲，梁中华. 农民工随迁子女教育政策分析——基于对北京市的调研. 教育学术月刊，2014.

[37] 韩继红. 英国《高等教育的未来》（2003）政策文本研究——从教育公平性角度. 首都师范大学硕士论文，2004.

[38] 韩振方. 论新生代民工的特点与作用. 山东省经济管理干部学院学报，2006.

[39] 洪冬梅. 当代社会农民工子女教育公平论. 广西民族大学硕士学位论文，2008.

[40] 侯红娅，杨晶，李子奈. 中国农村劳动力迁移意愿实证分析. 经济问题，2004.

[41] 胡陈冲，朱宇，林李月，王婉玲. 流动人口的户籍迁移意愿及其影响因素分析—基于一项在福建省的问卷调查. 人口与发展，2011.

[42] 互联网文档资源，房地产经济基础理论，http：//www. docin. com/p - 42136282. html，2015.

[43] 黄乾. 农民工定居城市意愿的影响因素——基于五城市调查的实证分析. 山西财经大学学报，2008.

[44] 黄曦. 以就业为导向的高职人才培养模式探讨. 武汉船舶职业技术学院学报，2011.

[45] 黄晓星，唐亮. 香港市民阶层流动意识探析. 社会，2008.

[46] 金三林. 解决农民工住房问题的总体思路和政策框架. 开放导报，2010.

[47] 晋利珍. 国内外学者劳动力市场分割理论研究述评——兼论对研究反福利依赖的启示. 生产力研究，2011.

[48] 景晓芬. "社会排斥"理论研究综述. 甘肃理论学刊，2004.

[49] 巨文辉. 国外劳动力市场分割研究的方向及其特点. 中国劳动关系学院学报，2005.

[50] 雷万鹏，范国锋. 流动人口随迁子女平等接受义务教育评价指标研究. 教育发展研究，2015.

[51] 黎蘅，林亦旻. 3 成流动儿童与父母每周相处不足 7 小时. 广州日报，2013 - 05 - 28，http://gzdaily. dayoo. com/html/2013 - 05/28/content_2263537. htm ###.

［52］李春玲．城乡移民的社会经济地位获得．北京工业大学学报（社会科学版），2007．

［53］李华香，陈志光．城市空间分异背景下住房价格的多层 Hedonic 模型分析——以天津市内六区为例．山东社会科学，2013．

［54］李慧．农民工随迁子女城市普通高中就学政策研究．东北师范大学博士学位论文，2014．

［55］李洁茹，卢世博．"我们要让一家人在一起"——流动儿童教育"福地"上海的双重压力．南方周末，2016 - 05 - 01，http：//www. infzm. com/content/116744

［56］李竞能．现代西方人口理论．上海：复旦大学出版社，2004：158 - 159．

［57］李立文，余冲．新生代农民工的社会适应问题研究．中国青年研究，2006．

［58］李楠．农村外出劳动力留城与返乡意愿影响因素分析．中国人口科学，2010．

［59］李培林，李炜．近年来农民工的经济状况和社会态度．中国社会科学，2010．

［60］李培林，田丰．中国新生代农民工：社会态度和行为选择．社会，2011．

［61］李强．为什么农民工"有技术无地位"——技术工人转向中间阶层社会结构的战略探索．江苏社会科学，2010．

［62］李强．影响中国城乡流动人口的推力和拉力因素分析．中国社会科学，2003．

［63］李善同，吴三忙，何建武．"十三五"时期中国经济社会发展面临的环境与发展新要求．北京理工大学学报（社会科学版），2015．

［64］李树茁，王维博，悦中山．自雇与受雇农民工城市居留意愿差异研究．人口与经济，2014．

［65］李振刚．社会融合视角下的新生代农民工居留意愿研究．社会发展研究，2014．

［66］梁汉学．利用人口普查数据测量社会距离的方法探讨．南方人口，2011．

［67］林闽钢主编．现代社会保障通论．北京：中国社会科学出版社，2014．

［68］刘传江等．中国第二代农民工研究．山东人民出版社，2010．

[69] 卢国显．农民工与北京市民之间社会距离的实证研究．中国人民大学博士学位论文，2003．

[70] 卢国显．中西方社会距离的研究综述．学海，2005．

[71] 罗伯特·默顿．社会理论和社会结构．江苏：译林出版社，2006．

[72] 罗伯特·默顿．社会理论和社会结构．译林出版社，2006．

[73] 马启升，吴奇．浅议我国城镇化进程与木工机械市场．中国人造板，2013．

[74] 孟凡新．城市职工与农民工工资收入差异及原因分析——以北京市劳动力工资收入为例．价格理论与实践，2010．

[75] 孟兆敏．流动人口居留意愿调查分析——以上海市普陀区和苏州市为例．南京人口管理干部学院学报，2009．

[76] 米聪．流动儿童歧视知觉与社交焦虑的关系及干预研究．广西师范大学硕士学位论文，2014．

[77] 穆怀中主编．社会保障国际比较（第三版）．北京：中国劳动社会保障出版社，2014．

[78] 潘允康，张宝义．中国民生问题中的结构性矛盾．天津社会科学，2013．

[79] 裴谕新．进城民工"去"还是"留"．社会，1999．

[80] 彭飞．流动儿童福利措施及服务研究——以南京市 X 社区流动儿童为例．无线互联科技，2014．

[81] 彭丽娟．群体文化启动情境下，流动儿童的文化身份认同及其对心理适应的影响研究．西南大学硕士学位论文，2012．

[82] 漆先瑞．新生代农民工市民化进程中的权益保护制度创新初探．人才资源开发，2014．

[83] 钱文荣，张忠明．农民工在城市社会的融合度问题．浙江大学学报，2006．

[84] 秦广强，陈志光．语言与流动人口的城市融入．山东师范大学学报（人文社会科学版），2012．

[85] 人民网－理论频道，加强保障性住房建设和管理，http：// theory. people. com. cn/n/2012/1217/c352852－19921023. html，2012 年 12 月 17 日．

[86] 任朝亮，穗文明．广州日报，广州成立 30 所流动儿童家长学校，关爱流动儿童，2013 年 8 月 26 日，http：// edu. people. com. cn/n/2013/0826/c 1053－22693127. html

［87］任丽新．农民工社会保障：现状、困境与影响因素分析．社会科学，2009．

［88］任远．"逐步沉淀"与"居留决定居留"——上海市外来人口居留模式分析．中国人口科学，2006（3）

［89］任远，陈春林．农民工收入的人力资本回报与加强对农民工的教育培训研究．复旦学报（社会科学版），2010．

［90］任远，邬民乐．城市人口的社会融合：文献评述．人口研究，2006．

［91］社会保障–社会学–EMBA百科–EMBA百科全书 | 经管百科 | 智库百科，http：//wiki. chinaemb.

［92］石人炳．美国关于流动儿童教育问题的研究与实践．比较教育研究，2005．

［93］史斌．社会距离：理论争辩与经验研究．城市问题，2009．

［94］史斌．新生代农民工与城市居民的社会距离分析．南方人口，2010．

［95］侣传振，崔琳琳．农民工城市融入意愿与能力的代际差异研究——基于杭州市农民工调查的实证分析．现代城市，2010．

［96］宋鸥．美国墨西哥移民的行业分布与职业结构．拉丁美洲研究，2009．

［97］苏群，刘华．农村女性劳动力流动的实证研究．农业经济问题，2003．

［98］苏群，周春芳．农村女性在城镇的非农就业及迁居意愿分析．农业经济问题，2005．

［99］覃肖响，李智，颜涛．住房供给应优先满足基本型和改善型需求．中国房地产，2007．

［100］田丰．城市工人与农民工的收入差距研究．社会学研究，2010．

［101］田凯．关于农民工的城市适应性的调查分析与思考．社会科学研究，1995．

［102］王春光．新生代农村流动人口的社会认同与城乡融合．社会学研究，2001．

［103］王春兰，丁金宏．流动人口迁居行为分析——以上海市闵行区为例．南京人口管理干部学院学报，2007．

［104］王刚．城市空间供需与房地产市场发展研究．科技信息，2011．

［105］王桂新．上海市外来农民工社会融合现状调查研究．华东理工大学学报（社会科学版），2007（3）

［106］王桂新，武俊奎．城市农民工与本地居民社会距离影响因素分析——以上海为例．社会学研究，2011．

[107] 王美艳. 城市劳动力市场上的就业机会与工资差异——外来劳动力就业与报酬研究. 中国社会科学, 2005.

[108] 王启富, 史斌. 社会距离理论之概念及其它. 晋阳学刊, 2010.

[109] 王冉, 盛来运. 中国城市农民工社会保障影响因素实证分析. 中国农村经济, 2008.

[110] 王锐英. 教育公平理论及其在战后美国高等教育领域的实践. 陕西师范大学硕士学位论文, 2006.

[111] 王希. 多元文化主义的起源、实践与局限性. 美国研究, 2000.

[112] 王雪峰. 关于如何加强统计数据质量影响因素分析和实施控制对策的研究. 商场现代化, 2012.

[113] 王毅杰, 高燕等. 流动儿童与城市社会融合. 北京: 社会科学文献出版社, 2010.

[114] 王毅杰, 王开庆. 流动农民与市民间社会距离研究. 江苏社会科学, 2008.

[115] 文军. 农民市民化: 从农民到市民的角色转型. 华东师范大学学报（哲学社会科学版）, 2004.

[116] 吴兴陆. 农民工定居性迁移决策的影响因素实证研究. 人口与经济, 2005.

[117] 肖昕如, 丁金宏. 基于 logit 模型的上海市流动人口居返意愿研究. 南京人口管理干部学院学报, 2009.

[118] 熊波, 石人炳. 农民工定居城市意愿影响因素——基于武汉市的实证分析. 南方人口, 2007.

[119] 熊光清. 欧洲的社会排斥理论与反社会排斥实践. 国际论坛, 2008.

[120] 熊景维. 我国进城农民工城市住房问题研究——以进城农民工的市民化为主要考量. 武汉大学博士学位论文, 2013.

[121] 徐祖荣. 流动人口社会融入障碍分析. 党政干部学刊, 2008.

[122] 许传新, 许若兰. 新生代农民工与城市居民社会距离实证研究. 人口与经济, 2007.

[123] 杨菊华. 从隔离、选择融入到融合: 流动人口社会融入问题的理论思考. 人口研究, 2009.

[124] 杨菊华. 人口学领域的定量研究过程与方法. 人口与发展, 2008.

[125] 杨菊华. 人口转变与老年贫困. 北京: 中国人民大学出版社, 2011.

[126] 杨菊华. 中国流动人口的经济融入. 北京: 社会科学文献出版

社，2013.

　　[127] 杨林，张敬聃．农民工随迁子女教育公平的财政实现机制探析．学术交流，2012.

　　[128] 杨秀丽．新生代农业转移人口职业化研究．西北农林科技大学博士学位论文，2014.

　　[129] 叶静怡，王琼．农民工的自雇佣选择及其收入．财经研究，2013.

　　[130] 叶鹏飞．农民工的城市定居意愿研究——基于七省（区）调查数据的实证分析．社会，2011.

　　[131] 易红郡．西方教育公平理论的多元化分析．湖南师范大学教育科学学报，2010.

　　[132] 袁方，王汉生．社会研究方法教程．北京大学出版社，2011.

　　[133] 袁方成．农村流动儿童教育权利保障的国际观察与启示．中国青年研究，2008.

　　[134] 袁沅．用生命影响生命．团结报，2015－08－29

　　[135] 张海波，童星．被动城市化群体城市适应性与现代性获得中的自我认同——基于南京市561位失地农民的实证研究．社会学研究，2006.

　　[136] 张海辉．不对称的社会距离——对苏州市本地人与外地人的关系网络和社会距离的初步研究．清华大学法学硕士学位论文，2004.

　　[137] 张绘，郭菲．美国流动儿童教育管理和教育财政问题及应对措施．比较教育研究，2011.

　　[138] 张继焦．城市的适应—迁移者的就业与创业．北京：商务印书馆，2003.

　　[139] 张文宏，雷开春．城市新移民社会融合的结构、现状与影响因素分析．社会学研究，2008（5）

　　[140] 赵敏．国际人口迁移理论评述．上海社会科学院学术季刊，1997.

　　[141] 赵延东，王奋宇．城乡流动人口的经济地位获得及决定因素．中国人口科学，2002.

　　[142] 赵晔琴．农民工：日常生活中的身份建构与空间型构．社会，2007.

　　[143] 郑杭生．农民市民化：当代中国社会学的重要研究主题．甘肃社会科学，2005.

　　[144] 周国华，陈宣霖．流动儿童教育政策比较研究——以印度"以色列"美国为例．比较教育研究，2015.

　　[145] 周建芳．发达地区育龄流动人口子女入学与社会融合调查．西北人

口，2008.

　　［146］周敏. 唐人街——深具社会经济潜质的华人社区. 北京：商务印书馆，1995.

　　［147］朱磊. 中国共产党教育公平的理论与实践研究. 广西师范大学硕士学位论文，2007.

　　［148］朱力. 论农民工阶层的城市适应. 江海学刊，2002.

　　［149］Alba R. , and Nee V. 1997. Rethinking Assimilation Theory for a New Era of Immigration, International Migration Review, Vol. 31, No. 4, Special Issue: Immigrant Adaptation and Native-Born Responses in the Making of Americans, 826 – 874.

　　［150］Alba, Richard. 1999. Immigration and the American real-ities of assimilation and multiculturalism. Sociological Forum 14: 3 – 25.

　　［151］Alba, R. & Nee, V. 2003. Remaking the American Mainstream: Assimilation and Contemporary Immigration. Cambridge, MA: Harvard University Press.

　　［152］Alexander, K. L. , Entwisle, D. R. , & Bedinger, S. D. 1994. When expectations work: Race and socioeconomic differences in school performance. Social Psychology Quarterly 57: 283 – 299.

　　［153］Baker, M. and D. Benjamin. 1994. The performance of immigrants in the Canadian labour market. , Journal of Labor Economics, 12, 369 – 405.

　　［154］Barkan, E. 1995. Race, Religion, and Nationality in American Society: A Model of Ethnicity-From Contact to Assimilation. Journal of American Ethnic History 14: 38 – 101.

　　［155］Berbrier, M. Assimilationism and Pluralism as Cultural Tools. Sociological Forum, Vol. 19, No. 1 (Mar. , 2004), 29 – 61.

　　［156］Bloom, David and Morley Gunderson. 1990. An analysis of the earnings of Canadian Immigrants, in Richard Freeman and John Abwod (eds.), Immigration, Trade, and the Labor Market. Chicago: University of Chicago Press, 321 – 342.

　　［157］Borjas, George. 1987. Self-selection and the earnings of immigrants, American Economic Review 77: 531 – 553.

　　［158］Borjas, George. 1992. National Origin and the Skills of Immigrants, in G. Borjas and R. Freeman, eds. , Immigration and the work force. Chicago: University of Chicago Press, 17 – 48.

　　［159］Bryan, T. , Nelson, C. , & Mathur, S. 1995. Homework: A survey of primary students in regular, resources, and self-contained special education classrooms. Learning Disabilities Research and Practice 10 (2): 85 –90.

[160] Chant, Sylvia and Nikki Craske. 2003. Gender in Latin America. New Brunswick, NJ: Rutgers University Press.

[161] Chiswick, B. 1979 . The economic progress of immigrants: some apparently universal patterns. , in W. Fellner (Ed.), Contemporary Economic Problems, American Enterprise Institute, Washington, DC: 359 –399.

[162] Coleman, J. S. 1966. Equality of educational opportunity. Washington, DC: U. S. Office of Education.

[163] Cooke T J, Speirs K. 2005. Migration and Employment Among the Civilian Spouses of Military Personnel. Social Science Quarterly. 86: 343 –355.

[164] Cooke T J. 2008. Migration in a Family Way. Population, Space and Place. 14: 255 –265.

[165] Cooke, T. J. 2003. Family Migration and the Relative Earnings of Husbands and Wives. Annals of the Association of American Geographers. 93: 338 –349.

[166] Cooper, H. , Lindsay, J. J. , Nye, B. , & Greathouse, S. 1998. Relationships among attitudes about homework, amount of homework assigned and completed, and student achievement. Journal of Educational Psychology 90 (1): 70 –83.

[167] Dauber, S. L. , & Epstein, J. L. 1993. Parents' attitudes and practices of involvement in inner-city elementary and middle schools. In N. F. Chavkin (Ed.), Families and schools in a pluralistic society (pp. 53 –71) . Albany: State University of New York Press.

[168] Doeringer, P. , & Piore, M. Internal labor markets and manpower analysis. Lexington, MA: Lexington. 1971.

[169] Du, Yang, Park, Albert and Wang, Sangui. 2005. Migration and rural poverty in China, Journal of Comparative Economics, Elsevier 33 (4): 688 –709.

[170] Duleep, Harriet and Regets, Mark. 1996. Admission Criteria and Immigrant Earnings Profiles. International Migration Review, 30 (2): 571 –590.

[171] Duran, B. , and Weffer, R. 1992. Immigrants aspirations, high school process, and academic outcomes. American Educational Research Journal 29: 163 –181.

[172] Ellis and Wright. 2005. Assimilation and Differences between the Settlement Patterns of Individual Immigrants and Immigrant Households, Proceedings of the National Academy of Sciences of the United States of America, Vol. 102, No. 43,

Residential Mobility of Low-Income Populations, 15325 – 15330.

[173] Elson, Diane. 1992. "From Survival Strategies to Transformation Strate-gies: Women's Needs and Structural Adjustment" pp. 26 – 48 in Unequal Burden: Economic Crises, Persistent Poverty, and Women's Work, edited by Lourdes Benería and Shelley Feldman. Boulder, CO: Westview Press.

[174] Frankenberg, E. , A. Chan and M. B. Ofstedal. 2002. Stability and Change in Living Arrangements in Indonesia, Singapore, and Taiwan, 1993/99. Popu-lation Studies 2: 201 – 213.

[175] Gans, Herbert. 1997. Toward a reconciliation of assimilation and plural-ism: The interplay of acculturation and ethnic retention. International Migration Review 31: 875 – 892.

[176] Gibson, M. 1988. Accommodation without Assimilation: Sikh Immi-grants in an American High School. Ithaca, NY: Cornell University Press.

[177] Giulietti C, Ning G, Zimmerimann K. Self-employment of rural-to-Urban migrants in China. IZA Discussion Paper, 2011.

[178] Gleason, Philip. 1984. Pluralism and assimilation: A con-ceptual history. In John Edwards (ed.), Linguistic Minorities , Policies, and Pluralism: 221 – 257. London: Aca-demic Press.

[179] Gleason, P. 1980. American Identity and Americanization. 31 – 58 in Har-vard Encyclopedia of American Ethnic Groups, edited by S. Thernstrom, A. Orlov, and O. Handlin. Cambridge: Belknap Press.

[180] Goldberg D. T. , ed. 1994. Multiculturalism: A Critical Reader. Oxford: Blackwell.

[181] Goldstein, 1995. Multilevel Statistical models. (2nd ed), New York: John Wiley.

[182] Gordon, M. 1964. Assimilation in American Life. Glencoe, IL: Free Press.

[183] Greenwood, Michael J. 1985. Human migration: Theory, models, and empirical evidence. Journal of Regional Science 25: 521 – 544.

[184] Harris, M. , and Rosenthal, R. 1995. Mediation of interpersonal expect-ancy effects: 31 meta-analyses. Psychological Bulletin 97: 363 – 386.

[185] Hirschman, Charles. 1983. America's melting Pot Reconsidered. In An-nual Review of Sociology, 9: 397 – 423.

［186］ Hollinger, D. A. 1995. Postethnic America: Beyond Multiculturalism. New York: Basic Books.

［187］ Hoover-Dempsey, K. V. , Bassler, O. C. , & Burow, R. 1995. Parents' reported involvement in students' homework: Strategies and practices. Elementary School Journal 95: 435 – 450.

［188］ Hugo, G. J. 1981. Multidisciplinary Framework and Models of Migration Decision Making. In Migration Decision Making, ed, DeJong and Gardener. New York: Pergamon Press.

［189］ Hutsinger, C. S. , Jose, P. E. , Larson, S. L. 1998. Do parent practices to encourage academic competence influence the social adjustment of young European American and Chinese American children. Developmental Psychology 34: 747 – 756.

［190］ Joppke, C. and Lukes, S. 1999, Introduction: Multicultural Questions. In C. Joppke and S. Lukes (eds), Multicultural Questions. Oxford: University of Oxford Press, 1 – 24.

［191］ Jorgenson. Dale W. 1961. The Development of a Dual Economy. Economic Journal 71 (282): 309 – 334.

［192］ Jussim, L. 1986. Self-fulfilling prophecies: A theoretical and integrative review. Psychological Review 93: 429 – 445.

［193］ Kim, U. , & Chun, M. J. B. 1994. The educational "success" of Asian Americans: An indigenous perspective. Journal of Applied Developmental Psychology 15: 329 – 339.

［194］ Kivisto, P. and G. Rundblad, eds. 2000. Multiculturalism in the United States: Current Issues, Contemporary Voices. Thousand Oaks, CA: Pine Forge Press.

［195］ Knight and Yueh, 2004. Job mobility of residents and migrants in urban China, Journal of Comparative Economics, Elsevier, Vol. 32 (4) .

［196］ LaLonde, Robert and Topel, Robert. 1991. Immigrants in the American Labor Market. American Economic Review, May 1991, 81 (2), 297 – 302.

［197］ Macdonald, J. S. and L. D. MacDonald. 1964. Chain Migration, Ethnic Neighborhood Formation and Social Networks, Milbank Memorial Fund Quarterly, 42: 82 – 97.

［198］ Meng X. The informal sector and rural-urban migration-a Chinese case study. Asian Economic Journal, 2001, 15 (1): 71 – 90.

［199］ Morrison and Lichter. 1988. Family Migration and Female Employment:

The Problem of Underemployment among Migrant Married Women. Journal of Marriage and the Family, 1.

［200］ Nicholas Bosanquet & Peter. B Doeringer, Is There a Dual Labor Market in Great Britain?, The Economic Journal, Jan. 1973: 421 –435.

［201］ Oded Stark, J. and Edward Taylor. 1991. Migration Incentives, Migration Types: The Role of Relative Deprivation. The Economic Journal 101 (408): 1163 –1178.

［202］ Omari, T. P. 1956. Factors Associated with Urban Adjustment of Rural Southern Migrants, Social Forces, 35: 47 –53.

［203］ Parekh, B. 2000. Rethinking Multiculturalism: Cultural Diversity and Political Theory. Cambridge: Harvard University Press.

［204］ Park R. 1950. Race and Culture. Glencoe, IL: Free Press.

［205］ Portes A, and Rumbaut R. 2001. Legacies: The Story of the Immigrant Second Generation. Berkeley: Univ. Calif. Press.

［206］ Portes, A. 1998. Social Capital: Its Origins and Applications in Modern Sociology. Annual Review of Sociology1: 1 –24.

［207］ Raudenbush and Rryk. 2002. Hierarchical Linear Models. (2nd Edition), Thousand Oaks, CA: Sage Publications.

［208］ Ravenstein. E. G. The Laws of Migration, Journal of the Statistical Society of London, Vol. 48, No. 2 (Jun. , 1885), 167 –235.

［209］ Ritchey. P. N. 1976. Explanations of Migration. Annual Review of Sociology 2: 363 –404.

［210］ Rumbaut, Ruben. 1997. Paradoxes and orthodoxies of assimilation. Sociological Perspectives 40: 481 –511.

［211］ Schoeni, Robert. 1997. New Evidence on the Economic Progress of Foreign-Born Men in the 1970s and 1980s. Journal of Human Resources 32: 683 –740.

［212］ Schoeni, Robert. 1997. New Evidence on the Economic Progress of Foreign-Born Men in the 1970s and 1980s. Journal of Human Resources 32: 683 –740.

［213］ Semyonov, M. 1997 . On the cost of being an immigrant in Israel: the effect of tenure, origin and gender. , International Migration Review, 29: 375 –393.

［214］ Shauman and Noonan. 2007. Family Migration and Labor Force Outcomes: Sex Differences in Occupational Context, Social Forces, Volume 85, Number 4.

［215］Shields M. P. and Shields G. M. 1993. A Theoretical and Empirical Analysis of Family Migration and Household Production: U. S. 1980 - 1985. Southern Economic Journal, Vol. 59, No. 4, 768 - 782.

［216］Simmel, G. 1964/1902, The Metropolis and Mental Life. In K. H. Wolf (ed. &trans), The Sociology of Georg Simmel. New York: Free Press.

［217］Steinberg, L., Lamborn, S. D., Dornbusch, S. M., & Darling, N. 1992. Impact of parenting practices on adolescent achievement: Authoritative parenting, school involvement, and encouragement to succeed. Child Development 63: 1266 - 1281.

［218］Taylor, J. Edward. 1986. Differential migration, networks, information and risk, in Oded Stark (ed.), Research in Human Capital and Development, Vol. 4, Migration, Human Capital, and Development. Greenwich, Conn.: JAI Press, pp. 147 - 171.

［219］Tilly, C. and C. H. Brown. 1967. On Uprooting, Kinship and the Auspices of Migration, International Journal of Comparative Sociology, 8: 139 - 164.

［220］Todaro, Michael P. 1969. A model of labor migration and urban unemployment in less-developed countries. The American Economic Review 59: 138 - 148.

［221］Waters and Jiménez, 2005. Assessing Immigrant Assimilation: New Empirical and Theoretical Challenges, Annual Review of Sociology, Vol. 31 (2005), 105 - 125.

［222］Willett, C. 1998. Theorizing Multiculturalism: A Guide to the Current Debate. Malden, MA: Blackwell.

［223］Williams, Richard. Generalized Ordered Logit/Partial Proportional Odds Models for Ordinal Dependent Variables. The stata Journal, 2006: 6 (1).

［224］Xu, J., & Corno, L. 1998. Case studies of families doing third-grade homework. Teachers College Record 100: 402 - 436.

［225］Zelinsky. W. 1971. The Hypothesis of the Mobility Transition. Geographical Review 61 (2): 219 - 249.

［226］Zhou, Min, and Carl Bankston. 1998. Growing up American: How Vietnamese immigrants adapt to life in the United States. New York: Russell Sage Foundation.